Nauticus

Weitere Beiträge zur Flottenfrage

Nauticus

Weitere Beiträge zur Flottenfrage

ISBN/EAN: 9783954271641
Erscheinungsjahr: 2012
Erscheinungsort: Bremen, Deutschland

www.maritimepress.de | office@maritimepress.de

*Bei diesem Titel handelt es sich um den Nachdruck eines historischen, lange vergriffenen
Buches. Da elektronische Druckvorlagen für diese Titel nicht existieren, musste auf alte
Vorlagen zurückgegriffen werden. Hieraus zwangsläufig resultierende Qualitätsverluste bitten
wir zu entschuldigen.*

Nauticus.

Neue Beiträge zur Flottenfrage.

Berlin 1898.

Ernst Siegfried Mittler und Sohn

Königliche Hofbuchhandlung

Kochstraße 68—71.

„Das Deutsche Reich darf nicht eine Flotte haben, die zu klein ist zum Leben und zu groß zum Sterben."

Adalbert, Prinz von Preußen.

Vorbemerkung.

Der erste Theil dieser Schrift, der kürzlich unter
dem Titel: „Altes und Neues zur Flottenfrage"
erschien und der zum Nutzen für die Sache in parlamentarischen und anderen Kreisen recht günstig aufgenommen worden ist, hat den Anstoß dazu gegeben,
daß wir noch unerwartet viele schätzbare Beiträge von
Freunden der Sache erhalten haben, zu deren Ver-
öffentlichung wir uns verpflichtet fühlen.

Nauticus.

Verzeichniß der Aufsätze.

Zur Beachtung!

Das Verzeichniß der Aufsätze und Stichworte, sowie das
Namensverzeichniß des ersten Theils dieser Schrift „Altes
und Neues zur Flottenfrage" befindet sich zur Orientirung
der Leser auch am Schlusse des hier vorliegenden zweiten
Theils.

Namen-Verzeichniß.

(Die mit einem * bezeichneten Namen bedeuten Stimmen aus dem Auslande zur Münchener Flottenumfrage.)

Arbeiterinteressen und Kriegsmarine.

In der Sitzung der Budgetkommission des Reichstages am 26. Februar hat Abg. Bebel zugegeben, die Arbeiter hätten ein gewisses Interesse an einer ausreichenden Landesvertheidigung und einer guten Marine, aber — so hat er hinzugefügt — die besitzenden Klassen hätten ein noch größeres. Diese Ansicht ist, namentlich was den Zusatz anbetrifft, irrig, so sehr es auch zu begrüßen ist, daß der sozialdemokratische Parteiführer wenigstens ein gewisses Interesse der Arbeiter an der Flotte anerkennt. Das ist doch der Anfang einer Erkenntniß, deren Entwickelung hoffentlich noch weiter, und zwar zu dem Eingeständniß führt: Niemand hat in Wahrheit ein größeres Interesse an einer ausreichenden Landesvertheidigung und einer guten Marine als die arbeitenden Klassen. Tritt durch eine feindliche Invasion oder durch eine Blockade in einem Lande eine völlige Stockung aller Erwerbsthätigkeit in Landwirthschaft, Industrie und Handel ein, dann haben die besitzenden Klassen immer noch zu leben. Baargeld hat in solchen Fällen doppelten Werth, wo der Kredit versagt; überdies ist es heutzutage, wo der bewegliche Besitz mit allen Hilfsmitteln des Verkehrs arbeitet, nicht schwer, Werthpapiere ins sichere Ausland zu schaffen. Grund und Boden aber behalten ihren immanenten Werth, auch wenn die zeitweiligen Erträgnisse aufhören. Der Arbeiter dagegen, der des Sparpfennigs entbehrt und nur von der Hand in den Mund lebt, muß sofort darben und hungern, wenn Niemand seine Arbeit begehrt. Er kann während solch kriegerischen Nothstandes auch nicht auf Staats und Gemeindehilfe rechnen, denn Staat und Gemeinde müssen die letzte Mark an die Rettung des

Vaterlandes setzen, und ebenso versagt die Privatwohl=
thätigkeit, da während einer Katastrophe Jeder sich selbst
der Nächste ist.

Niemand hat daher im Grunde mehr darauf Bedacht
zu nehmen, daß ihm dauernd eine sichere Arbeits=
gelegenheit geboten wird, als gerade der Lohnarbeiter.
In diesem Sinne stellen sich die Ausgaben für die Landes=
vertheidigung, sowohl für das Heer wie für die Flotte,
als eine Assecuranzprämie der nationalen Arbeit dar, die
zwar Millionen und aber Millionen an Geld kostet, die
aber für die Erhaltung eines ungleich werthvolleren Gutes,
nämlich des Verdienstes, ja der Existenz der arbeitenden
Klassen gezahlt wird. Zur Industrie= und Handels=
bevölkerung gehören in Deutschland jetzt etwa 30 Mil=
lionen Menschen; scheiden wir die Unternehmer aus, so
wird die Zahl der selbständigen Lohnarbeiter mit 12 bis
14 Millionen — ohne Angehörige — nicht zu hoch ge=
griffen sein, und wir glauben annähernd richtig zu schätzen,
daß die Gesammtsumme ihres Verdienstes an 10 Milliarden
Mark im Jahre heranreicht. Ist, um solche Werthe an
Menschen und Geldern in den arbeitenden Klassen zu
sichern, die von der ganzen Nation in den Ausgaben für
die Landesvertheidigung gezahlte Versicherungsprämie
wirklich zu hoch? Es gehört große Kühnheit dazu, hierauf
mit Ja zu antworten.

An der Kriegsmarine aber hat der Arbeiterstand
noch ein ganz besonders schwerwiegendes Interesse. Die
enorme Zunahme unserer Bevölkerung in den letzten
Jahrzehnten hat auch eine völlige Verschiebung unserer
wirthschaftlichen Struktur zur Folge. Wir produziren
heute auf eigenem Boden nur für $3/4$ unserer Bevölkerung
genügende Nahrungsmittel; für 13 bis 14 Millionen
Volksglieder muß der Bedarf durch Einfuhr von aus=
wärts gedeckt werden. Die Bezahlung für diese Waaren=
massen, deren Werth an 2 Milliarden Mark beträgt, ent=
richten wir dem Auslande, abgesehen von den Zinsen für
deutsche Kapitalanlagen im Ausland, in der Form von Er=
zeugnissen unserer Industrie, die den wachsenden Menschen=
massen Unterkunft und Beschäftigung bietet. Unser Gewerbe
aber bedarf wiederum zahlreicher Rohstoffe, die in Deutsch==
land nicht oder in ungenügender Menge vorkommen. Auch

dieſe Rohſtoffe bezahlen wir wieder mit ausgeführten
Fabrikaten. So haben wir einen gewaltigen Kreislauf,
deſſen Stocken oder gar Zerreißen die furchtbarſten
Kataſtrophen heraufbeſchwören müßte. Hungersnoth
und Arbeitsloſigkeit würden unſer Volk zermalmen. Die
Linie dieſes Kreislaufes geht aber zum weitaus größten
Theil über den europäiſchen Kontinent hinaus. Der Aus=
tauſch von Waaren zur See, ſei es unter den Ländern
des Feſtlandes, ſei es zwiſchen Deutſchland und Ueberſee
hat bedeutend zugenommen. Der auswärtige Handel
Deutſchlands, der 1886 knapp 6 Milliarden betrug, iſt
im Jahre 1897 auf 8²/₃ Milliarden geſtiegen. Und nach
zuverläſſigen Berechnungen treffen hiervon etwa zwei
Drittel wieder auf den Seehandel.

Dieſen Seehandel, der für das wirthſchaft=
liche Leben Deutſchlands eine Exiſtenzbedingung
geworden iſt, zu ſchützen und zu ſtärken, iſt Auf=
gabe der Kriegsmarine. Eine ſtarke Flotte allein
vermag im Falle eines Krieges die Ein= und
Ausgänge zur See freizuhalten und damit unſer
Volk vor Entkräftung und Erſtickung zu be=
wahren. Eine ſtarke Flotte allein vermag ferner
auch in Friedenszeiten die Sicherung zu bieten,
daß die deutſch=überſeeiſchen Handelsbeziehungen
ſich feſtigen, ausbreiten und in geordneten Bah=
nen vollziehen.

Die ungemein lehrreiche Studie von Dr. P. Voigt
„Deutſchland und der Weltmarkt"*) zeigt uns, wie ſtark
gerade die breiten Arbeitermaſſen daran betheiligt ſind,
daß dieſe Abhängigkeit vom Auslande, in die wir durch
die Erforderniſſe der Volksernährung und der Arbeits=
verſorgung gerathen ſind, durch die Kriegsmarine vor
Wendungen bewahrt werde, die unabſehbares Verderben
heraufbeſchwören müßten. Auf Grund ſehr ſorgfältiger
Berechnungen kommt er zu dem Ergebniſſe, „daß die
verſchiedenen Zweige der Landwirthſchaft einſchließlich
der Forſtwirthſchaft im letzten Jahre (1896) einen Ein=
fuhrbedarf von beinahe 2 Milliarden Mark aufweiſen".
Das heißt alſo, daß wir für die Deckung der Bedürfniſſe

---

*) Preuß. Jahrbücher, Februarheft 1898.

unserer Bevölkerung Roggen, Weizen und andere Körner=
früchte, Vieh, Fleisch, Geflügel, Eier, Hölzer u. s. w. in
diesem enormen Werthbetrage einführen müssen, da wir
im eigenen Lande die nöthigen Mengen nicht erzeugen.
Den Gesammtwerth der Eigenproduktion an Erzeugnissen
der Landwirthschaft berechnet Voigt auf rund 6 Mil=
liarden. Somit beziffert sich der Fehlbetrag der land=
und forstwirthschaftlichen Produktion in Deutschland
bereits auf ein Viertel des Bedarfs; für 13—14 Millionen
Menschen muß die Einfuhr von auswärtigen Erzeug=
nissen sorgen. Selbst wenn sich der Rohertrag in
der Landwirthschaft noch wesentlich steigert, ist es,
zumal bei andauernder Bevölkerungszunahme, technisch
unmöglich, dies Defizit aus eigenen Mitteln zu decken,
wenn es auch der unerläßlichen sorglichen Pflege und
Förderung der Landwirthschaft gelingen wird, es nicht
noch mehr anschwellen zu lassen.

Die Sachlage gewinnt ein noch ernsteres Ansehen, wenn
man bedenkt, daß außer diesen 2 Milliarden für unent=
behrliche Lebensmittel weiter ein Import von Rohstoffen
und Halbfabrikaten in einer Höhe von rund 1½ Milliarden
nothwendig ist, um der Industrie Beschäftigung zu ge=
währen. Ohne die Einfuhr von Wolle, Baumwolle, Seide,
Flachs, Hanf, Jute müßten Textilindustrie und Bekleidungs=
gewerbe mit ihren 2 Millionen von Arbeitern feiern,
ohne die Einfuhr von Häuten und Fellen kämen wieder
1½ Millionen Menschen in Bedrängniß, die jetzt in
der Lederindustrie, der Schuhmacherei, im Kürschner=
gewerbe u. s. w. beschäftigt sind. Und ähnlich ginge es
in der chemischen Industrie, in der Industrie der Fette
und Oele und manchen anderen Gewerbszweigen. „Mehr
als 10 Millionen Menschen, mehr als die Hälfte unserer
ganzen Industriebevölkerung wäre ohne unsere Rohstoff=
einfuhr brotlos.“ Die Einfuhr ist aber, wie gesagt, nur
möglich, wenn wir sie im Wege der Ausfuhr von Fa=
brikaten zu bezahlen vermögen. Unsere wichtigsten Ex=
portindustrien sind die Textilindustrie, einschließlich der
Kleiderfabrikation, die Metall= und Maschinenindustrie,
die chemische, die Leder=, die Papierindustrie u. s. w. und,
was nicht zu vergessen, die Landwirthschaft mit ihrem
großen Zuckerexport. Mit ihren Erzeugnissen bezahlen

wir den Einfuhrbedarf an Lebensmitteln und Rohstoffen.
Bis jetzt ist das gelungen. Aber haben wir die Sicher=
heit, daß es uns auch ferner gelingen wird? So hoch
wir die Tüchtigkeit unserer Industrie und unseres Handels
schätzen, die Nothwendigkeit, für unsere wachsende Ar=
beiterbevölkerung Brot und Beschäftigung zu sichern, ist
so dringend, daß das Reich als solches hinter dem
Gewerbetreibenden und dem Kaufmann stehen
muß, um mit seiner ganzen Macht den Ueberfee=
verkehr zu schützen. Und das kann das Reich nur
mit der Marine.

Die Einsicht in diesen Zusammenhang der Dinge,
die ernste Ueberzeugung, daß deutsche Arbeiter am
bittersten und am ersten unter dem Mangel einer
leistungsfähigen Flotte im Ernstfalle leiden würden,
kommt an zahlreichen Stellen in der Flotten=Umfrage
der „Allg. Ztg." zum Ausdruck. Großindustrielle, Kauf=
leute, Gelehrte, Beamte, Rheder, Offiziere und Private be=
gegnen sich immer wieder in dem Ausspruch, daß eine
langdauernde Blockade Deutschlands und gar der Aus=
schluß von der Seegeltung Millionen von Arbeitern
brotlos machen muß. So sagt Prof. Dr. Brunner=
Berlin: „Zahlreiche Entlassungen von Arbeitern wären
unvermeidlich. Das massenhafte Angebot überschüssiger
Arbeitskräfte würde die Arbeitslöhne herabdrücken".
Prof. Dr. E. Meyer=Halle: „Zahlreiche Gewerbe und
Industrien würden durch eine derartige Katastrophe für
alle Zukunft vernichtet und unzählige Hände dauernd
beschäftigungslos geworden sein". Pfarrer P. Göhre:
„Wir sind ein Staat geworden, der exportirt, exportiren
muß, damit ein Theil unserer Bevölkerung Beschäftigung,
Arbeit, Nahrung hat. Je mehr, je besser, je gesicherter
wir exportiren, desto gesicherter, besser, reichlicher ist Be=
schäftigung, Arbeit, Lebenshaltung eines immer größeren
Theils der arbeitenden Bevölkerung, der Industrie=
arbeiterschaft, desto mehr kann diese schrittweise Antheil
erhalten an den Gütern der gegenwärtigen Kultur, weil
sie desto höhere Löhne sich allmählich zu erringen ver=
mag". Direktor Berndt=Magdeburg: „Die deutsche
Volkswirthschaft bedarf des Exports . . . mindestens im
jetzigen Umfange, wenn nicht das Ganze bis hinunter

zum kleinsten Arbeiter unberechenbaren Schaden er=
leiden soll". Döbler=Hamburg: „Gänzlicher Stillstand
von Handel und Industrie, demzufolge Arbeitslosigkeit
und endloses Elend der arbeitenden Klassen mit
den dadurch nicht ausbleibenden Folgen". Kommerzien=
rath v. Grundherr=Nürnberg: „Unsere ganze Industrie,
vielfach auf überseeischen Export angewiesen, wäre mit
ihren nach Hunderttausenden zählenden Arbeitern bis ins
innerste Mark geschädigt, theilweise ruinirt". Abg.
Kommerzienrath Möller = Brackwede: „Die 12 bis
15 Millionen Menschen, die direkt und indirekt
vom Export leben, würden brotlos werden".
Kommerzienrath Schüller=Bayreuth: „Deutschland kann
seine Arbeiter für den inländischen Bedarf nicht genügend
beschäftigen, große Theile der Arbeiterschaft können nicht
ernährt werden, wenn nicht die Ausfuhr deutscher Er=
zeugnisse über See möglich wäre. Eine Sicherstellung
dieses Exports ist geradezu eine Lebensfrage für viele
Millionen Menschen, kann aber bei dem Wettlaufe der
industriellen Staaten unter sich . . . auf die Länge der
Zeit nur erreicht werden, wenn das Deutsche Reich über
eine starke Kriegsflotte verfügte". Prof. Größler=
Eisleben: „Aufhören der Ein= und Ausfuhr zur See,
Stillstand zahlloser auf diese Ein= und Ausfuhr ange=
wiesener Betriebe, Brotlosigkeit einer nach Millionen zu
zählenden Arbeiterzahl". Oberstlieutenant a. D. Jähns=
Berlin: „Daß wir auf unseren Welthandel verzichten
müßten, ist nicht zu bezweifeln, und was das für unseren
Wohlstand, für unsere ganze Lebenshaltung, be=
sonders aber für unsere ungeheuren Arbeitermassen
bedeuten würde, das ist ganz klar". Geh. Hofrath
v. Eyth: „Deshalb ist die Flottenfrage nicht eine Frage
des Handels und der Industrie, sondern des ganzen
Volkes, vor Allem aber auch des deutschen In=
dustriearbeiters, dessen Gedeihen mit dem Blühen
unseres Welthandels steht und fällt". Namenloses Elend
würde, so sagt Prof. Hasbach=Kiel, jede Störung
des Außenhandels vorzugsweise über die auf Handarbeit
angewiesenen Volksschichten bringen. Und Prof. Schäffle=
Tübingen erklärt ausdrücklich, daß die aus einer
Blockade entstehende wirthschaftliche Bedrängniß

in erster Linie empfindlich für die Lohnarbeiter
werden müßte.

Neben diesen allgemeinen Interessen der gesammten
deutschen Arbeiterschaft stellen sich aber noch verstärkend
die Sonderinteressen der großen Massen, denen der
Bau von Kriegsschiffen lohnende Arbeit für lange Zeit
gewährt. Während beim Landheer die Personalkosten
weitaus die Hauptsache sind, erfordert die Flotte den
bedeutenden Aufwand für das Material. Die Rohstoffe für
die Marine sind Eisen und Kohle, sie finden sich in unserem
Boden, wir brauchen sie nicht zu kaufen. Die Arbeiter, die sie
zu Tage fördern, sie verhütten, gießen, schmieden, walzen,
die dann die einzelnen Theile zusammenfügen, das Schiff
bauen, ausrüsten und vollenden, zählen nach Tausenden
und gehören Industrien an, die ständige und relativ
hohe Löhne zahlen, dem Bergbau, den Eisen= und
Hüttenwerken, dem Maschinengewerbe, der Waffen=
industrie, den Werften. Ihnen gewährt die Vermehrung
der Schiffsbauten, die Verstärkung der Kriegsflotte
direkte Vortheile. Denn von den dafür nothwendigen
Ausgaben geht kein Pfennig ins Ausland, von der
riesigen Panzerplatte bis zum letzten Niet wird Alles
auf heimischem Boden aus heimischem Material ge=
arbeitet. In die Aufwendungen des Reiches für Schiffs=
bauten theilen sich freilich Unternehmer und Arbeiter.
Aber mag man das Verhältniß zwischen Unternehmer=
gewinn und Arbeitslohn schätzen wie man will, die
Hauptmasse der für den Bau von Kriegsschiffen ausgesetzten
Gelder fällt doch auf die Löhne. Und diese Mehr=
einnahme der am Schiffsbau interessirten Arbeiter „rostet"
nicht, sondern wandert durch tausend Kanäle wieder
hinaus für Lebensmittel, Kleidung, Wohnung, Erholung
und Bildung. Die Lebenshaltung steigt, die Bedürfnisse
vermehren sich, das Mißverhältniß zwischen der jetzt
überstarken Produktion und der zu schwachen Konsum=
tion schwindet. Durch die Aufträge für die Flotte wird
unsere heimische Schiffbau=Industrie gewaltig gestärkt,
Bestellungen von auswärts bleiben, wie die Erfahrung
beweist, nicht aus, und die Arbeiterschaft hat dadurch
dauernde Beschäftigung und bessere Löhne. Was wollen
gegen diese Vortheile die 2 Mk. besagen, die für die

Vermehrung der Flotte im Laufe eines Jahres auf eine
vierköpfige Familie an Belaſtung fällt? Und ſelbſt die
Eventualität einer geringen Mehrbelaſtung wird ver=
mieden, denn von zuſtändiger Seite iſt im Reichstag
und in der Kommiſſion erklärt worden, daß neue Steuern
nicht erforderlich ſind; falls ſie aber doch nöthig werden
ſollten, was nicht anzunehmen, ſollen ſie nur die ſtarken
Schultern treffen. (Siehe den Anhang.)

Wie eine Partei, die für die Arbeiter ſorgen will,
gegen die Flottenvorlage aus wirthſchaftlichen Gründen
ſtimmen kann, iſt daher ſchwer zu erklären. Mag der Abg.
Singer auch behaupten, die Arbeiter hätten nicht das
mindeſte Intereſſe an der Kriegsmarine, ſein eigener
Parteigenoſſe Bebel verräth in dem eingangs erwähnten
Zugeſtändniß ſchon mehr Einſicht in die Thatſachen.
Und eine der wiſſenſchaftlichen Autoritäten des Sozialis=
mus, Ed. Bernſtein, hält ſogar in dem Parteiorgan
„Die Neue Zeit“ mit dem den Thatſachen entſprechenden
Bekenntniß nicht zurück, die Ausdehnung der Märkte und
der internationalen Handelsbeziehungen ſei einer der
mächtigſten Hebel des geſellſchaftlichen Fortſchritts und
ein Faktor der Steigerung des Reichthums der Nationen,
an dem einen wachſenden Antheil ſich zu ſichern auch die
Arbeiter ein Intereſſe hätten, da Koalitionsrecht, Schutz=
geſetze und Wahlrecht ſie dazu in den Stand ſetzten.
Vielleicht ſteht die Maſſe der deutſchen Arbeiter, ſoweit
ſie der ſozialdemokratiſchen Fahne folgen, heute noch zu
der engen und kümmerlichen Anſchauung des Abg.
Singer, aber wir ſchließen uns der unlängſt in einem
Artikel der „Nordd. Allg. Ztg.“ ausgeſprochenen Hoffnung
an, daß dereinſt die Zeit komme, wo die deutſche Arbeiter=
ſchaft erkennt, daß wenn das Reich auf eine Verſtärkung
ſeiner Flotte dringen muß, um einen Platz an der Sonne
zu haben, dies vornehmlich aus dem Grunde geſchieht,
damit die deutſchen Arbeiter nicht in den Schatten
gedrängt werden. Marine und Arbeiterintereſſen
gehen wahrlich Hand in Hand.

Und noch ein Punkt iſt wichtig: wohin geht denn das
Geld, das der Staat für Schiffsbauten verbrauchen will?
Geht es ins Ausland? Jeder Pfennig bleibt im
Lande, jeder Pfennig dient dazu, deutſchen

Arbeitern und Baumeistern Arbeitsgelegenheit zu geben, jeder Pfennig wandert im Vaterlande umher, schafft Vielen Verdienst, weil viele Gewerbetreibende, Kaufleute und Arbeiter auch wieder von dem Verdienste der Schiffsbauer mitverdienen.

Das Wohl der Arbeiter wird ewig vom Wohlstande des ganzen Landes abhängig bleiben; das berechtigte Streben nach höherem Lohn ist nur erfüllbar, wenn das Reich die Macht hat, den Wohlstand seiner Angehörigen zu heben und zu sichern. **Englands Seeherrschaft ist die alleinige Ursache, daß der englische Arbeiter die höchsten Löhne verdienen kann;** denn Englands Flotte hat das Land zum reichsten der Erde gemacht und Englands Flotte erstrebt die Macht, den Wohlstand anderer, z. B. den unserigen, zu Englands Nutzen zu vernichten! Die deutschen Arbeiter werden einsehen, daß sie sich besser dabei stehen, wenn sie die Seemacht ihres Vaterlandes stärken helfen, als wenn sie unthätig zusehen, bis Deutschland vom Meere verdrängt würde, und dadurch der deutschen Industrie die gute Arbeitsgelegenheit verloren ginge, die ihr jetzt unser blühender Welthandel schafft. **Das ganze arbeitende Volk hat das größte natürliche Interesse an der Flottenverstärkung, weil es durch den Niedergang unserer Seemachtstellung am meisten in seiner Existenz bedroht ist, und weil es von der Stärkung höheren Wohlstand zu erwarten hat!**

In demselben Sinne äußerte sich Geheimrath Busley in einem Vortrag in München jüngst etwa, wie folgt: „Der zweite Theil der Ausführungen galt der Schilderung der wirthschaftlichen Vortheile, welche der Bau und der Besitz einer starken Flotte stets für ein Land mit sich bringe. Seit der Marineminister v. Stosch den Grundsatz aufgestellt hat, deutsche Schiffe aus deutschem Material auf deutschen Werften zu erbauen, sei Deutschland auch auf diesem Gebiet in unglaublich kurzer Zeit seinem Lehrmeister England ebenbürtig geworden, und daß eine derartige Entwickelung des deutschen Schiffsbaues in

wenigen Jahrzehnten überhaupt möglich war, sei in aller=
erster Linie der deutschen Marineverwaltung zu verdanken.
Heute schaue das gesammte Ausland mit gespanntester
Aufmerksamkeit auf die Erzeugnisse des deutschen Schiffs=
baues, von dem man mit Stolz sagen könne, daß er die
schnellsten Schiffe lieferte, welche auf unserm Planeten
schwimmen. In eingehender Weise schilderte Redner so=
dann den großen Einfluß des Schiffsbaues auf die Ent=
wickelung der Industrie. Große Zweige derselben würden
jahraus jahrein mit lohnenden Aufträgen bedacht, und
namentlich sei die Elektrotechnik durch die Marineverwaltung
mächtig in ihrer staunenswerthen Entwickelung gefördert
worden. Die ganze Welt kenne und benutze z. B. die
berühmten Schuckertschen Scheinwerfer, und man könne
mit Fug und Recht sagen, daß ein moderner Dampfer
die beste schwimmende Industrie=Ausstellung sei. Nach
ziemlich genauen Erhebungen seien in den letzten Jahren
in Süddeutschland 94 Firmen, die sich auf 48 Städte
vertheilten, an den regelmäßigen Lieferungen für die
Marineverwaltung betheiligt gewesen, und so verdankten
zahllose fleißige Hände ihre Existenz den Geldern, welche
der deutsche Steuerzahler für die Marine aufwendet."

Aufgaben der Kriegsflotte.

Die Flottenvorlage hat im Großen und Ganzen
bisher eine sehr erfreuliche sachliche Behandlung erfahren.
Es ist anerkannt worden, daß Deutschland einer starken
Flotte bedürfe, und daß die vorhandene Flotte nicht
genüge, um ihre Aufgaben im Kriege und im
Frieden zu erfüllen. Es ist deshalb zu hoffen, daß
die Budgetkommission einen Weg finden wird, auf welchem
der Entwurf des Flottengesetzes an das Plenum des
Reichstages so zurückgelangt, daß sowohl die verbündeten
Regierungen wie die Majorität des Reichstages zu=
stimmen können.

Im Lande hat die Erkenntniß von dem Werth und
den Aufgaben der deutschen Flotte in dem letzten halben
Jahr sehr zugenommen. Seit einiger Zeit ist die
Nation über die Flottenfrage in Bewegung. Gerade

aus diesem Grunde kommen aber die Flottengegner immer wieder mit ihren Gegengründen hervor, wenn diese auch schon hundertmal widerlegt sind; neue Gegengründe sind seit langer Zeit nicht vorgebracht. Das „ABC“-Buch von Eugen Richter enthält ebensowenig etwas Neues über die Frage, denn die Artikel dieses Buches haben meistentheils vorher in der „Freisinnigen Zeitung“ gestanden. Kurz möchten wir indessen einige Punkte berühren, die bei dem Hin und Her besonders hervorgetreten sind.

Ein selbständiges Urtheil über die Flottenfrage kann man sich nur an der Hand der Aufgaben bilden, welche der Flotte im Kriege und im Frieden zufallen.

Ihre Hauptaufgaben sind

„Schutz und Vertretung des Seehandels auf allen Meeren und Vertheidigung der vaterländischen Küsten.“

Der Schutz des Seehandels ist zugleich eine Friedens- und eine Kriegsaufgabe. Darüber daß auch im Frieden der überseeische Handel des Schutzes und der Vertretung bedarf, besteht selbst bei Marinegegnern kein Zweifel.

Kapitän z. S. z. D. Galster schreibt in der Flottenumfrage:

„In den meisten außereuropäischen Staaten beurtheilt man die Macht eines Staates nach den Kriegsschiffen, welche er zu seiner Vertretung und zur Wahrnehmung der Interessen seiner Angehörigen ins Ausland sendet. In unruhigen Zeiten wird im Auslande vielfach derjenige Kaufmann bevorzugt werden, von dessen Vaterland man den besten Schutz seiner Angehörigen und ihres Eigenthums voraussetzt. Das Zeigen der Kriegsflagge in Auslandshäfen ist oft nicht ohne Einfluß auf die Anknüpfung neuer Handelsbeziehungen gewesen. Ob die Flagge dem Handel oder ob dieser der Flagge folge oder folgen solle, ist eine müßige Frage. Je nach den Umständen wird bald das Eine, bald das Andere eintreten. Bei den meisten englischen Besitzergreifungen in Afrika folgte die Flagge dem Handel, während den ersten Expeditionen preußischer Kriegsschiffe nach China und Japan in den fünfziger und sechziger Jahren die Anknüpfung von Handelsbeziehungen folgte.

In Ländern mit wenig zuverlässiger Regierung spricht sich der Grad der durch das Zeigen der Flagge in ihren Häfen erworbenen Achtung vor der Macht eines europäischen Staates öfter in der Art und Weise der Behandlung der fremden Staatsangehörigen aus. Die Regierung einer politisch unbedeutenden Republik, die es nicht wagen würde, den eingegangenen Verbindlichkeiten gegen einen Engländer, Franzosen oder Nordamerikaner nicht nachzukommen, versucht dies probeweise den Angehörigen anderer Staaten gegenüber, deren maritime Schwäche sie voraussetzt. Die Veranlassung zu den meisten politischen Handlungen unserer Kriegsschiffe ist bis jetzt auf solche Mißachtung unsrer Seemacht zurückzuführen. In ähnlicher Weise verfahren die niederen Beamten und das Volk verschiedener überseeischer Republiken und halbzivilisirter Staaten mit der Person von Fremden, die ihrer Ansicht nach wenig Aussicht auf Schutz durch ihren Heimathsstaat haben. Von den Schandthaten an unsern Staatsangehörigen in Haïti, Brasilien und China wären vielleicht die beiden ersteren unterblieben, wenn wir in den beiden letzten Jahrzehnten in den dortigen Gewässern öfter unsre Flagge gezeigt hätten."

In unzähligen Fällen mußten unsere Kreuzer im Auslande den Forderungen deutscher Konsuln den nöthigen Nachdruck geben. Die vielen Beschwerden deutscher Kaufleute über die Nichtanwesenheit von Kriegsschiffen, sobald die Marine aus irgend welchen Gründen die eine oder andere Station nicht besetzt halten konnte, sind allbekannt.

In früheren Zeiten, als außereuropäische Staaten noch keine eigenen Kriegsflotten hatten, genügte bei solchen Gelegenheiten das einfache Zeigen der Flagge selbst auf älteren Kriegsschiffen, um berechtigte Forderungen erfüllt zu sehen. Das ist aber ganz anders geworden, seitdem in Ostasien und Amerika moderne Kriegsflotten mit Panzerschiffen und geschützten Kreuzern vorhanden sind.

Deshalb müssen heutzutage sogar die Stationskreuzer moderne geschützte Schiffe sein, wenn sie nicht den Spott

des Auslandes herausfordern und so mehr schaden wie
nützen sollen. **Vor Allem muß aber hinter jedem Auslands-
kreuzer eine starke heimische Seemacht stehen, wenn er seinen
Zweck erfüllen soll.** Das Ausland muß ihn als Vor-
posten einer Schlachtflotte anzusehen gezwungen
sein. Es muß wissen, daß je nach Bedarf größere
oder kleinere Theile der heimischen Flotte bereit
sind, zur Unterstützung des einzelnen Kreuzers
herbeizueilen. Eine noch so zahlreiche Kreuzerflotte ohne eine starke Schlachtflotte hinter sich
kann unsere Interessen im Ausland nicht mehr
wirksam schützen, weil sie gegen die Flotten der
Auslandsstaaten machtlos ist.

In Kriegszeiten ist es auch für eine Seemacht ersten
Ranges unmöglich, die eigenen Handelsschiffe in der
ganzen Welt zu beschützen. Was wir aber erreichen
können und müssen, ist die Offenhaltung der See-
wege zu unseren heimischen Häfen. Aus volkswirthschaftlichen Gründen darf der Ein- und Aus-
fuhrverkehr nicht lahm gelegt werden. Darüber
besteht auch gar kein Zweifel mehr. Die heimische
Schlachtflotte muß hierzu so stark gemacht werden,
daß sie den Feind verhindern kann, sich dauernd
in unseren Gewässern einzunisten und einen
Blockadezustand zu schaffen, d. h. die Seehäfen
von allem Seeverkehr abzusperren.

Die längere Unterbindung der überseeischen Zufuhr
würde einmal die Volksernährung unmöglich machen,
andererseits würde, da keine Rohstoffe von außen her
eingeführt werden können, bald der Stillstand einer
großen Anzahl industrieller Betriebe eintreten. Schon
in Friedenszeiten werden täglich über 6000 Tonnen Getreide eingeführt. In Kriegszeiten sind wir noch mehr
auf diese Einfuhr angewiesen, weil dann ein großer Theil
der so wie so schon knappen Landarbeiter einberufen
wird und es an Personal zum Landbau fehlen wird.
Auf Getreideeinfuhr von unseren Nachbarländern können
wir in einem großen kontinentalen Kriege nicht rechnen.
Unsere Bundesgenossen des Dreibundes müssen sich selbst
nach Zufuhr umsehen. Die Einfuhr über Holland und
Belgien können unsere muthmaßlichen Gegner jederzeit

unterdrücken. Von England haben wir nichts zu hoffen,
denn es sieht in uns seinen gefährlichsten wirthschaftlichen Gegner und kann durch eine Schädigung Deutschlands
nur gewinnen. Nach welcher Seite man sich auch wenden
mag, überall sind wir auf eigene Zufuhr zur See angewiesen.

Die Gefahren dieser Zufuhr werden in Blockade-
zeiten das Getreide auf jeden Fall übermäßig vertheuern.
Woher soll aber das Geld kommen, wenn infolge des
Stillstandes vieler industriellen Betriebe Millionen und
aber Millionen Arbeiter brotlos geworden sind und gleichzeitig die Zolleinnahmen erheblich heruntergehen?

Bei der ungeheuren Bedeutung des Seehandels für die deutsche Volkswirthschaft kann
es kaum zweifelhaft sein, daß eine länger
dauernde Blockade Deutschland unter allen Umständen zur Unterwerfung zwingen würde. Da
die volkswirthschaftlichen Wirkungen einer Blockade bereits in dem Artikel „Blockadegefahr für die Volkswirthschaft" näher dargelegt sind, so sei hier nur darauf
hingewiesen, daß eine Blockade namentlich im Falle eines
Krieges zwischen dem Dreibund und dem Zweibund
verhängnißvoll für Deutschland wirken würde. Kann
Deutschland in einem solchen Kriege sich nicht durch Aufrechterhaltung der Seeeinfuhr und Seeausfuhr die nothwendigen Lebensmittel verschaffen und die wichtigsten
Industrien im Gang erhalten, so würde seine Aktions-
fähigkeit aufs Aeußerste gelähmt werden. Die Aufrechterhaltung unserer wirthschaftlichen Stellung ist aber bei
der voraussichtlich langen Dauer eines solchen Krieges
von ganz besonderer Bedeutung. Sonst könnte es
leicht geschehen, daß alle etwaigen Siege des
Landheeres vergeblich sein würden.

Der Feind, der weiß, wie ungeheuer ver-
wundbar Deutschland durch seine Abhängigkeit
von überseeischer Zufuhr und Ausfuhr geworden
ist, wird nicht dulden, daß unser Handel über
Antwerpen und Rotterdam gehe. Er wird sich
durch die Neutralität so schwacher Staaten wie
Belgien und Holland durch völkerrechtliche Bedenken sicherlich nicht abhalten lassen, Deutsch-

land seine wirthschaftlichen Lebensnerven zu
durchschneiden.

Die Erkämpfung der Seeherrschaft in unseren
Gewässern und der durch sie allein erreichbare
Schutz des überseeischen Handels ist unzweifelhaft
das Endziel der Flottenfrage. **Alle Aufwendungen
für die Marine sind nutzlos, solange dies Ziel nicht erreicht
werden kann.**

Die Thatsache, daß der Seehandel im Kriege und
Frieden ausgiebigen Schutzes durch die Kriegsflotte
bedarf, findet in weiten Kreisen des Vaterlandes die
richtige Würdigung. Weniger klar ist man sich im All=
gemeinen über die andere Hauptaufgabe der Flotte: über
die Vertheidigung der vaterländischen Küste.

Die Küstenvertheidigung bezweckt, abgesehen von der
schon besprochenen Blockade, die Verhinderung feindlicher
Landungen an der Küste und Brandschatzung der See=
städte. Kleinere Landungen mit den Schiffsbesatzungen
verfolgen Zwecke lokaler Art und sind mit verhältniß=
mäßig geringen Küstentruppen zu verhindern.

Landungen im großen Stil, wie sie z. B. russischer=
seits im Schwarzen Meer kürzlich als Manöver aus=
geführt worden sind, verfolgen den Zweck, unsere im
Felde stehenden Armeen vom Rücken zu fassen. Der
um die Vertiefung der Kenntnisse über unsere Flotte
eifrig bemühte und wohlverdiente Graf Eckbrecht v. Dürk=
heim schreibt in der Flottenumfrage:

„Der gefährlichste Angriff, welcher direkt oder, noch
schlimmer, im Falle eines gegnerischen Bündnisses mit
Dänemark — mittelbar, von Jütland aus, gegen unsere
Küstenländer geführt werden könnte, besteht in dem Ver=
such einer Landung großen Stils. Ein solcher ist trotz
aller Gegenreden mit den heutigen Hülfsmitteln viel
leichter durchzuführen und aussichtsreicher als je zuvor.
Solange aber eine starke Vertheidigungsflotte die See
noch halten kann, nicht vernichtet oder in ihre Häfen
zurückgejagt und dort blockirt ist, wird selbst der über=
legenste Feind solchen für seine in sich selbst wehrlose
Transportflotte höchst gefährlichen Versuch nie wagen."

Der Armee die Abwehr solcher größeren Landungen auf=
zubürden, ist nicht angängig. Es müßte dann ein so großer

Theil der Feldarmee zurückbehalten werden, daß letztere übermäßig geschwächt würde. Frankreich und Rußland verfügen beide über eine vorzügliche Transportflotte, und solche Unternehmungen größeren Stils werden im Kriege gegen uns zweifelsohne stattfinden. Ihre Abwehr ist Aufgabe der Schlachtflotte.

Die früher vielfach verbreitete irrthümliche Meinung, daß man die Küsten mit Küstenforts und Sperren aller Art schützen kann, darf wohl als überwunden angesehen werden. Wollte man unsere langgestreckten Küsten durch kostspielige Küstenforts mit ineinandergreifendem Wirkungskreis zu schützen versuchen, so müßten Mittel aufgewendet werden, welche die der Flottenvorlage um ein Vielfaches überstiegen. Und auch dann würde kein Küstenschutz erreicht sein. Küstenforts können einer Schlachtflotte immer nur kurzen Widerstand leisten. Sperren werden hinweggeräumt.

Der Werth der Küstenforts ist nur darin zu sehen, daß sie der eigenen Schlachtflotte geeignete Stützpunkte bieten und die feindliche Flotte bei einem plötzlichen unerwarteten Angriff auf militärisch wichtige Häfen (Kanalmündung, Dock- und Werftanlagen u. s. w.) so lange aufhalten, bis die eigene Flotte zum Ersatz herbeigeeilt ist. Deshalb sagt Admiral Werner in seiner Broschüre „Die deutsche Flotte" (München 1898, Verlag von J. F. Lehmann) mit Recht:

„Wir können eine Landung nur dadurch verhindern, unsere Küstenstädte nur dadurch vor Brandschatzung und Ruin schützen, daß wir den Feind nicht herankommen lassen, d. h. daß wir ihn auf See schlagen, und dazu bedürfen wir einer Flotte von einer bestimmten Größe und einer bestimmten Zahl von Schlachtschiffen, die an Qualität dem Feinde gewachsen und geeignet sind, auf hoher See und bei jeder Witterung ihm entgegenzutreten und ihn abzuweisen.

Nur unter solchen Verhältnissen werden wir im Stande sein, von unserer Küste Unheil abzuwenden, nicht viele Hunderte Millionen für unnütze Festungswerke fortzuwerfen und unserer im Felde stehenden Armee nicht eine Truppenzahl zu entziehen, die in Schlachten den Ausschlag geben kann. Nur die Marine kann unsere Küsten schützen, die Armee von ihrer Vertheidigung entlasten und deren ganze Nordflanke sichern, und deshalb bedürfen wir einer ausreichenden Flotte von gepanzerten Schlachtschiffen. Die beste Vertheidigung ist stets der Hieb, und diesen können und müssen nur Schlachtschiffe führen."

Wir sind im Kriegsfalle in der glücklichen Lage, unsere Schlachtflotte in den heimischen Gewässern geschlossen zusammenhalten zu können. Die anderen Seemächte können dies aus politischen Gründen nicht.

Da unsere Schlachtflotte eine Schutzflotte für die heimischen Gewässer sein und bleiben soll, braucht sie nur so stark zu sein wie der für einen Angriff in unseren Gewässern verfügbare Theil der feindlichen Flotte oder eine Koalition solcher. Numerisch kann sie sogar etwas schwächer sein, weil uns jederzeit die Stützpunkte unserer Kriegshäfen und Flußmündungen nahe sind. Während die feindliche Flotte ohne Stützpunkte mit Schwierigkeiten aller Art, z. B. der Ergänzung von Kohlen und Proviant, Reparaturen an Maschinen und Kesseln, Ueberanstrengung des Personals zu kämpfen hat, fällt dies für uns Alles fort. Wir werden in den meisten Fällen in der Lage sein, mit intakten Schiffen und frischen Mannschaften in den Entscheidungskampf einzutreten. Man hörte früher die Meinung aussprechen, daß zum Schutz der Ostsee-Küste eine Flotte genüge, welche der russischen Ostsee-Flotte gewachsen wäre, während die Nordsee-Küste sich ihrer schlechten Fahrwasserverhältnisse halber selbst schütze. Das ist ganz unzutreffend. Unsere größten Seeinteressen liegen vor den Flußmündungen der Nordsee.

Der Kaiser Wilhelm-Kanal hat für die Flotte die große Bedeutung, daß wir für die Entscheidungsschlacht beide Geschwader in einem der Meere schnell vereinigen können. Man beginge aber einen verhängnißvollen Irrthum, wenn man glaubte, seinetwegen nur eine halb so starke Flotte, wie der Gegner sie hat, nöthig zu haben; denn der Kanal ist kein taktisches Hülfsmittel, sondern nur ein strategisches. Er erleichtert nur den Aufmarsch zum Kampf, unterstützt aber den Kampf selbst nicht. Der Feind wird mit seinem Gros da

sein, wo er schlagen will, und uns nicht den Ge=
fallen thun, sich zu theilen, damit wir jede Hälfte
mit Uebermacht schlagen können. Ein Plan, der
mit einem solchen Fehler des Gegners rechnet,
würde sich als gänzlich verfehlt herausstellen.

Daß wir mit der Wahrscheinlichkeit des Versuchs
einer Beschießung und Brandschatzung unserer Küsten=
städte rechnen müssen, ergiebt sich aus der Fachlitteratur
anderer Seestaaten. Ihre Seemanöver haben uns die
Absicht praktisch vorgeführt.

Man tröstet sich dieser Eventualität gegenüber mit
der Hoffnung, daß der Schaden durch die Kriegsent=
schädigung wieder gut gemacht werden könne. Das ist
eine Hoffnung, die nur auf schwachen Füßen steht.
Ganz abgesehen davon, daß es noch gar nicht sicher ist,
ob wir siegen, würde der Schaden bei Zerstörung
und Brandschatzung auch nur einer unserer großen
Seehandelsplätze ein so enormer sein, daß er auf
Jahrzehnte hinaus gar nicht wieder gut zu machen
ist. **Sicherheit hiergegen gewährt nur eine starke Schlacht=
flotte.** Diese Flotte muß so stark sein, daß, wie der
Staatssekretär des Reichs=Marine=Amts im Reichstage
sagte, auch eine Seemacht ersten Ranges mit ihr als
Machtfaktor zu rechnen gezwungen ist. Auf halbem
Wege stehen bleiben, hieße den Werth des Vorhandenen
in Frage stellen.

In seiner Schrift „Der Niedergang deutscher, der
Aufschwung fremder Marinen", neu herausgegeben mit
dem Titel: „Deutschlands Seegefahren", schildert der
Kapitänlieutenant a. D. Weyer die Verfassung der deut=
schen Seemacht. Die „Army and Navy Gazette"
vom 21. August 1897 schreibt über diese Broschüre, daß
sie sicherlich sehr interessant sei. Der Autor will durch
Tabellen zeigen, wie die jetzige Lage der deutschen Flotte
ist. Wir haben nicht alle seine Abbildungen geprüft,
aber das ist auch kaum nöthig, denn er hat anscheinend
seine Arbeit sehr sorgfältig ausgeführt und er begnügt
sich nicht allein mit Tabellen; denn wenn er eine Zahl
von Schiffen irgend einer Seemacht angiebt, so fügt er
auch noch sorgfältig die Namen der Schiffe hinzu." Nach
weiterer lobender Besprechung der einzelnen Tabellen

Weyers sagt das Fachblatt: „Jedenfalls ist Weyers Fürsprache (für die Flotte) die kräftigste, die wir je gesehen haben, und er wird als ausgezeichneter Helfer von Herrn Fritz Bley begrüßt werden, der für den „Alldeutschen Verband" ebenfalls eine sehr beachtens= werthe Broschüre schrieb, worin er fragte, ob Deutschlands Flotte genügend wäre?" — So weit die „Army and Navy Gazette". Aus der genannten Schrift Fritz Bleys aber sei ein ebenso wahrer wie schöner Ausspruch hier ange= führt; Bley sagt: „Deutschland ist keine bloße Fest= landsmacht mehr. Wer die Bedeutung der deutschen Seestellung verkennt, muß wirklich die letzten dreißig Jahre verschlafen haben. **Kein Land der Erde hat nächst England so sehr wie Deutschland die Pflicht, für die Wahrung seiner Interessen über See zu sorgen!"**

Der bekannte Marineschriftsteller Kapitän zur See z. D. Stenzel (Verfasser der Broschüren: „Helgoland und die deutsche Flotte", Berlin 1891; „Die deutsche Flotte und der Reichstag", Berlin 1892 und „Der kürzeste Weg nach Konstantinopel", Kiel 1894) sagte in einem Vortrage in der Kieler Bürgerversammlung am 17. Januar 1898 unter Anderem:

„Ein Angreifer auf unsere Küsten würde neben der Zerstörung der Menge unserer Handelsschiffe und =Fahrzeuge auch in der Lage sein, alle Küstenstädte zu brandschatzen und in Brand zu schießen, alle Hafen= anlagen zu zerstören. Kurz, der Schaden, der einer Küste auf diese Weise zugefügt werden könnte, würde sehr bedeutend sein. 30 Inseln gehören zum Deutschen Reich, unter denen sich auch fruchtbare befinden, wie namentlich Fehmarn und Alsen. Ein Feind würde mit Leichtigkeit eine von diesen Inseln in Besitz nehmen können, da sie nicht militärisch besetzt sind, und über die See zu gehen von unserer Seite, könnte eine seebeherrschende Flotte ganz unmöglich machen. Der Feind könnte diese Inseln aussaugen, sich für die Dauer festsetzen und von da aus das Festland mit einer Landung bedrohen. Man darf nicht denken, daß eine feindliche Flotte in der geradezu lächerlichen Weise verfahren wird, wie die französische im Jahre 1870, die sich bekanntlich auf völlige Unthätigkeit be=

2*

schränkt hat. »Sengen, Plündern und Morden, rück=
sichtslos den größten Schaden zufügen, wie es auch
immer sei«, hat ein französischer Admiral für den Fall
eines Krieges als Hauptaufgabe der Marine be=
zeichnet. Oft heißt es, unsere Küste schützt sich
selbst. Das ist ein positiver Unsinn, der leider
eine gewisse Unterlage durch eine Bemerkung
einer älteren Denkschrift gefunden hat. Bessere
und günstigere Gelegenheit zum Ankern und
Ausschiffen von Landungstruppen, wie die
Neustädter, die Eckernförder, Apenrader, Flens=
burger Bucht kann es gar nicht geben. Und
wenn es dem Feinde etwa nicht angezeigt er=
scheinen sollte, in einer deutschen Bucht zu
landen, was ist ihm bequemer, als zum Aus=
schiffungsplatz den Veile=Fjord zu wählen. Die
dänische Armee ist gar nicht im Stande, dem
Landen zu widerstehen.

Dann ist auch die Ansicht vertreten worden, eine
feindliche Landung hätte gar nichts auf sich, man würde
den Feind in kürzester Zeit in's Meer werfen. Wenn
die Verhältnisse so liegen, wie zu Anfang eines Krieges,
daß ein bedeutender Theil der aktiven Armee und sehr
starke Reserven an der Küste bleiben, will es nichts
sagen. Das ist aber absolut nicht anzunehmen, daß
jemals ein großer Landkrieg wieder so glücklich verläuft
wie 1870/71. Die französische Armee ist heute eben
so gut organisirt wie die unserige, und wir müssen auch
noch mit einem Krieg gegen zwei Fronten rechnen, den
Gott verhüten möge. Wenn der Fall eintreten sollte,
dann wird Alles, was das Gewehr tragen kann, zu der
Armee herangezogen und die Küste von Truppen ent=
blößt werden. Ich denke es mir keineswegs aus=
geschlossen, daß Rußland Truppen aus entlegenen Pro=
vinzen nach unserer Küste schafft und eine Landung in
großem Maßstabe ausführt."

In dem Gedenkbuch „Krieg und Sieg 1870/71"
(Herausgegeben von Prof. Dr. J. v. Pflugk=Harttung)
schreibt Kapitän zur See z. D. Stenzel über die See=
herrschaft der Franzosen in unseren heimischen und in
den fremden Meeren; darüber sei Folgendes hier an=
geführt:

"Von einer Kriegserklärung vor Beginn der Feind=
seligkeiten ist in solchen Fällen bei maritimen Aktionen
sowohl früher wie auch nachher — seitens der Franzosen
z. B. 1884 in China und 1893 in Siam — abgesehen
worden; französische Kriegsschiffe hätten also in die Jade,
Elbe 2c. und nach Kiel ohne Weiteres einlaufen können.

Daß ferner im Kriegsfalle eine Landung in großem
Maßstabe an unserer Küste beabsichtigt wurde, war be=
kannt. Viceadmiral Bouët=Willaumez, der auf diesem
Gebiet aus dem Krimkriege von Eupatoria u. s. w. her
große Erfahrung besaß, hatte schon zur Zeit des Luxem=
burger Zwistes im Frühjahr 1867 einen Plan für die
Ausschiffung eines Korps von 40 000 Mann an unserer
Ostseeküste ausgearbeitet und bis ins Kleinste festgestellt.
Zu dem Zwecke wurde ja auch die gewaltige Transport=
flotte unterhalten."

An (deutschen) Truppen standen außer dem See=
bataillon und der Seeartillerie=Abtheilung anfangs die
vier mobilisirten Armeekorps der Küstenprovinzen, nach
deren Abreise an die französische Grenze, vom 28. Juli
ab, die 17. Division in Schleswig=Holstein, drei Landwehr=
divisionen und gegen 90 000 Mann Besatzungs= und
Ersatztruppen zur Verfügung, die dem Generalgouverneur
der Küstenlande, General Vogel v. Falckenstein unter=
stellt waren."

"Weshalb Admiral Fourichon ebenso, wie Admiral
Bouët=Willaumez, von jedem kriegerischen Eingreifen
Abstand nahm, läßt sich nicht allein durch die Zusammen=
setzung ihrer Geschwader erklären, die freilich für den
Küstenkrieg hätte zweckmäßiger sein können, dem liegt
vielmehr die damals in der französischen Marine üblich
gewordene unrichtige Anschauung über Kriegführung zur
See zu Grunde. Dies beweist die oft wiederholte Be=
hauptung, daß die starken Panzergeschwader nicht im
Stande gewesen seien, an unseren Gestaden etwas aus=
zurichten. Erst wenige Jahre vorher im Sezessions=
kriege hatte die nordstaatliche Flotte das Gegentheil im
Küstenkriege bewiesen.

Das Unterbleiben eines jeden Angriffs der Fran=
zosen auf unsere Küsten hat seither in Deutschland zur
Verbreitung der Meinung Anlaß gegeben, ihre mächtige

Flotte habe ihnen überhaupt nichts genützt; das ist weit gefehlt. Die französische Kriegführung in Ost= und Nordsee war allerdings so schwach, wie möglich, haupt= sächlich infolge der unfähigen obersten Leitung, zum Theil auch infolge der damals in Frankreich maßgebenden unrichtigen Ansichten über den Seekrieg; immerhin haben ihre beiden Panzergeschwader durch die Ausübung der Seeherrschaft in unseren heimischen Gewässern große Truppenmengen lange Zeit an unseren Küsten zurück= gehalten und unsere Handelsschifffahrt unterbrochen. Außerdem hat die französische Marine unseren aus= gedehnten Seehandel in allen Meeren brachgelegt oder wenigstens gestört und die See für den eigenen Verkehr offen gehalten. Und nur durch die ins Riesige gehende Einfuhr von Kriegsvorräthen aller Art über See ist es möglich gewesen, nach dem Sturze des Kaiserreichs den Volkskrieg einzurichten und den Widerstand bis zum nächsten Jahre fortzusetzen."

Brandschatzungsgefahr für unsere Seehäfen.

Die Gefahr der Absperrung des Seeverkehrs wurde schon besprochen; mit ihr besteht zugleich die Gefahr einer Hungersnoth im Lande, weil der zur See mächtige Feind die Zufuhren verhindern könnte. Man unterschätzt auch die Gefahren feindlicher Landungen und Brandschatzungen von Seestädten; Beide sind freilich erst dann denkbar, wenn unsere Flotte vom Feinde gründlich geschlagen worden wäre, aber das ist leider bei den jetzigen Stärke= verhältnissen der Flotten des Zweibundes oder Englands eine Sache, mit der man rechnen muß. Wenn unsere Flotte geschlagen ist, so kann eine starke französische oder englische Flotte ruhig Hamburg angreifen und dabei an einem Tage vielleicht Milliarden vernichten! Das Auslothen des Fahrwassers bis Curhaven macht gar keine Schwierigkeiten. Die Küstenwerke bei Curhaven können dann von einer überlegenen Flotte mit starker Uebermacht angegriffen werden, und es ist nur eine Frage der Zeit, bis sie still gemacht sind. Wenn auch große Küsten=Batterien bis zu 20 Geschützen haben, so liegen die

Verhältnisse doch meist so, daß die angreifende Flotte
das Drei= bis Vierfache gegenüberstellen kann und außer=
dem den großen Vortheil hat, ein Küstenwerk nach dem
andern mit Uebermacht zu erdrücken. Deshalb ist es
ganz aussichtslos, oberhalb oder unterhalb der schon be=
stehenden Werke noch mehr Kanonen aufzustellen. Als
Stützpunkte für eine kräftige Flotte sind die Befestigungen
wirksam, allein sind sie der feindlichen Seemacht über
kurz oder lang verfallen. Dampfschiffe mit dem großen
Vorzug freier Beweglichkeit sind eben Küstenwerken über=
legen; deshalb ist die Zerstörung solcher Werke durch
Schiffe nur eine Frage kurzer Zeit und starken Verbrauchs
an Munition. Wenn es dem Feinde gelänge, Curhaven
zum Schweigen zu bringen, so könnte er auch die Minen=
sperren bequem beseitigen, wozu die Technik heute vielerlei
Mittel hat. Dann wäre die Elbe für kleine Schiffe frei;
denn auch Sperren von versenkten Handelsschiffen im
Fahrwasser würden durch Sprengungen soweit zu be=
seitigen sein, daß kleine Panzerschiffe, die die Franzosen
oder Engländer zu solchem Zwecke wahrscheinlich gleich
mitbringen werden (sie haben deren genug unter ihren
Küstenvertheidigern) und Torpedoboote flußaufwärts
dampfen könnten. Das Fehlen der Seezeichen bereitet
dabei durchaus keine unüberwindlichen Schwierigkeiten.
Wenn auch unter unsern braven Lootsen und Fischern,
die das Fahrwasser kennen, gewiß keiner zum Vater=
landsverräther werden würde, so fahren doch seit Jahren
eine Menge englischer, französischer und anderer Kapitäne
auf Handelsdampfern die Elbe aufwärts und abwärts,
die alle das Fahrwasser schon ohne Bojen und Baken zu
finden wissen und sicher ihren Landsleuten beim Ein=
steuern helfen würden. An schwierigen Stellen würde
man lothen und dabei auch einige mitgenommene
Handelsdampfer auf Grund setzen; diese würden für den
Angreifer die Seezeichen bilden. Nun stelle man sich vor, wie
ein halbes Dutzend Küstenpanzerschiffe, etwa von der Größe
der Siegfriedklasse mit 5 m Tiefgang (der Schnelldampfer
Auguste Viktoria hat etwa 7 m!) im Hamburgischen Hafen
hausen würden! Sie würden natürlich ein Ultimatum
an den Senat stellen, binnen so und so viel Stunden so
und so viel hundert Millionen Mark zu zahlen, widrigen=

falls sie Schiffe, Waarenspeicher und die Stadt mit
ihren mächtigen Geschützen in Brand schießen würden.
Die Torpedoboote würden sie durch Sprengen der Schiffe,
Zerstören von Schleusen und Brücken und Aehnliches
kräftig unterstützen. Wer den möglichen Schaden berechnen
will, der berechne sich, wie viel die an einem beliebigen
Tage im Hafen liegenden Schiffe nebst Ladung werth
sind, ferner wieviel Millionen Mark in den Waaren stecken,
die in den Lagerhäusern und Schuppen unmittelbar an
den Hafenkajen aufgestapelt sind, ferner wieviel Geld die
beiden nicht eben schwer zu zerstörenden Elbbrücken ge-
kostet haben und die städtischen Wasserwerke, und wieviel
Kosten es der Stadt Hamburg machen würde, einige
Hundert in den Häfen versenkter Handelsschiffe wieder zu
heben oder doch die Häfen von den Resten zu säubern
u. s. w., Hamburg wäre dann viel schwerer geschädigt
als zur Zeit der Franzosenherrschaft im Anfange dieses
Jahrhunderts. Man halte dies Schreckensbild nicht für
ein Ding der Unmöglichkeit, weil es dem sogenannten
Völkerrecht zuwiderlaufen soll, offene Städte in Brand
zu schießen. Dieses Völkerrecht steht nur auf dem Papier;
eine ganze Zahl französischer und englischer Admirale
haben es offen als Nothwendigkeit ausgesprochen, zur
Schädigung des Feindes diese und andere barbarische
Mittel anzuwenden; in verschiedenen Manövern der französischen und englischen Flotte hat die Brandschatzung
offener, d. h. unbefestigter Hafenstädte öfters eine sehr
wichtige Rolle gespielt. Es wäre also blinde Thorheit,
wenn man sich einbilden wollte, ein Feind der die Macht
hat, würde davor zurückschrecken. Deshalb bleibt uns
nichts übrig, als uns vorzusehen, indem wir unsere Flotte
so stark machen, daß sie feindlichen Flotten scharfe
Hiebe versetzen kann, die diesen Flotten die Kraft nehmen,
gegen Cuxhaven oder gegen andere Küstenpunkte vor-
zugehen.

Budgetrecht und Flotte.

Die Behauptung von einer Beschränkung des Budget-
rechtes durch die gesetzliche Festlegung des Flottenbestandes
wird durch die Geschichte des Flottengründungsplans von

1867 im Norddeutschen Reichstage einerseits und durch
die Entstehung des Artikels 71 in der Reichsverfassung
andererseits völlig widerlegt. Die erstere hat der frühere
preußische Gesandte v. Kusserow durch einen Artikel der
„Grenzboten", die zweite Abg. Dr. Lieber durch eine Rede
in der Budgetkommission wieder ins Gedächtniß zurück=
gerufen. Im Folgenden seien ihre Ausführungen in den
wesentlichen Theilen wiedergegeben.

Der am 15. Oktober 1867 dem Norddeutschen Reichs=
tage vorgelegte Gesetzentwurf über die Marine kam am
22. Oktober zur Verhandlung. Der Bundeskommissar,
Kontreadmiral Jachmann, betonte, daß die Regierung
hoffe, mit der Flotte die ihr in den Motiven gestellten
Aufgaben erfüllen zu können, wenn es ihr gelungen sein
werde, innerhalb einer zehnjährigen Frist mit den
beantragten Mitteln die Bundesflotte auf die Stärke von
16 Panzerschiffen, 20 Korvetten und eine Anzahl kleinerer
Schiffe zu bringen. Gefordert waren 80 Millionen Thaler.
Ueber die spezielle Verwendung der Mittel solle der
Etat alljährlich für das kommende Jahr Aufschluß
geben. Es käme jedoch darauf an, daß der Reichstag
anerkenne, daß die von der Regierung beantragten außer=
ordentlichen Mittel für die Förderung der Flotte nöthig
seien und daß die Flotte in der beantragten Stärke sich
nicht durch die bisherigen laufenden Mittel des Etats
beschaffen lasse.

Auf Einwendungen der zur Fortschrittspartei ge=
hörigen Abgeordneten v. Kirchmann und Waldeck ent=
gegnete Abg. Lasker: Wenn gesagt werde, jede Vor=
bewilligung auf eine bestimmte Zeit verstoße gegen das
Budgetrecht und die ausdrückliche Bestimmung der Ver=
fassung, so verweise er auf Artikel 71 der Ver=
fassung, wonach die Ausgaben zwar in der Regel auf
ein Jahr, jedoch in besonderen Fällen auch für längere
Dauer bewilligt werden können. In der Diskussion der
Verfassung sei hierbei gerade an die Ausgaben für
die Marine gedacht worden, und so führe man heute
nur das aus, was man damals im Sinne gehabt habe.
Später sagte er:

„Wenn wir Alle übereinstimmen, daß unsere Marine nothwendiger=
weise einer gesicherten Grundlage und einer erheblichen Förderung bedarf,

einer solchen Förderung, wie sie möglicherweise über die Kräfte der ein=
zelnen Staaten hinausgeht, dann handeln wir nicht nur nach unserer
verfassungsmäßigen Befugniß, sondern auch **nach unserer
verfassungsmäßigen Verpflichtung,** daß wir den Norddeutschen
Bund mit den nothwendigen Bedürfnissen im Wege der Anleihe versehen."

Ebenso erklärte der Abg. Twesten, er halte sich
durch das jetzige Gesetz, wenn die Anleihe auf Grund
der Motive bewilligt werde, für gebunden und verpflichtet,
in jedem Jahre, sei es im Etat oder durch ein besonderes
Gesetz, dasjenige anzunehmen, was die Regierung auf
Grund dieses Planes verwenden will.

In der dritten Lesung erneuerte Abg. v. Kirchmann
zwar seinen Widerspruch gegen die Anleihe, gleichzeitig
aber erklärte er: „Wir wollen ebenso eine Flotte wie Sie
(rechts)."

Die Aehnlichkeit der damaligen Situation — vor
31 Jahren! — mit der jetzigen in fast allen Punkten
leuchtet ein. Aber die budgetrechtlichen Bedenken der
Linken gegen die Bindung des Etatsrechtes wurden schon
damals vom Reichstag nicht getheilt, das Anleihegesetz
wurde mit großer Mehrheit angenommen. Den=
selben etatsrechtlichen Standpunkt hielt der Reichstag
auch in den folgenden Jahren fest. Als am 24. April
1869 Abg. v. Hoverbeck von der Fortschrittspartei bei
Berathung des Marine=Etats abermals einwandte, der
Reichstag habe weder den Beruf noch die Berechtigung,
für lange Zeit hinaus Gelder zur Disposition zu stellen und
damit seinem Nachfolger die Hände zu binden, folgte ihm
die Majorität in dieser Auffassung nicht. Abg. Meier=
Bremen betonte ihm gegenüber die Nothwendigkeit
eines für längere Jahre bemessenen Bauplanes
für die Marine, deren Entwickelung nicht dadurch
gefährdet werden dürfe, daß man in dem einen Jahre
etwas bewillige und dessen Fortsetzung etwa im folgen=
den Jahre verweigere. Auch für die Etatsjahre 1871
und 1872 wurde allerseits an dem Flottengründungs=
plan von 1867 als an dem Fundament festgehalten,
ja Abg. v. Forckenbeck befürwortete sogar die Be=
schleunigung seiner Durchführung, was der Marine=
minister Graf Roon mit dem Hinweis auf die Noth=
wendigkeit der Ausbildung des Personals zurückwies.

Herr v. Kusserow zieht aus seiner aktenmäßigen Darstellung mit Recht den Schluß,

daß alle gesetzgebenden Mächte des Norddeutschen Bundes und des Reichs von 1867 bis 1873 nie darüber im Zweifel gewesen sind, daß der Flottengründungsplan von 1867 die verfassungsmäßige Zustimmung des Bundesraths und des Reichstags des Norddeutschen Bundes gefunden hatte, und daß hieraus von allen Seiten die weiteren gesetzlichen und administrativen Folgen gezogen worden sind. Bezeichnend ist auch, daß bei den Berathungen über die Reichsverfassung kein Versuch gemacht worden ist, die heute umstrittenen Bestimmungen der Norddeutschen Bundesverfassung vor ihrer Uebernahme auf das Reich abzuändern. Es ist nicht anzunehmen, daß bei einer tiefgehenden Meinungsverschiedenheit über die Auslegung und bisherige praktische Anwendung des verfassungsmäßigen Budgetrechts die gebotene Gelegenheit zu einem Revisionsversuche verabsäumt worden wäre. Jedenfalls stimmen die betreffenden Artikel in beiden Verfassungen wörtlich miteinander überein.

Somit steht fest, daß im Jahre 1867 der Reichstag des Norddeutschen Bundes sich und seine Rechtsnachfolger mit vollem Bewußtsein gebunden hatte, für eine Zeit von zehn Jahren der Marineverwaltung die Mittel zur Ausführung des in den Motiven zu dem Gesetz vom 9. November 1867 niedergelegten Flottengründungsplanes zu bewilligen.

Wie es gekommen ist, daß der Reichstag vor 25 und 30 Jahren mit großer Mehrheit die budgetrechtlichen Bedenken, die jetzt wieder von der Flottenopposition ins Treffen geführt werden, entschieden zurückgewiesen hat, das wird sofort klar, wenn man die Entstehungsgeschichte des Artikels 71 der Reichsverfassung betrachtet. Abg. Lieber hat sich das Verdienst erworben, hiervon eine lichtvolle Darstellung zu geben, der wir im Nachstehenden folgen. Er sagte in der Sitzung der Budgetkommission des Reichstages vom 26. Februar 1898 etwa Folgendes:

Gegen die gesetzliche Festlegung sei vor Allem geltend gemacht worden, es werde damit dem Reichstage eine Bindung seines verfassungsmäßigen Budgetrechts zuge=muthet, welch Letzteres jährliche Bewilligungen verlange. Man sei sogar dem Einwand begegnet, es sei geradezu verfassungswidrig, ein Aeternat zu bewilligen. Diese letztere Behauptung nöthige ihn, auf die Verfassung ein=zugehen. Vor sich habe er Artikel 71 der Verfassung, dessen erster Absatz laute:

„Die gemeinschaftlichen Ausgaben werden in der Regel für ein Jahr bewilligt, können jedoch in besonderen Fällen auch für eine längere Dauer bewilligt werden."

Dieser Absatz sei seiner Zeit ohne jede Diskussion
aus der Verfassung des Norddeutschen Bundes in die
Verfassung des Deutschen Reiches übernommen worden.
Um zu erforschen, welche Absichten man damit verfolgt
habe, sei es daher nothwendig, auf die Entstehung der
Verfassung des Norddeutschen Bundes zurückzugehen.
In dem ersten Entwurf zu dieser Letzteren habe sich der
Artikel nicht befunden. Wohl habe man an solche Be=
stimmung gedacht, wie sich aus der berühmten Rede des
Fürsten Bismarck ergebe, die mit den Worten schloß:
„Setzen wir Deutschland so zu sagen in den Sattel, reiten
wird es schon können."

Nach obiger Rede habe sich in dem ersten Ver=
fassungsentwurf folgender Artikel 65 befunden:

> „**Abgesehen** von dem durch Artikel 58 bestimmten Auf=
> wande für das Bundesheer und die zu demselben ge=
> hörigen Einrichtungen, sowie **von dem Aufwande für die
> Marine** (Artikel 50) werden die gemeinschaftlichen Aus=
> gaben im Wege der Bundesgesetzgebung und, sofern sie
> nicht eine nur einmalige Aufwendung betreffen, für die
> Dauer der Legislaturperiode festgestellt."

Jener Verfassungsentwurf habe wie für das Bundes=
heer so auch für die Marine einen dauernden Normaletat
in Aussicht genommen, im Uebrigen dreijährige Budget=
perioden. Bei der Verhandlung über den zweiten vor=
gelegten Entwurf habe der damalige Abg. Miquel
geäußert, dem Inhalte des Entwurfs fehlten zwei wesent=
liche Dinge, einmal die Bestimmung über Erhebung einer
Anleihe und zweitens die Möglichkeit, auch für eine
längere als die in Aussicht genommene Periode Be=
willigungen aussprechen zu können. Bei dem vorge=
schlagenen Wortlaut sei es insbesondere nicht an=
gängig, die Ausgaben für die Marine nach einem
einmal angenommenen und feststehenden Plane
für eine längere Reihe von Jahren im Voraus
zu bewilligen. Ebenso wie Miquel habe auch Frieden=
thal die dreijährige Budgetperiode bemängelt, indem er
in der Sitzung vom 9. April 1867 Folgendes ausführte:

> „Ich habe nur noch anzuführen, daß wir für die Kriegsmarine
> allerdings auch an andere als jährliche Bewilligungen denken. Auf
> unseren Antrag sind die bezüglichen Bestimmungen im Artikel 51
> gestrichen worden. Diese Bestimmungen hatten offenbar den Sinn,
> daß man sich vorbehielte, für die Kriegsmarine einen sogenannten

Normaletat zu vereinbaren; denn das Wort „Normaletat" ist in der ersten Fassung des Entwurfs gewählt und wurde dann gestrichen, und das Wort „vereinbaren" deutete auf eine verschiedene Behandlung gegenüber den anderen Budgetpositionen. Wären die verbündeten Regierungen in der Lage gewesen, uns solche Normalsätze schon vorzulegen, so hätten meine politischen Freunde und ich keinen Anstand genommen, auch für diesen Theil des Bundeskriegswesens eventuell normale Sätze zu bewilligen. Augenscheinlich waren aber die verbündeten Regierungen hierzu nicht in der Lage, und es mußte deshalb eine Bestimmung aufgenommen werden, die es betont, daß, wenn diese Lage eintritt, es aus der Natur der Sache folgt, namentlich für die Gründung der Marine planmäßige Ausgaben für eine Reihe von Jahren festzustellen. Diesen Sinn hat der letzte Satz unseres Amendements zu Artikel 65, und wir finden darin eine mehr präzise und korrekte Fassung, als in dem analogen Satze des Miquelschen Amendements, welcher eben wegen seiner Allgemeinheit uns nichts zu sagen scheint. Daß gewisse Positionen auch für mehr als ein Jahr bewilligt werden können, das ist an sich ganz unzweifelhaft. Denn eine Versammlung, welche das Recht hat, für ein Jahr zu bewilligen, kann gewiß auch für zwei oder drei Jahre bewilligen. Wenn wir trotzdem bei der Kriegsmarine das ausdrücklich betont haben, so hat das den Sinn und Zweck, daß wir sagen wollten, wir hielten es für wünschenswerth, auch für diesen Zweig des Kriegswesens gewisse Positionen auf eine längere Reihe von Jahren zu normiren. Für andere Fälle aber uns von vornherein zu engagiren, liegt keine Veranlassung vor."

Aus diesen Erwägungen hätten dann die Abgg. Miquel=Bennigsen, Dr. Friedenthal und Erx=leben=Windthorst=Mallinckrodt drei zwar im Wortlaut verschiedene, aber in der Tendenz der Bewilligung für längere Zeit gleichartige Anträge gestellt. Ausdrücklich habe Friedenthal in seinem Antrage gesagt: „Auch die Ausgaben für die Bundeskriegsmarine können für längere Perioden im Voraus durch Bundesgesetz festgestellt werden." Und in dem Windthorst'schen Antrag sei die längere Bewilligung für die Bundesmarine ebenfalls besonders angeführt gewesen. Der jetzige Artikel 71 der Reichsverfassung, dessen Wortlaut dem Antrag Miquel=Bennigsen entspreche, sei dann am 16. April 1867 ohne weitere Diskussion mit großer Mehrheit im Reichstag angenommen worden, und wie sich aus dem stenographischen Berichte ergebe, habe er eine andere Begründung als die mit der Marine in allen diesen Verhandlungen nicht gefunden; man wollte durch die Möglichkeit der Bewilligung für mehrere Jahre gerade für die Marine die verfassungsmäßige Grundlage schaffen.

Abg. Lieber refumirte seine Darlegung dahin, nach
Alledem scheine es ihm ganz unwiderleglich fest=
gestellt zu sein, daß der Artikel 71 der Verfassung die
verfassungsmäßige Grundlage für die Forderung der
verbündeten Regierungen bilde, und daß es ganz falsch
sei, zu behaupten, dieselben befänden sich im Wider=
spruch mit der Verfassung; er möchte denjenigen
Sophisten sehen, der gegen diese aktenmäßige Darlegung
sich auflehnen könnte. Aber auf einen wesentlichen
Unterschied müsse er noch aufmerksam machen: damals
sei die Meinung die gewesen, man müsse eine Möglichkeit
schaffen, Bewilligungen auf eine Reihe von Jahren vor=
zunehmen, und dabei Fürsorge treffen, daß diese Be=
willigungen in den einzelnen Jahren nicht wieder in
Frage gestellt werden könnten. Nach dem vorliegenden
Entwurf dagegen unterläge die jährliche Bewilligung
der Rate erneut der Beschlußfassung des Reichstags, die
verbündeten Regierungen nützten mithin das ver=
fassungsmäßige Recht nicht einmal aus. Es fielen
somit alle Bemängelungen der Vorlage fort, die
sich auf das Budgetrecht des Reichstages be=
zögen. Es gebe in der That auf Grund des
Artikels 71 neben dem verfassungsmäßigen Recht
auch eine verfassungsmäßige Pflicht, von diesem
mehrjährigen Bewilligungsrechte Gebrauch zu
machen.

In der Kommission fanden diese Darlegungen von
keiner Seite Widerspruch; Abg. Bebel erklärte lediglich,
daß er in keiner Weise seinen bisherigen Standpunkt
zur Sache verändere; Abg. Richter sagte, er habe
niemals behauptet, daß in dem Gesetz ein Verstoß gegen
die Verfassung liege, die Frage sei nur, ob eine solche
Bindung angebracht wäre; Abg. v. Bennigsen bestätigte
die Ausführungen des Referenten, daß der Artikel 71
aus der Initiative des Reichstages ausschließlich
mit Rücksicht auf die Bedürfnisse der Kriegsmarine
unter Mitwirkung der Liberalen, Freikonservativen und
späteren Zentrumsführer Windthorst und Mallinckrodt
in die Verfassung eingefügt worden sei.

Durch den Hinweis auf diese historischen That=
sachen ist den budgetrechtlichen Bedenken gegen die

jetzige Flottenvorlage, die schon aus allgemeinen staats=
rechtlichen Grundsätzen zurückzuweisen waren, nunmehr
der Boden völlig entzogen. Sie müssen jetzt aus der
Diskussion ausscheiden. Denn es ist nicht nur mit der
Verfassung vereinbar, daß für die Zwecke der Marine
Bewilligungen auf längere Zeit beschlossen werden, sondern
die Geschichte der Entstehung des Artikels 71 der Reichs=
verfassung beweist unwiderleglich, daß gerade mit Rück=
sicht auf die Kriegsflotte — und zwar aus der
Initiative des Reichstages — die Bestimmung auf=
genommen worden ist, nach welcher die gemeinschaft=
lichen Ausgaben in besonderen Fällen auch für
eine längere Dauer bewilligt werden können.

Deckung der Kosten für die Flotte.

Die Erläuterungen, die der Reichsschatzsekretär Frhr.
v. Thielmann in finanzieller Beziehung zum Flotten=
gesetz am 6. Dezember 1897 im Reichstag gegeben hatte,
sind von Seiten des Reichsschatzamtes in der Budget=
kommission des Reichstages am 26. Februar 1898
noch ergänzt worden. Frhr. v. Thielmann erklärte,
gegenwärtig sei die Finanzlage des Reiches nicht
nur sehr günstig, sondern gestatte auch zunächst gute
Ausblicke in die Zukunft. Er glaube die Ueberzeugung
aussprechen zu dürfen, daß ein Absteigen der Einnahmen
nicht zu befürchten sei; wir könnten den gegenwärtigen
Zustand als ein geeignetes Niveau für das Weiter=
arbeiten erachten, wenn auch ein wesentliches Ansteigen
gleichfalls nicht zu gewärtigen sein werde. Die Steige=
rung des Volkswohlstandes in Deutschland vollziehe sich
nicht in einer schiefen Ebene, sondern auf einer Treppe
mit ungleichen Stufen. Wir befänden uns nicht auf dem
Abstieg, sondern auf einem Treppenabsatz; man könne
danach für die folgenden 7 Jahre auf die Ergebnisse des
laufenden Jahres bauen, und diese ließen nichts von einer
absteigenden Linie bemerken:

Wenn man den Maßstab des laufenden Jahres für die
Ausgaben annehme, so ergäben sich erstens 4 Millionen für fort=
dauernde Ausgaben, zweitens die Steigerung der einmaligen Ausgaben,
die nicht regelmäßig seien, deren Durchschnitt man aber auf 9 Millionen

annehmen könne; thue man dies und rechne diese 9 Millionen
jährlich zu den 4 Millionen hinzu, so ergäbe sich ein jährlicher Fortschritt
von 13, 17, 21 Millionen u. s. w. Dies erfordere nunmehr die Ueber-
legung, ob wir in den nächsten 3 Jahren trotz der Ausgaben für die Artillerie
diese 13, 17, 21 Millionen besitzen werden, und sodann, ob wir nicht
nach Fortfall der Artillerieausgaben andere Ausgaben haben werden,
welche die verfügbaren Mittel in Anspruch nehmen. Für die 3 nächsten
Jahre erübrige die Antwort, denn nach den großen Ueberschüssen an
Zöllen und Steuern, die jetzt vorlägen, seien die 3 ersten Jahre noch
vollkommen gedeckt.

Für die weiteren vier Jahre sei die Steigerung schon bedeutender,
im ersten derselben, dem vierten Jahre überhaupt, würden wir 4×4
$= 16 + 9 = 25$ Millionen haben.

Nun seien dann aber nicht nur fortgefallen die im Jahre 1898 noch
mit 42 Millionen angesetzten Artillerieforderungen, sondern noch 1 Million
für die Naturalien-Reserve und $3\frac{1}{2}$ Millionen für die Reichseisenbahn, das
seien im Ganzen $46\frac{1}{2}$ Millionen, die in dieser Gestalt bis zum Jahre
1901 fortfallen.

Der Abg. Lieber habe geäußert, es könnten andere Dinge an
Stelle der Artillerieforderungen treten, die das volle Genießen ver-
kümmern könnten; dies sei richtig, und er würde auch Bedenken tragen,
auf diese Ersparniß zu rechnen, wenn die Marinevorlage dieselbe ganz
für sich in Anspruch nähme.

Wir erschöpfen aber nur einen Theil davon, etwa die Hälfte, und
er habe kein Bedenken, diese Hälfte wenigstens als Deckung für die
Marinevorlage zu betrachten.

Neben diesen $46\frac{1}{2}$ Millionen würde sich aber bei der gesunden
Entwickelung des Deutschen Reiches eine weitere Steigerung der Einnahmen aus der Vermehrung der Kopfzahl der Bevölkerung ergeben.

Er würde auch Bedenken tragen, nur hierauf zu bauen, da die
Volksvermehrung auch neue Bedürfnisse mit sich brächte, aber, da zwei
Rettungsanker vorhanden seien, einmal das Wachsen der Steuerkraft
und zweitens der Wegfall von großen Ausgaben, so halte er
beide Anker für vollkommen genügend, um die Marinevorlage ganz fest daran zu verankern.

Noch einem Einwurf wolle er begegnen, dem, die Steuerkraft könne
nicht gleich bleiben; darauf sei zu erwidern, daß die Steuerkraft, so
lange das Deutsche Reich bestehe, allmählich zugenommen
habe. Er wolle hierbei nur auf die Erträge der Zuckersteuer hinweisen, die sich in stetig aufsteigender Linie befänden.

Er resümire dahin: Die 7jährige Periode sei von ihm in zwei
Theile getheilt; für die ersten drei Jahre halte er die Deckung für
gesichert; für die letzten vier Jahre erachte er sie ebenso gegeben
durch zwei Faktoren: durch den künftigen Wegfall einer Summe
von $46\frac{1}{2}$ Millionen aus dem Etat und durch die Vermehrung der
Steuerkraft durch das Anwachsen der Bevölkerung. Es bleibe nun noch
drittens die Zeit nach 1904 zu berücksichtigen; für diese könne er nur
sagen, gelten dieselben Gründe wie für die sieben Jahre, da alle An-
zeichen bis jetzt darauf hinwiesen, daß die in Frage kommenden Verhältnisse so bleiben würden. Ziffern könne er darüber natürlich nicht geben.

33

Auf Bedenken, die der Abg. Müller=Fulda diesen
Ausführungen des Staatsfekretärs entgegenhielt, erwiderte
der Unterftaatsfekretär im Reichsfchatzamt, Afchenborn,
wenn auch eine gewiffe Vorficht geboten fei, fo feien die
peffimiftifchen Anfchauungen des Abg. Müller doch nicht
berechtigt. Er habe verfucht, fich die Finanzlage der
nächften fieben Jahre klar zu machen, und fei dabei zu
folgenden Ergebniffen gekommen, wobei er den Zucker
außer Betracht gelaffen habe: Aus fechs Steuerzweigen
fei das Ergebniß im Jahre 1892: 554 Millionen, im
Jahre 1897 aber 648 Millionen gewefen. Dies fei eine
Differenz von 94 Millionen, rund 18 Millionen pro Jahr
Steigerung. Er fei nun zwar nicht fo fanguinifch, an=
zunehmen, daß dies auch für die nächften Jahre fo
bleiben werde; er habe aber noch eine andere Methode
verfucht, um fich ein Bild zu machen. Wir hätten pro
Kopf der Bevölkerung einen beftimmten Steuerbetrag
pro Jahr und diefer würde fich immer fo halten. Infolge=
deffen würde fich pro Jahr lediglich aus der Ver=
mehrung der Bevölkerung ein Anwachfen von
8,8 Millionen ergeben. Dies fei alfo dem Ausfall der
anderen großen Ausgaben noch hinzuzurechnen.

Ueber die Erklärung des Staatsfekretärs Graf Pofa=
dowsky am 16. Februar 1898 fiehe den Anhang.

Deutfchland zur See.

Unter diefem Titel hat Profeffor Dr. Dietrich Schäfer
eine hochbedeutfame hiftorifch=politifche Betrachtung kürz=
lich (Jena 1897 im Verlage von Guft. Fifcher) heraus=
gegeben. Diefe Schrift enthält fo wichtige Lehren für die
Flottenfrage unferer Zeit, daß es angebracht ift, einige
Stellen aus ihr hier anzuführen. Schäfer fagt in der
kurzen Einleitung:

„Nur wer fich Klarheit darüber verfchafft, welche
Bedeutung für die Entwickelung unferes Volkes und
Reiches das Meer hatte, wird von fefter Grundlage
aus ein Urtheil darüber abgeben können, welche Stel=
lung zur See Deutfchland zu erftreben und zu be=
haupten hat.“

Er befpricht dann die deutfche Befiedelung der Oft=
fee=Küften im frühen Mittelalter als einen der folgenreichften

Nauticus, Neue Beiträge zur Flottenfrage. 3

Hergänge in unserer Geschichte, beleuchtet die Begründung
der Stadtgemeinden und das Aufblühen des Seehandels
der deutschen Ostsee=Städte.

„Lübecks rasches, im Mittelalter beispielloses Em=
porblühen, die hervorragende Stellung, die es durch
fast drei Jahrhunderte hat behaupten können, erklären
sich zunächst aus seiner Lage. Am innersten Winkel
der Ostsee erbaut, war es für die westfälischen, nieder=
sächsischen, niederrheinischen Leute, die wir als Pfad=
finder und Wegweiser im deutschen Ostsee=Handel er=
kennen, der bequemste Einschiffungsplatz. Kein anderer
hat für die Kolonisation der Ostsee=Länder in friedlicher
wie kriegerischer Expedition entfernt so viel bedeutet
wie die Travestadt.“

„Im Laufe des 14. Jahrhunderts dringen die
Deutschen in fast alle größeren nordeuropäischen Er=
werbszweige ein. Die reichen Erträge der Schonenschen
Heringsfischerei werden um 1400 so gut wie ausschließ=
lich durch ihre Schiffer und Kaufleute dem Westen wie
dem Osten zugeführt. Das Gleiche ist mit dem Stock=
fischfang an den norwegischen Küsten der Fall; die
hansische Niederlassung zu Bergen versorgt Europa mit
diesem Produkte, weiß die Engländer selbst für den
Bedarf des eigenen Landes aus dem Vertriebe hinaus=
zudrängen. Den altüberlieferten, jetzt aber mächtig
entwickelten Waarenaustausch zwischen Deutschland und
England vermitteln sie durch ihren Londoner Stahlhof
und wissen die Engländer trotz aller Anstrengungen in
den deutschen Städten in engen Grenzen oder ganz
fern zu halten. Der blühende Verkehr, der zwischen
England und Flandern in Wolle und Tuchen stattfand,
ging zum großen Theil durch ihre Hand; so weit flä=
misches und englisches Gewand nach dem Osten und
dem Norden und nach Deutschland selbst wanderte —
und das geschah in nicht geringen Mengen —, waren
Hansen, die »Osterlinge« der Engländer und Flamen,
die Händler. In direkter Fahrt holten sie Wein, Salz
und andere Waaren aus Westfrankreich und weiter her,
nicht nur für eigenen, sondern auch für englischen und
andern fremden Bedarf. Neben den großen Haupt=
comptoiren in Nowgorod und Bergen, in Brügge und

London haben sie zahlreiche kleinere Niederlassungen,
die besonders von einzelnen Städten unterhalten und
besucht wurden, in Schweden und Finnland, in Ruß=
land und Lithauen, in Dänemark und Norwegen, in
England und den Niederlanden und weiter westwärts
bis nach Portugal hin begründet. Wo nordwärts von
den Säulen des Herkules in europäischen Gewässern
überhaupt Handel getrieben ward, da war in den letzten
Jahrhunderten des Mittelalters die Hanse dabei und
zumeist tonangebend."

Die Erfolge der Städtewesen lagen in den politischen
Verhältnissen der Zeit, das weist Schäfer klar nach;
ihre Politik wurde lediglich von ihren wirthschaftlichen
Interessen bestimmt und

„das machte sie der dynastischen Politik des mon=
archischen Europa überlegen. Die inneren Streitigkeiten
der nordischen Reiche, der jahrhundertelange Gegensatz
zwischen Dänemark und Schweden, Dänemarks Zer=
würfnisse mit Schleswig=Holstein, Englands Kriege mit
Frankreich, seine zahlreichen inneren Zwistigkeiten sind
von den Leitern der Hanse so klug wie nachhaltig
ausgenutzt worden, um günstige Verträge und wichtige
Verkehrsrechte zu erlangen. Gegenüber Königen, die
aus dem Geldbedarf nicht herauskamen, war die
finanzielle Leistungsfähigkeit der Kaufmannswelt ein
gewaltiges Hülfsmittel. Wie später in niederländischen,
so sind die englischen Kroninsignien auch in deutschen
Händen gewesen, von den nordischen Herrschern zu
schweigen. Unter Umständen mußte das Schwert helfen.
Ernstere Kriege hat die Hanse, wie alle reinen Handels=
staaten, allerdings nicht gern geführt, eigentlich nur
um die Grundlage ihrer Stellung, die Herrschaft in
der Ostsee. Sie hat nicht immer glücklich gekämpft,
doch aber auch durchschlagende Erfolge errungen. Zwei
dänische Könige sind von den Hansen aus ihrem Reiche
vertrieben worden. Geschickte Bündnisse halfen mit.
Ihre Wehrkraft zur See haben die Städte sorgfältig
gepflegt. Während man die geworbenen Landtruppen,
Reisige und Landsknechte schwer meisterte und in Bot=
mäßigkeit erhielt, verfügte man über eine zuverlässige
und leistungsfähige Schiffsbemannung, durchweg Boots=

3*

leute der eigenen Städte, ausschließlich geführt von
städtischen Rathsherren. Gestählt von den Aufgaben,
die das Meer stellte, hat sich in den See- und überhaupt in den Hansestädten die kriegerische Kraft des
deutschen Bürgerthums denn auch viel länger erhalten
als in den Reichsstädten des Binnenlandes."

Aber der Blüthe folgte frühzeitiger Verfall. In den
Holländern und Engländern erstanden mächtigere Konkurrenten, in der Ostsee machten die nordischen Königreiche,
besonders Schweden, dem Hansabunde empfindlich zu
schaffen. Ueberdies blieb der Hering aus dem Sunde
weg, die großen Fischereigründe verlegten sich nach der
Nordsee. Als später die Königin Elisabeth die Rechte
der Hansen nicht mehr schonte, um dem eigenen Volke die
Seegewalt zu schaffen, da sah es mit der Hansa schlimm aus.

„In ihrer Noth hat die Hanse am Reich eine
Stütze gesucht. Die Seestädte waren in ihren guten
Tagen nicht gewohnt, sich viel um Kaiser und Reich
zu kümmern. Sie erfüllten die pekuniären oder militärischen Pflichten, die sich aus den Reichstagsver-
handlungen ergaben, und behelligten im Uebrigen Kaiser
und Reich nicht mit ihren auswärtigen Angelegenheiten,
weil das nutzlos war. Ertrinkende aber greifen nach
dem Strohhalm. In ihrer hülflosen Angst gegenüber
dem übermächtig andrängenden Auslande versuchte die
Hanse, die Führer der Nation für sich mobil zu machen.
Ohne Erfolg! Nicht als ob es in Binnendeutschland
an jedem Verständniß gefehlt hätte für das, was an
der Seekante zu Grunde ging. Kurfürst August von
Sachsen selbst, nächst dem Kaiser der einflußreichste
deutsche Fürst in der zweiten Hälfte des 16. Jahrhunderts, hat die Auffassung vertreten, daß man
diesen Händeln denn doch nicht ruhig zuschauen
dürfe; er fand, daß sie auch seine eigenen Lande
angingen. Auch sonst treffen wir vereinzelt auf ent-
schiedene fürstliche und adlige Verfechter der Anschauung,
daß Deutschland nicht bestehen könne ohne eine
starke Vertretung seiner Verkehrsinteressen zur
See. Aber es waren Stimmen in der Wüste. An
kaiserlichen und Reichsmandaten hat es allerdings im
englischen und im livländischen, im schwedischen wie

im dänischen Handel nicht gefehlt. Aber vor denen
fürchtete sich kaum noch ein gartender Landsknecht, geschweige denn Elisabeth von England oder ihre
Brüder auf den Thronen von Schweden und Dänemark.
Nie war ja das Reich politisch eine geringere Macht
als in der Zeit von den Hussiten bis zum 30 jährigen
Kriege, und an dieser Reichslosigkeit, an dem
gänzlichen Verfall des politischen Könnens der
Nation als solcher gingen die deutsche Hanse,
der deutsche Handel und die deutsche Seemacht
zu Grunde."

„Nicht Thatkraft und Unternehmungslust fehlten den
deutschen Küstenbewohnern, wohl aber der unentbehrliche
bewaffnete Schutz, ohne den der Seehandel eines Volkes
immer nur in dem Umfange aufkommen kann, den fremde
Nationen zu gestatten für gut finden.

Das Weltmeer mußten meiden, die sich an Seetüchtigkeit mit Allen messen konnten, die auch in ihren
tranrigsten Zeiten die Meister der Schlachten blieben, weil
sie als Volk nichts aufbrachten, das man als eine Wehrkraft zur See hätte bezeichnen können."

„Der Dreißigjährige Krieg enthüllte den Abgrund,
an dem man inmitten prunkvollen Wohllebens gestanden hatte, und dessen Vorhandensein die gedanken-
lose Beschränktheit einer in roher Völlerei, in protzender
Kunstpflege, in engherzigster Spießbürgerei verfimpelten
Zeit kaum ahnte. Als die grauenvolle Heimsuchung
vorüber war, fanden sich die Mündungen der großen
deutschen Ströme und Deutschlands beste Häfen in den
Händen der Fremden; die Meere, die seine Küsten be-
spülten, gehörten ihnen. Was von den Engländern
einst »deutscher Ozean« benannt worden war,
war jetzt ein Zankapfel zwischen diesen und den
Holländern, und die Herrscher Dänemarks und
Schwedens stritten sich um das Dominium eben
des Meeres, das durch die Deutschen der europäischen Geschichte und abendländischem Verkehr gewonnen worden war. Nur noch geduldet
erschienen die Deutschen auf diesen Gewässern.
Sobald die Seemächte in Zwist geriethen — und
wann war Ruhe zwischen Dänen und Schweden,

Spaniern, Franzosen, Engländern und Nieder=
ländern! — war der deutsche Kauffahrer der
Willkür schutzlos preisgegeben."

In gleich fesselnder Weise zeigt Schäfer, wie der
transozeanische Verkehr unserer Zeit als Wahrzeichen
neuer gesunder Entwickelung aufzufassen ist. Er meint,
wir seien zwar spät, aber rasch auf dem Weltmeere
heimisch geworden.

„Daß unsere Kriegsflotte nicht wenig dazu bei=
getragen hat, unser Ansehen »drüben« zu wahren, ja
daß sie ein Haupthebel desselben gewesen ist, darüber
kann ernstlich nicht gestritten werden. Schon als sie
noch keine deutsche, sondern nur eine preußische war,
hat ihr Erscheinen in Ostasien die Anknüpfung von
Handelsbeziehungen ermöglicht, die sich seitdem glänzend
entwickelt haben. Man kann den Umschwung, der
sich mit der Gründung des Deutschen Reiches
vollzogen hat, kaum besser charakterisiren als
durch den Hinweis auf die Thatsache, daß
unsere sämmtlichen transatlantischen Dampfer=
linien, mit der alleinigen Ausnahme jener
nach den Vereinigten Staaten, erst nach dem
deutsch=französischen Kriege ins Leben getreten
sind. Es ist kaum ein Vierteljahrhundert, daß
deutsche Schiffe in regelmäßiger Fahrt alle
Meere besuchen. Und welche Erfolge sind seit=
dem errungen worden!"

„Des Kaisers Wort: »Unsere Zeit steht im Zeichen
des Verkehrs« trifft in der That die Kernfrage unserer
Tage. Und das ganz besonders für Deutschland. Denn
kein Volk hat in jüngster Zeit eine so rasche Entwicke=
lung seines Verkehrswesens erlebt. Frankreich und
die Union wurden überholt. Während England sich
seit Beginn der achtziger Jahre um die 14 Milliarden
bewegt, steigerte Deutschland seinen Handel von we=
niger als 6 auf mehr als $8^{1}/_{4}$ Milliarden."

„Aus diesem Wettbewerb auf dem Welt=
meer aber können wir uns nicht zurückziehen,
ohne uns zu vernichten. Wir brauchen die See,
um zu leben. Nicht nur der Seemann und der
Fischer, die mühsam ihr hartes Brot auf ihr

gewinnen, brauchen sie, nicht nur der Kauf=
mann unserer Küstenstädte, der mit Spannung
die Fahrt seiner Schiffe und Waaren verfolgt,
**sondern auch der Arbeiter tief im Binnenlande, im ent=
legenen Gebirgsthale, dessen rührige Hand die tausend und
aber tausend Dinge verfertigt, die über Sand und See in
alle Welt gehen.** Ein unverdächtiger Zeuge, der
Professor der Kolonialgeographie an der Sor=
bonne, Marcel Dubois, sagt in seinem Buche
»Koloniale Systeme und Kolonisationsvölker«
treffend: ›**Das Deutschland von heute muß entweder
über See verkaufen oder untergehen.**« Ueber See ver=
kaufen kann nur, wem die See frei ist. Es ist
nicht anders: Unser Volk kann nur weiter
blühen und gedeihen, wenn es im Stande ist,
sich die Freiheit der Bewegung zur See gegen=
über jedem Angriffe zu bewahren. **Die Unter=
haltung einer starken, leistungsfähigen Flotte ist für Deutsch=
land eine Existenzbedingung.**"

Hier konnten nur in kurzen Zügen einige Punkte
der Schäfer'schen Schrift wiedergegeben werden; sie
werden aber sicherlich genügen, um recht Viele dazu an=
zuregen, die vorzügliche Schrift Schäfers: „Deutschland
zur See" selbst zu lesen und gründlich zu beherzigen.
Die Schrift ist bereits in zweiter Auflage erschienen.

Geradezu als eine Ergänzung der Schäfer'schen
Schrift kann man die treffliche Rede betrachten, die
kürzlich am 12. März 1898 beim Stapellauf des neuesten
großen Kreuzers vom zweiten Bürgermeister Hamburgs,
Dr. Mönckeberg, gehalten wurde; darin heißt es:

„Ein Hamburger Bürgermeister — hier in Stettin,
einer Stadt, die Jahrhunderte lang dem Hansebunde
angehörte — beim Stapellauf eines deutschen Kriegs=
schiffes, wie sollten sich da die Gedanken nicht auf jene
längst vergangene Zeit der deutschen Geschichte richten,
als der Städtebund der Hansa die Seemacht Deutsch=
lands repräsentirte, als die Schiffe der Hansa die
Niederlassungen der deutschen Kaufleute an überseeischen
Plätzen beschirmten, die deutschen Küsten gegen Angriffe
aller Art vertheidigten und mehr als einmal für das
gute Recht und die Ehre ihrer Landsleute hinauszogen,

um in offener Seeschlacht den Flotten mächtiger Könige
Trotz zu bieten. Damals konnten Kaiser und Reich
den deutschen Kaufleuten und Seefahrern weder Hülfe
noch Schutz gewähren. Der Städtebund der Hansa
war allein auf die eigene Kraft angewiesen und er
mußte schließlich unterliegen im ungleichen Kampfe mit
den mehr und mehr erstarkenden Seemächten im Westen
und Norden Europas. Wie ganz anders liegen
die Verhältnisse heute! Das neue Deutsche
Reich ist zu der Erkenntniß gelangt, daß es
für die Wohlfahrt und das Gedeihen der ge=
sammten Bevölkerung unumgänglich noth=
wendig ist, daß Deutschland in einer seiner
Größe und Bedeutung entsprechenden Weise
theilnehme an dem immer großartiger sich ent=
wickelnden internationalen Verkehr auf der
ganzen Erde, und daß eine achtunggebietende
Stellung im Weltverkehr auf die Dauer sich
nur behaupten läßt, wenn Deutschland auch zur
See mächtig genug ist, um die Interessen seiner
Angehörigen überall kräftig zu schützen und
dem friedlichen Worte, wenn es sein muß, mit
gewaffneter Hand den gebührenden Nachdruck
zu verleihen. **Auf dieser Erkenntniß, welche heute ein
Gemeingut der Nation geworden ist, beruht die Noth=
wendigkeit einer starken deutschen Flotte.** Daher begrüßen
wir es mit jubelnder Zustimmung, wenn die deutsche
Flotte jetzt so ausgestattet werden soll, daß sie allen
Anforderungen, die an sie gestellt werden müssen, zu
jeder Zeit gewachsen sein wird. Mit besonderer Freude
aber erkennen wir Hansestädter es dankbar an, daß
Se. Majestät der Kaiser gerade in jetziger Zeit auch
der Bedeutung des alten Hansabundes für die deutsche
Seemacht gedacht und bestimmt haben, daß dem statt=
lichen Schiffe, das heute vom Stapel laufen soll, der
Name »Hansa« gegeben werde."

Jakob Grimm schrieb im Jahre 1847 in Lübeck in
das Album der dort tagenden Germanistenversammlung:

　　　„**Hansa ist das älteste deutsche Wort für Schaar und
Gesellschaft, es muß noch einmal eine stärkere deutsche Hansa,
als die alte war, sich auf dem Meere schaaren!"**

Die Aufwendungen für den Schutz des Seehandels in den wichtigsten Großstaaten.

„Die Marinen sind zum Schutz des Handels da", sagt Mahan (Einfluß der Seemacht auf die Geschichte S. 33). Bei der ungeheuren Bedeutung des Seehandels für Deutschland (vergl. den Artikel Seehandel) ist es deshalb von Interesse, die Kosten der deutschen Kriegsmarine und den Umfang des deutschen Seehandels mit dem Marine= aufwand und dem Seehandel der übrigen Großstaaten zu vergleichen. Die dem Reichstag vorgelegte Denk= schrift über die „Ausgaben für Flotte und Landheer und ihre Stellung im Haushalte der wichtigsten Großstaaten" führt einen eingehenden Vergleich zwischen dem Marine= aufwand von Deutschland, Großbritannien, Frankreich, Oesterreich = Ungarn, Rußland, Italien, den Vereinigten Staaten und Japan und der Größe und Entwickelung ihrer Handelsflotten, ihres Seeschifffahrtverkehrs und ihres Seehandels überhaupt durch, aus dem hier Folgendes mitgetheilt sei:

1. Handelsflotte und Marineaufwand.

Im Vergleichsjahre 1896/97 hatte einen geringeren Schutzaufwand pro Tonne seiner Handelsflotte nur Großbritannien mit 12,84 Mark zu verzeichnen. Dabei ist indeß in Betracht zu ziehen, daß der thatsächliche Marineaufwand in Großbritannien ein so unverhältniß= mäßig größerer ist als in irgend einem anderen Lande, daß die hiermit gesicherte Ueberlegenheit einen absolut ausreichenden Schutz bietet. Bei allen übrigen Staaten dagegen findet sich im Vergleich mit Deutschland ein ganz unverhältnißmäßig größerer Aufwand an Schutz= kosten.

Es betrugen 1896/97 die Marineausgaben pro Tonne der Handelsflotte:

für Deutschland . . . . 19,33 Mark
= Oesterreich . . . . 27,78 =
= die Vereinigten Staaten . . 39,96 =
= Italien . . . . 53,59 =
= Frankreich . . . . . . 81,49 =
= Rußland . . . . 105,70 =
= Japan . . . . 175,90 =

Setzt man den deutschen Schutzaufwand pro Tonne der Handelsflotte gleich 100, so betrugen die Schutzkosten der übrigen Staaten:

in Oesterreich 144
  = den Vereinigten Staaten . 207
  = Italien 277
  = Frankreich 422
  = Rußland 547
  = Japan 910

Seit dem Jahre 1880/81 ist der Satz des Tonnen=schutzes in Deutschland von 21,56 auf 19,33 Mark, also um 10 pCt. zurückgegangen; in derselben Zeit hat er sich in allen übrigen Ländern mit Ausnahme von Frankreich erheblich gehoben. Die Steigerung betrug:

in Großbritannien . . . . 10 pCt.
  = Oesterreich=Ungarn . . . 2 =
  = den Vereinigten Staaten . 129 =
  = Italien . . . . 76 =
  = Rußland . . . . . . 38 =

Vergleicht man das Jahr 1890/91 mit dem Jahre 1896/97, so ergiebt sich in den Dreibundstaaten ein Rückgang der Schutzausgaben pro Tonne und zwar:

in Italien . . . . . um 16,1 pCt.
  = Deutschland . . . = 16,4 =
  = Oesterreich=Ungarn = 17,3 =

Dagegen findet sich in allen übrigen Ländern eine Steigerung, welche beträgt:

in den Vereinigten Staaten 2 pCt.
  = Großbritannien . . . . 15 =
  = Frankreich . . . . 16 =
  = Rußland . . . . . . 22 =
  = Japan . . . . . . 189 =

2. Marineausgaben und Seeschifffahrtsbewegung.

Nicht günstiger für Deutschland stellt sich das Ver=hältniß der Marineaufwendungen zu der Schifffahrts=bewegung der verschiedenen Länder. Hier ergiebt sich als Schutzaufwand pro Tonne im Jahre 1895:

in Deutschland . . . . . 3,5 Mark
= den Vereinigten Staaten . 3,8 =
= Italien . . . . 4,8 =
= Großbritannien . . . . 4,9 =
= Rußland . . . . . . 7,4 =
= Japan . . . . 8,4 =
= Frankreich . . . . . . 8,9 =

3. Seehandel und Marineaufwand.

Die Größe der Handelsflotte und des Seeschifffahrts=
verkehrs bringen aber die Bedeutung der Seeinteressen
eines Landes nicht voll zum Ausdruck, da erstens das
ungeheure Uebergewicht der englischen Handelsflotte,
die allein ungefähr zwei Drittel der gesammten Welt=
handelsflotte umfaßt, alle Verhältnisse zu Ungunsten der
übrigen Länder verschiebt; zweitens die Betheiligung
der einheimischen Schiffe am Handel der einzelnen Länder
einen verschiedenen prozentualen Umfang erreicht, und
drittens der indirekte Verkehr über Häfen der Nachbar=
länder in der Schifffahrtsstatistik nicht zum Ausdruck ge=
langt. Dieser indirekte Verkehr ist aber besonders für
Deutschland von größter Wichtigkeit, da seine westlichen
Zufuhrhäfen, Antwerpen und Rotterdam, zu Belgien
und Holland gehören, und da es ferner über österreichische,
italienische und französische Häfen Waaren empfängt.

Am richtigsten dürfte die Bedeutung der Seeinteressen
in den Werthziffern des Seehandels eines Landes
zur Erscheinung gelangen, da die Größe des Seehandels
die Abhängigkeit einer Volkswirthschaft von seewärtiger
Einfuhr und Ausfuhr und damit die mehr oder minder
schweren Gefahren einer dauernden Beeinträchtigung des
Seehandels oder seiner zeitweiligen Unterbindung durch
eine Blockade zeigt. Im Artikel „Seehandel" ist die
ungeheure Bedeutung des Seehandels für die deutsche
Volkswirthschaft näher dargelegt worden. Außer Groß=
britannien ist sicherlich kein anderes großes Land in
diesem Umfange auf den Seehandel angewiesen wie
Deutschland, zumal man nicht vergessen darf,
daß im Falle einer Sperrung des größten Theiles
der deutschen Grenzen durch einen Landkrieg nach
zwei Fronten für die verringerte Landeinfuhr

und Landausfuhr auf dem Wege des Seehandels Ersatz geschafft werden müßte. Der Wert des See= handels (unter Ausschluß des Edelmetallverkehrs) und die Aufwendungen für die Marine stellten sich für die genannten acht Großstaaten im Jahre 1896 folgender= maßen:

	In Millionen Mark	Marine= budget in Millionen Mark	Aufwendungen für die Marine betragen in Prozent
Deutsches Reich			
a) Spezialseehandel . .	5 235	} 89,9	1,71
b) Generalseehandel . .	6 700		1,33
Oesterreich=Ungarn			
Seehandel	928	23,1	2,5
Großbritannien und Irland			
a) Spezialseehandel . .	12 606,8	} 436,5	3,41
b) Generalseehandel . .	14 856,0		3,0
Italien			
Seehandel	1 290	80,7	6,3
Frankreich			
a) Spezialseehandel . .	4 200	} 246,1	5,9
b) Generalseehandel . .	5 536		4,1
Rußland			
Seehandel	1 862	131,8	7,1
Vereinigte Staaten			
Seehandel	6 416	145,6	2,3
Japan			
Seehandel	1 152,4	171,3	14,9

Setzt man Deutschlands relativen Schutzaufwand gleich 100 (1,7 pCt. vom Werthe des Spezialseehandels), so erhält man folgende Skala:

	Die Marinekosten betrugen in Prozent des Spezialseehandels
Deutschland 100	1,7
Vereinigte Staaten 135	2,3
Oesterreich-Ungarn 147	2,5
Großbritannien 200	3,4
Frankreich 347	5,9
Italien 370	6,3
Rußland 418	7,1
Japan 876	14,9

Das gleiche ungünstige Verhältniß findet sich auch bei dem Vergleich der Marineausgaben mit dem General=seehandel von Deutschland, Großbritannien und Frank=reich. Deutschlands relativer Schutzaufwand (1,33 pCt.) wird von Großbritannien (3,0 pCt.) um noch mehr als das Doppelte und von Frankreich (4,1 pCt.) um mehr als das Dreifache übertroffen. Deutschland steht also in dem prozentualen Aufwande zum Schutze des See=handels unter allen Großstaaten an letzter Stelle; selbst Oesterreich=Ungarn mit seinem ungewöhnlich kleinen Marinebudget und die Vereinigten Staaten mit ihrer günstigen Lage wenden verhältnißmäßig größere Beträge für den Schutz des Seehandels auf.

Betrachtet man die Entwickelung des prozentualen Schutzaufwandes der einzelnen Staaten von 1890 bis 1896, so findet man, daß bei Oesterreich=Ungarn und den Vereinigten Staaten erhebliche Veränderungen nicht eingetreten sind. Nur bei Italien und Deutschland ist eine Verminderung, und zwar bei jenem eine absolute und relative, bei diesem eine relative vorhanden, während bei allen übrigen Staaten eine starke, absolute und relative Vermehrung der Aufwendungen für den Schutz des Seehandels zu verzeichnen ist. Verstärkt haben sich die eventuellen Gegner, nicht verstärkt die Verbündeten Deutschlands.

In Italien ist mit der Verkleinerung des Marine=budgets der prozentuale Schutzaufwand von etwa 8 auf 6,3 pCt. vom Werthe des Seehandels gefallen. Trotzdem steht Italien nächst Rußland damit noch an der Spitze der europäischen Staaten. In Deutschland ist seit 1890/91 infolge der starken Steigerung des Seehandels der schon vorher geringste prozentuale Schutzaufwand noch von 1,8 auf 1,7 M. für je 100 M. des Seehandels, also um 5½ pCt., gefallen. Dagegen stellten sich bei den übrigen Staaten die Aufwendungen für Marine=zwecke auf je 100 M. des Seehandels nach dem Budget von 1890 und 1896 folgendermaßen:

	1890 Mark.	1896 Mark.	Steigerung in Prozenten.
Großbritannien . .	2,5	3,4	+ 36,0
Frankreich	4,1	5,9	+ 44,0
Rußland	5,0	7,1	+ 42,0
Japan	4,04	14,9	+ 272,5
Deutschland . . .	1,8	1,7	Verminderung 5,6

Das Zurückbleiben Deutschlands hinter den übrigen Staaten ist um so beachtenswerther, als gerade in dieser Zeit neben dem japanischen nur der deutsche Seehandel absolut und im Ver=hältniß zur Bevölkerung gestiegen ist. Dagegen ist Frankreichs gesammter Außenhandel wie sein Seehandel absolut und im Verhältniß zur Be=völkerung, Großbritanniens Handel wenigstens im Verhältniß zur Bevölkerung gefallen (vergl. hierzu Artikel „Welthandel"). Rußlands Seehandel hat nur entsprechend der gestiegenen Volkszahl zugenommen. Es entfielen nämlich auf den Kopf der Bevölkerung vom Jahreswerth des Seehandels in Mark:

	1890.	1896.
bei Großbritannien . . .	330,0	315,2
= Frankreich	121,2	108,9
= Deutschland	91,0	100,1
= Japan	13,6	27,3
= Rußland	14,3	14,7

Schließlich ist darauf hinzuweisen, daß auch eine Heranziehung des Handels der britischen Kolonien die Schutzquote des Seehandels von Großbritannien nicht wesentlich erniedrigen würde, da der etwa 6 Milliarden betragende Spezialseehandel der Kolonien zur größeren Hälfte nach dem Mutterlande geht und soweit also be=reits im englischen Handel enthalten ist. Außerdem geben aber die Kolonien, namentlich Australien, nicht unbeträcht=liche Summen für die Marine aus. Indien hielt 1897 eine eigene Flotte von 16 und Australien eine von 23 Fahrzeugen. Deshalb würde sich die Schutzquote des gesammten britischen Weltseehandels auch unter Hinzu=

rechnung des Handels der Kolonien immer noch auf annähernd 3 pCt. stellen, also noch ganz beträchtlich höher sein als die Schutzquote des deutschen Seehandels.

Wie die beigebrachten Vergleiche zeigen, nimmt Deutsch= land seinen Seeinteressen nach den zweiten Platz unter den aufgeführten 8 Großstaaten ein; seine Seeschutzausgaben stehen fast überall an der letzten Stelle und haben nirgends mit der Entwickelung der Seeinteressen im eigenen Lande und noch weniger mit den Aufwendungen der fremden Staaten Schritt gehalten.

Einfluß der Seemacht auf den deutsch-dänischen Krieg 1864.

In dem vom Großen Generalstab herausgegebenen Werke „Moltkes Militärische Korrespondenz — Krieg 1864" zeigen verschiedene Aeußerungen des General=Feldmar= schalls, wie viel eine kräftige Flotte auf die schnellere Durch= führung dieses Krieges hätte einwirken können. Schon im Operationsentwurf (vom Dezember 1862) und in einem späteren Gutachten über die Führung eines Krieges gegen Dänemark (vom 23. Dezember 1863) spricht Graf v. Moltke aus:

„Die Hauptschwierigkeit bei einem Kriege gegen Dänemark besteht darin, daß die Eroberung des ganzen dänischen Festlandes zu einem definitiven Abschluß noch nicht führt. Die Inseln und vor Allem der Sitz der Regierung sind uns unzugänglich, solange unsere Flotte den Kampf mit der dänischen nicht aufzunehmen vermag."

Bei der Erörterung einer Landung auf Alsen schreibt Moltke am 8. März 1864 an v. Blumenthal:

„Nun ist aber auf unsere Flotte, welche die Hauptrolle spielt, durchaus mit keiner Sicherheit zu rechnen. Sie ist nicht in der Lage, der dänischen auf offener See zu begegnen, und da dies gerade in der Richtung auf Alsen wahrscheinlich der Fall sein würde, so kann ich die Realisirung des sonst sehr ansprechenden Gedankens dieser Landung kaum für ausführbar halten."

In einem Gutachten an Seine Majestät den König vom 15. März 1864 spricht Moltke wiederum aus:

„Das noch im Alsen=Sund liegende Panzerschiff
»Rolf Krake« kann die Ueberfahrt schon im ersten Be=
ginnen unterbrechen. Ich halte daher die Unterstützung
durch unsere Flotte für nothwendig, wenn der Erfolg
einigermaßen gesichert sein soll.“ — „Alles kommt daher
darauf an, ob unsere Flotte die Alsen=Föhrde zu erreichen
vermag, ohne durch die feindliche daran verhindert zu
werden.“

Das Gutachten schickte der König an den Prinzen
Friedrich Karl, bemerkte dazu aber unter Anderem Fol=
gendes:

„Die Mitwirkung unserer Flottille halte Ich für so
wenig in Anschlag bringend, daß Ich sie von Haus aus
als ausgeschlossen von der Berechnung betrachte. Denn
wenn die dänische Flotte ihre Schuldigkeit thut, so wird
sie unsere Flottille nicht vor der Rhede von Stralsund
und Swinemünde auftauchen lassen, und wenn es uns
durch glückliche Umstände dennoch gelingen sollte, bis
Alsen zu kommen, um die dänische Flotte von der Ver=
theidigung abzuziehen, so hindert sie dann wiederum
die unsrige, um Alsen herum nach Deinem Uebergangs=
punkt zu gelangen.“

Im nächsten Gutachten vom 16. März schreibt
Moltke:

„Wenn gegen Dänemark weitere Zwangsmaßregeln
sich als nothwendig erweisen sollten, so können dieselben
füglich nur gegen die Insel Fünen gerichtet sein.
Hierzu wäre indeß die Mitwirkung unserer
Flotte unerläßlich.“

„Kann diese die Blockade nicht durchbrechen, oder
begegnet sie der überlegenen dänischen im Großen Belt,
so unterbleibt einfach die ganze Unternehmung für die
Landarmee.“ (Hierzu Randbemerkung König Wilhelms:
„N. B. Richtig“.)

„Gelingt es hingegen, den kleinen Belt unentdeckt
zu erreichen, so wird, wenn irgendwo, dort unsere Flotte
sich gegen den voraussichtlichen Angriff der dänischen
behaupten können, wo sie von beiden Ufern durch Land=
Batterien auf wirksame Schußweite unterstützt wird.“
(Randbemerkung des Königs: „Aber hinaus kommt
unsere Flotte nicht vor dem Friedensschluß.“) —

Am Schluß des ganzen Gutachtens macht der König die Bemerkung:

„Da das ganze Projekt auf die Mitwirkung unserer Flotte berechnet ist, dieselbe aber trotz ihres Heldenmuthes doch ihre numerische Schwäche gegen die dänische konstatiren müßte, so scheint Mir wenig Chance vorhanden, das Projekt auch nur anbahnen zu können."

Fast gleichzeitig, am 17. März, schrieb Moltke an v. Blumenthal:

„Ich halte die Mitwirkung unserer Flotte für nöthig, wenn der Erfolg einigermaßen gesichert sein soll. Es ist also von Interesse, zu wissen, was denn diese wirklich leisten kann.

An entscheidender Stelle ist man, und wohl mit Recht, der Ansicht, daß die Flotte nicht in einer Richtung vorgeschickt werden darf, wo sie voraussichtlich den größeren und zahlreicheren Schiffen der Dänen begegnet. Dies war mit der Richtung auf Alsen der Fall, solange die Mehrzahl der dänischen Kriegsfahrzeuge im dortigen Sunde stationirte. Jetzt haben diese unsere Küste blockirt. Unsere Korvetten in Stettin (Kapitän Jachmann) werden vielleicht schon heute [es war der Tag des Seegefechts bei Jasmund!] auf die dortige Rhede hinauslegen, um die Richtigkeit der Blockade thatsächlich zu konstatiren. Begegnen sie dabei den fünf größeren Schiffen, die bei Rügen kreuzen, so müssen sie freilich zurück. Die Kanonenbootflottille aus Stralsund wird nach dem Land-Tief (östliche Ausfahrt des Bodden) gehen. Bei ruhiger See sind diese Kanonenboote mit ihren trefflichen weittragenden Geschützen selbst für große Kriegsschiffe ein sehr zu fürchtender Gegner, bei bewegtem Wasser aber rollen sie so, daß alle Trefffähigkeit verloren geht. Es hängt also Alles von Glück und Umständen ab; an gutem Willen fehlt es nicht, aber eine Operation läßt sich darauf nicht basiren.

Unsere drei Fahrzeuge in Cherbourg [der Aviso „Preußischer Adler" und die Kanonenboote 1. Klasse „Basilisk" und „Blitz"] werden sich der österreichischen Eskadre im Kanal anschließen. Ganz vertraulich kann ich Ihnen mittheilen, daß die Oesterreicher nicht abgeneigt

sind, mit ihren Panzerschiffen in die Ostsee zu gehen, daß
sie aber (gerade mit diesen) es für nöthig halten, die
Aequinoktialstürme erst abzuwarten, und daher erst im
April erscheinen können. Dennoch halte ich diese Operation
für äußerst wichtig, sie kann möglicherweise der
ganzen Sache den Ausschlag geben, da wir dabei
den Dänen zur See faktisch überlegen werden.
Die Sache ist natürlich tiefes Geheimniß, auch noch nicht
völlig sichergestellt. Es ist ein Jammer, daß uns
die beiden Lairdschen Panzerfregatten (zwei in
Liverpool für amerikanische Rechnung gebaute Panzer=
fahrzeuge) entgangen sind. Sie sollten 1600000 Thaler
kosten. Man war auch bereit, diese Summe zu zahlen
(die Munition vor Düppel wird wohl beinahe
die Hälfte davon kosten), und wir hätten selbst
die Ueberlegenheit zur See gehabt. (Die nordamerika=
nischen Dampfer in Hamburg: „Germania", „Borussia",
„Saxonia" 2c. sollten gemiethet werden.) Aber die Ver=
handlungen in England scheinen nicht geschickt, wenigstens
nicht mit Glück geführt worden zu sein, und so müssen
wir die österreichische Hülfe wohl mit Dank annehmen."

An den Prinzen Adalbert schrieb Moltke am
21. März:

„Selbst dann bleibt dies Unternehmen [der Sturm
auf Düppel nach Eröffnung der ersten Parallele] immer
noch zweifelhaft im Erfolg, und das Mißlingen würde
dem ganzen Feldzuge den Stempel eines verfehlten
aufdrücken. Es tritt daher der von Euer König=
lichen Hoheit zuerst angeregte Gedanke einer Landung
unter Mitwirkung der Flotte in seiner ganzen wichtigen
Bedeutung aufs Neue in den Vordergrund."

„Offenbar ist aber die Landung auf Fünen wie auf
Alsen ohne die Mitwirkung der Flotte sehr schwer aus=
führbar, und die Verwirklichung des einen oder
des anderen dieser Pläne muß abhängig bleiben
von der Möglichkeit, daß unsere Schiffe vor
Snoghöj oder vor Ballegaard erscheinen."

An Blumenthal schrieb Moltke am 21. März:
„Ihrer beabsichtigten Landung [auf Alsen] trete ich
nicht entgegen, aber ich wage keinen Erfolg davon

zu hoffen, wenn sie nicht durch die Flotte unter=
stützt ist."

Denselben Gedanken sprach Moltke in seinem Gut=
achten an den Kriegsminister v. Roon am 24. März
aus: „Dazu [für die Landung auf Alsen] ist die Mit=
wirkung der Flotte, eventuell nur der Kanonenboote von
äußerster Wichtigkeit".

An demselben Tage schrieb Moltke an Blumenthal:
„daß nicht von der Wegnahme von Düppel, sondern von
der Besetzung Fünens das Ende des Krieges herbeizuführen
ist", und später, am 6. April: „Ist überhaupt auf unsere
Flottille zu rechnen? Wenn doch endlich dies schreckliche
Wetter mit Westwind aufhörte, so kann sich immer noch
Gelegenheit bieten, die entscheidende Operation gegen den
nördlichen Theil von Alsen selbst mit offener Gewalt
durchzuführen . . ."

„Bei westlicher Richtung und hoher See stampfen
unsere unglücklichen Kanonenboote dergestalt, daß sie
kaum halbe Fahrt machen. Die telegraphisch gewiß
sogleich avertirte dänische Flotte mit Schiffen, die elf
Knoten laufen, würde sie wahrscheinlich bald einholen."
Ueber die Landung auf Alsen sagte dabei der General=
Feldmarschall wieder: „ . . . . aber die Verwirk=
lichung hängt freilich jetzt noch mehr als früher
von der Unterstützung durch die Flotte ab."

Wieder an Blumenthal schrieb Moltke am 28. April:
„Unsere Marine zeigt, was sie bei besserem
Material leisten würde, durch ihr zwar erfolg=
loses, aber keckes Auftreten." — Der Prinz=Admiral
exponirt sich fast mehr, als recht."

Anfang Mai übernahm Moltke die Generalstabs=
geschäfte beim Oberkommando in Veile und schrieb von
da an Blumenthal am 6. Mai:

„Meine Erklärung der Sache [der unvermutheten
Räumung von Fredericia durch die Dänen] ist, daß die
Dänen die Hoffnung, sich auf dem Kontinent zu erhalten,
völlig aufgegeben haben, daß sie dagegen unter dem
Schutze von Meer und Flotte ihre Inseln be=
haupten, den Seekrieg ausdauernd fortsetzen
wollen und von der Vermittelung der fremden Kabinette

4*

oder einer europäischen Verwickelung die Wiedererlangung des Verlorenen abwarten werden."

In den von Moltke abgefaßten Berichten aus dem Hauptquartier an den König wurde die Frage der Landung auf Fünen und auf Seeland mehrfach berührt. So unterm 12. Juli: „Andererseits ist die Wegnahme von Fünen der einzige wirklich tödliche Stoß, den wir, solange wir nicht das Meer beherrschen, dem Gegner zu versetzen vermögen, wenn derselbe, allen bisher erlangten Erfolgen zum Trotz, standhaft bleiben sollte." Und unterm 19. Juli: „Ist nach allen errungenen Erfolgen eine Verständigung mit dem Kopenhagener Kabinet auch jetzt nicht zu erreichen, so würde die Ueber= tragung des Krieges nach Seeland unstreitig am kürzesten und unfehlbarsten zu einer endlichen Entscheidung führen. Rücksichten auf England stehen dieser Unternehmung wohl kaum im höheren Grade entgegen, als dies auch bei einer Landung auf Fünen der Fall sein würde."

„Um aus dieser Drohung (Vorbereitung zur Ein= schiffung von Truppen in Stettin und Stralsund) wirk= lichen Ernst zu machen, bedarf es allerdings zuvoriger Verständigung mit der Kaiserlich österreichischen Regierung über das Einlaufen des verbündeten Geschwaders aus der Nordsee in die Ostsee und eines Sieges über die feindliche Seemacht."

„Wird die dänische Flotte geschlagen oder genöthigt, den Hafen von Kopenhagen aufzusuchen, so kann eine Ueberführung von Truppen sowohl von Rügen wie von Aarhuus aus erfolgen, an welchem letzteren Punkte die erforderliche Streitmacht konzentrirt sein würde. Inwiefern indeß die nothwendigen Vorbedingungen für eine Landung auf Seeland zu erfüllen sind, muß ich dem erleuchteten Urtheil Euerer Königlichen Majestät ehrfurchts= voll unterstellen."

In dem Bericht vom 28. Juli hieß es über dieselbe Sache: „Seeland scheint dagegen zur Zeit von Truppen gänzlich entblößt zu sein, jede Bedrohung dieser Insel und der Hauptstadt würde daher unzweifelhaft von großer Wirkung sein, und ich kann nicht umhin, nochmals ehr= furchtsvollst darauf hinzuweisen, daß der Natur der Dinge nach die ferneren Offensivoperationen gegen Däne=

mark mehr in den Bereich der Thätigkeit der
Flotte als des Landheeres fallen."

Schon zwei Tage vorher hatte Moltke an Blumen=
thal geschrieben: „Daß ein Erfolg gegen Dänemark
ungleich sicherer, größer und leichter jetzt durch die
vereinigte Flotte zu erreichen sein dürfte, ist
wiederholt bei Seiner Majestät diesseits zur Sprache ge=
bracht worden."

In einem Gutachten an den Prinzen Friedrich
Karl vom 12. Oktober 1864 kam Moltke noch einmal
auf die Aussichten einer Landung auf Seeland zu sprechen:
„Bei der Landarmee haben die Dänen nicht nur Reserven,
sondern auch fast das ganze Verwaltungspersonal ent=
lassen, kurz wirklich entwaffnet, dagegen ist ihre Flotte
noch heute vollständig bemannt und seefähig.
Nachdem leider Oesterreich seine Schiffe bis auf zwei aus
der Nordsee fortgezogen hat, wird unzweifelhaft der
größte Theil der dänischen Flotte Kiel blockiren, wenn
die unserige bei Ausbruch des Krieges dort noch liegt."

Da unsere vier Korvetten die dänische Flotte in offener
See nicht allein angreifen können, so würde der größte
Dienst, welchen sie der Unternehmung zu leisten vermögen,
der sein, daß sie durch aktives Verhalten von Kiel aus
die feindliche Seemacht aus den Rügenschen Gewässern
fort und auf sich zögen.

Es liegt auf der Hand, daß eine Expedition gegen
Seeland sehr viel günstigere Chancen hatte zur Zeit,
wo die dänischen Truppen im Sundewitt, auf Fünen und
in Nordjütland zersplittert, die dänischen Schiffe in der
Nordsee, bei Alsen und an der pommerschen Küste ver=
theilt waren, als jetzt, wo das ganze Heer auf den beiden
Nachbarinseln versammelt, die Flotte in Kopenhagen
konzentrirt liegt und in ihrer Gesammtstärke gegen jeden
einzelnen Punkt verwendet werden kann.

Die so oft angedrohte Intervention Englands hatte
bisher wenig auf sich. Selbst auf Fünen würde ein ge=
landetes Korps bei der Schmale des Beltes und unserer
artilleristischen Stärke in seinen Verbindungen kaum ge=
fährdet erscheinen. Die Wahrscheinlichkeit des Auftretens
einer englischen Flotte in der Ostsee gewinnt aber eine
ganz andere Bedeutung, wenn ein preußisches Armeekorps

auf Seeland steht, welches nur über See mit der Heimath kommunizirt und auf die Dauer viel= leicht ernährt werden müßte."

„Die wirkliche Landung auf Seeland betrachte ich als ein kühnes, im Erfolg nicht gesichertes, aber nicht unausführbares letztes Mittel, wenn der Friede anders nicht erreicht werden kann.

Für uns, die wir eigentlich eine Flotte noch nicht besitzen, ist der Krieg gegen einen Inselstaat so schwer zum Abschluß zu bringen, daß es neben der Vortrefflichkeit des Heeres und der Kühnheit seiner Führer wohl auch des Glückes bedurft hat, um ein Resultat zu erreichen, welches ein höchst ehrenvolles und vortheil= haftes immer noch bleibt, selbst wenn man in Wien dem in der eigenen Heimath so schwer bedrängten Könige von Dänemark nachträglich einige Konzessionen bewilligt."

Wir haben die Erörterungen Moltkes besonders aus dem Grunde so ausführlich wiedergegeben, weil ähnliche Situationen für Deutschland durchaus nicht aus= geschlossen sind.

*   *   *

Nachstehend geben wir die Stelle aus Mahans: „Einfluß der Seemacht auf die Geschichte 1783—1812" wieder, welche der Referent der Budgetkommission, Dr. Lieber, zur Begründung der Schlachtflotte ange= führt hat:

„Der Geschwader= und Divisionskrieg der französischen Marine, obgleich diese durch Schaaren von staatlichen und privaten Kapern, deren einzige Aufgabe darin be= stand, den feindlichen Handel zu vernichten, unterstützt wurde, zeitigte auch nicht das geringste praktische Resultat und hatte auf den Verlauf des Krieges absolut keine Wirkung. Daß Napoleon andererseits, überzeugt, daß er von seiner Flotte etwas Entscheidendes nicht zu er= warten habe, sich ihrer als Belästigungs= und Ablenkungs= mittel bediente, kann als wichtiger Fingerzeig für die von einer zur See unterlegenen Macht zu verfolgende Marinepolitik betrachtet werden. Zu gleicher Zeit auf vielen Punkten eine drohende Haltung einnehmen, durch häufige kräftige Ausfälle dieser Drohung Nachdruck geben,

auf diese Weise eine Zersplitterung der feindlichen Ueber=
macht herbeiführen, so daß der Feind in die Lage kommt,
kleinere Abtheilungen überlegenen Angriffen auszusetzen
— das ist die der schwächeren Marine im Allgemeinen
vorgezeichnete Politik. Soll nun aber ein derartiges
Verfahren thatsächlich Wirkung haben, so daß, wie es in
einigen von Bonapartes wunderbaren Kampagnen der
Fall war, der schwächere Theil schließlich der überlegene
wird, dann muß an irgend einem besonders geeigneten
Punkte der Seeküste eine starke Schiffsmacht vorhanden
sein; deren unbemerktes Auslaufen kann, wenn thunlich,
das Mittel werden, dem Feind eine große Schlappe bei=
zubringen, indem sie eine oder mehrere der exponirten
Abtheilungen seiner Flotte mit Uebermacht erdrückt. Aber
solch eine Zentralmasse ist unerläßlich, sonst ist die bloße
Vertheilung der Streitkräfte zwecklos. Ueberschreitet die
Inferiorität einen gewissen Grad, so wird sie zur Impotenz.
Und einer Nation, die in solcher Weise hoffnungslos
schwächer ist in der Zahl ihrer Linienschiffe, können auch
die kühnsten Träume der Kauffahrteivernichter und der
Advokaten des Kreuzerkrieges und der »guerre de course«
das mangelnde Gleichgewicht nicht ersetzen."

Einfluß der Seemacht auf den nordamerikanischen Sezessionskrieg 1861 bis 1865.

Die Wirksamkeit der Flotte der Nordstaaten im
Sezessionskriege ist erst in letzter Zeit genügend unter=
sucht und gewürdigt worden. In Deutschland hat zuerst
der Kapitän zur See a. D. Stenzel dieses interessante
Thema in einem Vortrage in der Militärischen Gesellschaft
am 10. Januar 1894 behandelt (Im 4. Beiheft zum
„Militär=Wochenblatt" von 1894 ist dieser Vortrag ver=
öffentlicht); außerdem ist kürzlich in den „Grenzboten"
Nr. 8 und Nr. 9 von 1898 ein Aufsatz: „Marineer=
fahrungen aus dem Sezessionskriege" erschienen, der ebenso
wie der Stenzelsche Vortrag den hier folgenden Aus=
führungen zu Grunde gelegt worden ist. Stenzel be=
spricht zunächst die allgemeine politische Lage und die
Eigenthümlichkeiten des Kriegsschauplatzes und kommt

dabei zu folgenden Schlüssen: „Der Süden war mithin bezüglich seiner Einnahmen völlig von freier Ausfuhr abhängig" — denn er versorgte England mit Baumwolle, Reis, Tabak und Zucker; deshalb fehlte es aber im Lande selbst an Roggen, Kartoffeln und Hülsenfrüchten. „Ein Stocken der Einfuhr mußte demnach bald Mangel am Nothwendigsten zur Folge haben."

Auch alle, selbst die einfachsten Gebrauchsgegenstände, alle Maschinen, sämmtliches Kriegsmaterial mußten die Südstaaten aus dem Auslande beschaffen; „diese Abhängigkeit vom Auslande bei mangelnder Stärke zur See ist der Konföderation verderblich geworden." Vergebens erwarteten die Südstaaten, daß England ihnen helfen würde; trotzdem das Stocken der Baumwollindustrie viel Elend für die englische Arbeiterbevölkerung mit sich brachte, blieb England doch neutral und machte während des Krieges die besten Geschäfte durch Begünstigung der Blockadebrecher, deren Zufluchtshäfen die englischen Häfen der Bermudas- und Bahama-Inseln und außerdem auch Havanna waren. Sobald die Nordstaaten die Blockade über die Küsten der Südstaaten erklärt hatten, erkannten England und Frankreich die Südstaaten als kriegführende Partei an. Der Süden erkannte sofort, daß die Offenhaltung des Seeverkehrs für ihn die wichtigste Aufgabe war; deshalb wurde so schnell und so gut wie möglich eine kleine Flotte geschaffen, zum Theil aus Schiffen, die im Auslande gebaut waren; Küstenforts wurden erbaut, Minensperren in die Fahrwasser gelegt, um den Blockadeflotten die Arbeit zu erschweren. Dabei hatten die Konföderirten noch das Glück, ganz zu Anfang des Krieges die große Kriegswerft von Norfolk in Besitz zu nehmen, deren großer Geschützvorrath ihnen sehr zu Statten kam. Die Nordstaaten begannen sofort mit der Blockade — „der Flotte wurde mithin die erste große militärische Aufgabe übertragen", sagt Stenzel. Die 3000 Seemeilen lange feindliche Küste konnte allerdings nicht mit einem Male gesperrt werden; die Blockade wurde mit 35 Dampfern begonnen, schließlich aber gegen Ende des Krieges zählte die Blockadeflotte nicht weniger als 418 Fahrzeuge, darunter 313 Dampfer. Dadurch, daß

die nordstaatliche Marine anfangs ihren Aufgaben bei
Weitem nicht genügte, konnten die Südstaaten sich noch
Kriegsbedarf aus Europa verschaffen, ihre Widerstands=
kraft also stärken.

Nach Stenzel ist mit dieser großartigen Blockade
nur noch die große englische Blockade der französischen
Küsten in den Jahren 1806 bis 1814 zu vergleichen.
Diese Blockade war aber nie „wirksam", sondern nur die
feindlichen Kriegshäfen waren genügend blockirt (obgleich
„selbst dem unermüdlichen Nelson zweimal große Flotten
aus Toulon" entwischten). Stenzel sagt hierüber: „Trotz=
dem aber hatte diese papierene Blockade eine so
weit= und tiefgehende Wirkung, daß sie den
Wohlstand Frankreichs im Laufe der Jahre fast
ganz zu Grunde richtete; Landwirthschaft und
Industrie lagen völlig darnieder." — „Ein Pfund
Kaffee z. B., das (1810) in England 50 Pfennig galt,
hatte auf dem Festlande einen Preis von 4 bis 7 Mark."
— „Infolgedessen sank der Ertrag der franzö=
sischen Zölle von 1807 bis 1809 **von 60 Millionen
auf 11½ Millionen Franks**, es trat große Geldnoth
ein, und der Kredit schwand." „Die materielle
Erschöpfung Frankreichs durch die englische
Blockade in Verbindung mit der physischen durch
den Verbrauch der waffenfähigen Mannschaft in
den fortwährenden Landkriegen haben mehr zum
Sturz Napoleons I. beigetragen, als man in der
Regel annimmt."

Für die Blockade der Südstaaten lag die Sache anders.
Inzwischen war nämlich durch die Pariser Deklaration von
1856 der Begriff der wirksamen Blockade aufgestellt;
deshalb durften nur solche neutralen Schiffe aufgebracht
werden, die wirklich von den Blockadeschiffen gefährdet
wurden. Da die neutralen Seemächte England und
Frankreich ungleich viel stärker waren als die Nord=
staaten, so konnten diese auch keine willkürlichen Ver=
ordnungen erlassen. Es fehlte ihnen eben an Macht,
Willkür den Neutralen gegenüber durchzusetzen.

Stenzel sagt: „Der Norden war mithin gehalten,
die 4400 km lange Küste wirksam zu blockiren, eine
Aufgabe von einem Umfange und einer Schwierigkeit

der Durchführung, die alles Dagewesene um ein Viel=
faches übertraf und deren Lösung allgemein, auch von
den Sachkundigen der großen Seestaaten, für ganz un=
möglich gehalten wurde."

Zuerst wurde Hampton=Roads blockirt und damit
zugleich die Küste von Virginia bis nach Washington
hinauf. Die Blockade entwickelte sich langsam; aber
schon im August 1861, als zu Lande noch wenig unter=
nommen worden war, gelang es, eine Operationsbasis
in dem großen Pamlico=Sunde zu gewinnen, wodurch
die Blockade vor dem gefährlichen Kap Hatteras nach
innen, in den Sund hinein, verlegt werden konnte. Die
Einfahrten in den Sund hatten die Konföderirten be=
festigt. Stenzel schreibt darüber: „Der Angriff geschah
durch ein Geschwader von sieben, theils großen Schiffen,
dem ein Landungskorps von 1000 Mann beigegeben
war. Er wurde nicht mit der wünschenswerthen Plan=
mäßigkeit und Energie durchgeführt — es fehlte an Er=
fahrung im Küstenkriege, und seit dem Gefecht bei Eckern=
förde, wo zwei Strandbatterien ein dänisches Geschwader
fast ganz vernichtet hatten, waren erst 12 Jahre ver=
gangen. Auch leisteten die an der Außenseite der
Nehrung gelandeten Truppen wenig. Aber auf die
Dauer konnten die Forts dem bei dem anhaltend guten
Wetter wirksamen Feuer der weittragenden Schiffs=
geschütze, die bis zu 25 cm Kaliber und größere Tragweite
hatten, nicht widerstehen, überdies waren die Führer der
konföderirten Land= und Seestreitkräfte uneins — so
endete die Aktion am zweiten Tage mit vollständigem
Erfolge des Nordens. Das Fort an der Ocracoke=
Einfahrt wurde von den Konföderirten als unhaltbar
aufgegeben; damit waren die Hauptzugänge zu diesem
über 300 km langen und weitverzweigten Haff für die
Blockadebrecher geschlossen.

Das war der erste wesentliche militärische
Erfolg des Nordens in dem Kriege; er trug be=
sonders dazu bei, das vorher in den Vereinigten
Staaten wie anderwärts ganz fehlende Vertrauen zur
Leistungsfähigkeit der Flotte im Küstenkriege
zu heben."

Unschätzbar war die Erfahrung, daß man mit den meist primitiven Kriegsschiffen jener Zeit den Küsten= forts gewachsen war. Der Dampfkraft, der un= abhängigen Bewegungsfreiheit, war dieser Erfolg zu danken. Mit ihm wuchs der Unternehmungsgeist der nord= staatlichen Flotte und auch das Vertrauen auf sie, was wiederum die Beschaffung von Mitteln zur Vergrößerung der Flotte erleichterte. Die nächste große Unternehmung war gegen den Port Royal=Sund (zwischen Savannah und Charleston) gerichtet. Obgleich die Einfahrt in dieses Fahrwasser ohne Seezeichen nach Stenzel **„um Vieles schwieriger, als es unter gleichen Umständen die in die Jade nach Wilhelmshaven sein würde,"** war, gelang die Durchfahrt mit Hülfe erfahrener Offiziere, die schnell ein Fahrwasser **auslotheten und frisch betonnten,** dennoch. Nach vierstündigem Gefecht wurde das stark befestigte Küstenfort Walker von den hölzernen, meist kleinen Schiffen des Admirals Dupont eingenommen. Stenzel bezeichnet diesen Sieg als den ersten großen Erfolg des Krieges. als: „eine mustergültige Aktion ungepanzerter Schiffe und Fahrzeuge zur Ueber= wältigung einer starken Küstenbefestigung, wie der vierjährige Krieg keine zweite bietet." Stenzel betrachtet das Gefecht als ein gutes Beispiel für die er= weiterte Thätigkeit einer Blockadeflotte. Durch die Vermehrung der nordstaatlichen Flotte wurde die Blockade so weit gestärkt, daß schon im Frühjahr 1862 die fremden Regierungen sich gezwungen sahen, „die Blockade der ganzen Küste als wirksam im Sinne der Pariser Deklaration anzuerkennen," wie Stenzel angiebt. Am meisten wurde durch die Blockade die blühende Handelsstadt New=Orleans, die damals schon 170 000 Einwohner hatte, geschädigt. Um sich ihrer Peiniger zu erwehren, machte die Stadt ver= schiedene Anstrengungen; Schleppdampfer wurden zu Rammschiffen umgebaut, auch gepanzert, Treibminen und Brander wurden mit dem Strome gegen die Blockade= schiffe treiben gelassen, wobei auch wirklich einmal die Vertreibung von vier starken Kriegsschiffen gelang. Da New=Orleans ein auch strategisch wichtiger Punkt für die Nordstaaten war, die den oberen Mississippi mit

Flottillen von Flußfahrzeugen schon beherrschten, so bekam Admiral Farragut den Auftrag, mit seinen Schiffen die Durchfahrt bis zur Stadt zu erzwingen. Er verfügte über 25 hölzerne, ungepanzerte Schiffe, von etwa 23 400 Tonnen mit 259 Kanonen, und über 20 Mörserschooner mit je einem 33 cm-Mörser bewaffnet. Der Zugang nach New-Orleans wurde durch die zwei starken Forts Jackson und Philip mit 126 Kanonen, darunter vielen schweren bis zu 25 cm Kaliber vertheidigt; zwischen den Forts war der Fluß durch eine Kette gesperrt. Außerdem hatten die Konföderirten eine größere Zahl, etwa 9 Rammschiffe; in der Ausrüstung befand sich noch ein großes und starkes Panzerfahrzeug. Die beiden Fregatten „Colorado" und „Wabash" mußte Farragut zurücklassen, weil sie ihres Tiefganges wegen nicht die Barre des Missisippi passiren konnten. Die großen Schwierigkeiten, mit kleinen hölzernen Schiffen gegen zwei mächtige Forts, eine Zahl gepanzerter Widderfahrzeuge und gegen Sperren verschiedener Art zu kämpfen, hielt den kühnen Admiral nicht auf. Stenzel sagt: „Während des 6 Tage lang unterhaltenen Bombardements der Forts (durch die Mörserschooner) gelang es bei Nacht, die Sperrkette zu trennen, und am 24. April 1862 früh erzwang Farragut in einem Nachtgefecht, bei dem auf beiden Seiten 55 Schiffe und Fahrzeuge, etwa 450 Geschütze und Brander mitwirkten und brennende Scheiterhaufen am Lande das Gefechtsfeld erhellten, die Durchfahrt; die ganze konföderirte Flottille wurde außer Gefecht gesetzt. Der Verlust des Geschwaders betrug: 1 Korvette durch Rammen in den Grund gebohrt, 1 Kanonenboot außer Gefecht und etwa 180 Mann todt oder verwundet.

New-Orleans lag nun wehrlos unter den Kanonen der Flotte, es wurde von den oberhalb der Forts gelandeten Truppen des Generals Butler widerstandslos besetzt; die von aller Verbindung abgeschnittenen Forts ergaben sich nach einigen Tagen."

Auch die Schwierigkeiten des Flußfahrwassers waren erfolgreich überwunden worden; Farragut hatte den Vermessungsoffizieren der Flotte die Führung im Strome anvertraut, denen es gelang, ohne Unfall die lange

Strecke stromaufwärts zu fahren, trotzdem natürlich vorher alle Seezeichen vom Gegner entfernt worden waren.

Nach dem Fall von New-Orleans war der größte Theil des Mississippi in den Händen der Nordstaaten; nur die neue starke Flußfestung Vicksburg widerstand noch längere Zeit und konnte ebenfalls nur mit Hülfe der Flottille überwunden werden. Durch einmüthiges Zusammenwirken von Flotte und Heer gelangte der Norden in den Besitz des ganzen Mississippi, wodurch eine mächtige Bresche in die konföderirten Staaten gelegt wurde; denn drei große Staaten waren nun ganz von der Hauptgruppe losgelöst.

Es würde zu weit führen, alle Erfolge der nord=staatlichen Flotte hier eingehend zu berühren. Nur auf den glänzendsten Sieg Farraguts in der Mobile=Bucht sei noch hingewiesen; trotz Minensperren und sehr starker Küstenvertheidigung durch Forts und Panzerfahrzeuge blieb der Sieg dem Angreifer. Damit ist schlagend bewiesen, daß seit der Einführung der Dampf=kraft die **taktische** Offensive zur See die besten Aussichten auf Erfolg hat. Für alle Seestaaten, die in die Lage kommen können, von stärkeren Seemächten angegriffen zu werden, folgt daraus mit Nothwendigkeit, die gegnerischen Blockade=flotten vor der Küste, also auf offener See, mit offensiven Seestreitkräften anzugreifen und sie dort schon zurückzuschlagen. Denn alle Küsten=vertheidigungsmittel zu Wasser und zu Lande sind nur Hindernisse, die das Eindringen des Feindes zwar einige Zeit aufhalten, aber nicht mit Sicherheit verhüten können; der Küsten= und Flußkrieg während der nordamerikanischen Se=zession hat dies deutlich bewiesen. Unsere Fluß=mündungen bieten, auch wenn die Seezeichen entfernt sind, dem erfahrenen und umsichtig ein=steuernden Seemanne geringere Gefahren als die Mündung des Mississippi mit ihren Barren und veränderlichen Untiefen; auch sind die Haupt=fahrwasser der Elbe und der Weser den fremden Seefahrern sehr genau bekannt. Dank der un=

ermüdlichen Thätigkeit des berühmten Hydrographen und Seeoffiziers Maury war das Minenwesen der Südstaaten trefflich eingerichtet, aber auch diese neue gefährliche Waffe war nicht im Stande, Einfluß auf den Ausgang des Krieges zu gewinnen, trotzdem sie in reichlichem Maße bei der Küstenvertheidigung verwendet wurde.

Noch eine zweite wichtige Lehre bietet der Seekrieg jener Zeit. Durch die Blockade wurde der Seeverkehr der Südstaaten genügend gehemmt, um die Erschöpfung des Landes und seiner Vertheidiger herbeizuführen. Von den blockirenden Schiffen wurden während des Krieges 1149 Schiffe als Prisen genommen, deren Verkauf rund 118 Millionen Mark einbrachte. Außerdem wurden 355 Schiffe aus Furcht vor der Wegnahme von den Eigenthümern vernichtet. Trotzdem eine Anzahl schneller Blockadebrecher noch bis in die letzten Kriegsjahre hinein einen beschränkten Verkehr mit dem Auslande vermitteln konnten, waren die Wirkungen der Blockade doch furchtbare. Die Preise aller Lebensmittel und Gebrauchsgegenstände stiegen ungeheuer: in Richmond kosteten (nach Stenzels Angabe) im Februar 1863 ein Schinken 46 Mark, ein Pfund Kaffee 17 Mark, ein Pfund Thee 71 Mark, ein Pfund brauner Zucker 11,50 Mark. Ueberall war Mangel an den einfachsten Dingen. Die Soldaten der Südstaaten erhielten schon 1862/63 nur halbe Rationen; im Frühjahr 1864 gab es $\frac{1}{4}$ Pfund Fleisch und ein Pfund Mehl täglich; im Dezember 1864 ging das Fleisch überhaupt aus. Auch mit der Bekleiduug der Leute sah es schlimm aus. Genug, die Blockade bereitete geradezu die militärischen Erfolge der Nordstaaten am Lande vor, indem sie Noth und Elend bei den Südstaaten hervorrief, deren natürliche Folge die Demoralisation der südstaatlichen Armee war.

Stenzel sagt: „Die Blockade hat nach dem Urtheile eines hervorragenden Admirals der Vereinigten Staaten, Porter, mehr dazu beigetragen, um die Konföderation zu Falle zu bringen, als alle anderen militärischen Operationen zusammengenommen."

Auch Deutschland braucht den Seeverkehr für seine wirthschaftliche Existenz und damit auch für die Erhaltung der Widerstandskraft in einem Landkriege — und zwar von Jahr zu Jahr in steigendem Maße. Ohne eine starke Flotte, die uns eine freie See in den eigenen Gewässern hält, kommt Deutschland einem seemächtigen Gegner gegenüber in eine verzweifelte Lage.

Englische Ansichten über Seeherrschaft und Marinefragen.

Sir Charles W. Dilke, der bekannte englische Parlamentarier, schreibt in einem Aufsatze in „Cassiers Magazine" (Marine Number von 1897):

„Bei einer Kriegserklärung müssen der Oberbefehlshaber der englischen Flotte und die Lords der Admiralität als Hauptaufgabe ins Auge fassen, unsere Grenzen bis vor die Häfen des Feindes auszudehnen und die ganze Meeresfläche zu englischem Gebiet zu machen!"

Daß Oesterreich und Italien sich je gegen England wenden könnten, hält er für ausgeschlossen und bemerkt dazu:

„Es thut mir leid, sagen zu müssen, daß ich die italienische Flotte sowohl als Gegner wie als Freund für Null rechne; es thut mir leid, weil ich glaube, daß die Italiener eher auf unserer Seite als auf der unserer Gegner zu finden sein werden. — Ihre Schiffe sind jetzt fast sämmtlich hoffnungslos veraltet, sie würden eine Last für unsere eigenen sein, wenn wir uns als Verbündete ihrer annehmen müßten. Zwei ihrer Schlachtschiffe, ihre Schiffswerften und Marinestationen würden allerdings für uns zu ihren Gunsten sprechen." (Diese englische Ueberhebung dürfte die Italiener am besten von ihrer Vorliebe für die Engländer heilen!) —

„Damit wir unsere eigene Politik ungestört durchführen können, müssen wir eine Schlachtflotte von Panzerschiffen haben, die im Stande ist, die Seeherrschaft gegen die (vereinigten) Flotten Deutschlands, Frankreichs und Rußlands zu halten. — Wenn wir in den ersten

paar Wochen eines Krieges Stand halten können, so
werden wir am Ende des Krieges triumphiren."

Sir Thomas A. Brassey, der eifrige englische Flotten=
freund, schreibt in seinem trefflichen Marinejahrbuch (Naval
Annual) von 1897:

„Seit das Marinejahrbuch zuerst herausgegeben
wurde, brachte kein Jahr den Regierenden des britischen
Reiches so viel Sorgen und in keinem Jahr war so un=
mittelbare Kriegsgefahr vorhanden wie im soeben ver=
flossenen Jahr. Während wir schreiben, bereitet das
Vorgehen der Griechen auf Kreta frische Ursache zu
Beunruhigungen. In früheren Jahren beschränkten wir
uns bei den Vergleichen über relative Flottenstärken
auf die Flotten von Frankreich und Rußland; aber
seit dem vergangenen Jahre ist es immer deutlicher
geworden, daß wir die Flotten aller Hauptseemächte
berücksichtigen müssen. Wir sind in einer Lage gewesen,
uns allein gegen unsere wahrscheinlichen Feinde halten
zu müssen. Unsere Flotte ist thatsächlich an Stärke
der Vereinigung von zwei beliebigen fremden Flotten
gewachsen. Genügt aber dieser bisher festgesetzte Maß=
stab noch?"

In demselben Buche führt John Leyland einen
Ausspruch von Thursfield an, über die „einzige billige
Flotte":

„Es giebt nur zwei Möglichkeiten: entweder müssen
wir unsere Besitzungen — und dazu rechnen wir unseren
Seehandel und seinen Schutz mit — unvertheidigt
lassen und uns der Gefahr aussetzen, sie zu verlieren,
oder wir müssen solche Maßregeln zur Vertheidigung
treffen, die zuverlässig ausreichen oder doch wenigstens
nicht offenbar ungenügend sind. Einen Mittelweg giebt
es dabei nicht. Eine Flotte, die nicht stark genug
ist, unsere Lebensinteressen im Nothfalle zu
vertheidigen, ist die Unkosten nicht werth, wie
billig sie auch sein mag. **Eine Flotte, die stark genug
ist, uns zu vertheidigen, ist billig, wie viel sie auch kosten
möge.**"

Brassey bespricht in seinem Jahrbuch auch die Grund=
sätze einer zweckmäßigen Vertheidigung zur See; er rügt
es, daß man mit großen Unkosten London, Chatham

und Dover gegen die Angriffe eines Landungsheeres vertheidigt hat:

„Es würde eine gesündere Politik gewesen sein,
einen Feind am Landen zu hindern als Maßregeln
mit großen Kosten zu treffen, um ihm Stand zu halten,
nachdem er gelandet ist.

Offenbar muß es unsere erste und wichtigste
Aufgabe sein, die feindliche Hauptflotte in der
Schlacht zu schlagen und sie in ihren Unter-
nehmungen völlig schachmatt zu setzen. Ein
starkes Heer, mächtige Festungen, Ueberlegenheit an Kreuzern kann eine Schwäche in der
Schlachtlinie nicht ersetzen. Schlachtschiffe allein
können uns jene Seegewalt geben, die ebenso
unentbehrlich ist für die Sicherheit unseres
Handels und unserer Kolonien wie für den
Schutz der Küsten des vereinigten Königreichs.
Unsere zweite Aufgabe muß es sein, eine genügende
Macht von Kreuzern zu halten, um mit den feindlichen Kreuzern oder Kaperschiffen, die unseren Handel
stören wollen, fertig zu werden oder mit solchen Expeditionen, die unsere Kolonien angreifen und unseren
Hauptflotten entschlüpfen könnten. Unsere dritte Aufgabe muß es sein, dem Feinde seine Kohlenstationen
und Kolonien wegzunehmen, die jetzt viel unentbehrlicher sind als vor der Anwendung der Dampfkraft
bei der Zerstörung des Seehandels.“

Ein englischer „Nauticus“ sagt in einem Artikel
der „Fortnightly Review“ von 1893:

„Wenn ein Seekrieg zwischen Großbritannien und
Frankreich ausbrechen sollte und ersteres eine entscheidende und zermalmende Niederlage auf See erleiden
sollte, würde es seinen Handel verlieren. So, wie die
Dinge aber jetzt liegen, würde derselbe sicher nicht in
die Hände Frankreichs übergehen. Darüber kann
kein Zweifel bestehen, daß Deutschland, welches
jetzt schon die zweite Handelsmacht ist, sofort
die erste sein würde. Noch ist es unwahrschein-
lich, daß Deutschland unterlassen würde, seine
so gewonnenen Elemente zur Seegewalt sofort

zur Schaffung einer ausreichenden Marine aus=
zunutzen."

An einer anderen Stelle in demselben Aufsatze kommt
der ursächliche Zusammenhang, die natürliche Abhängig=
keit des nationalen Seehandels von der Seestreitmacht
noch zum schärferen Ausdruck:

„Kapitän Mahans Aufstellung des Gesetzes über
den Einfluß der Seegewalt hat die Schiffswerften
Europas und Amerikas zu einer ungewohnten Betrieb=
samkeit sich aufschwingen lassen. Einem halben Dutzend
Seestaaten scheint eingefallen zu sein, daß alle die
militärischen Vortheile, welche aus der Seegewalt er=
wachsen, wenigstens örtlich durch die Schaffung einer
Marine gewonnen werden können, welche größer und
stärker als jede der angrenzenden Nationen ist. Das
ist natürlich eine ganz falsche Theorie, denn die See=
gewalt ruht nicht allein auf dem Besitz einer starken
Marine, sondern auf dem Besitz und der Erhaltung
eines überlegenen Seehandels. Eine Marine schafft
noch keinen Handel — der Handel aber erzeugt ent=
weder eine Marine, welche stark genug ist, ihn zu schützen,
oder er geht in die Hände von Kaufleuten über, welche
solchen Schutz genießen. Spanien hatte einst den
größten Handel beider Hemisphären. Als es
seine Seeherrschaft einbüßte, verlor es auch
seinen Handel. Die Niederlande erbten den
Welthandel Spaniens, aber konnten ihn nur
so lange festhalten, als sie der Aufgabe, ihn
auch zu schützen, gewachsen waren. Wenn auch
zugegeben werden muß, daß eine überlegene Marine nicht
den Handel einer Nation erzeugen kann, so kann doch
sicher eine schwache Marine Veranlassung werden, daß der
bestehende Handel auf eine andere stärkere Flagge über=
geht. Aus diesem Grunde ist die außerordent=
liche Thätigkeit auf den Werften Europas be=
zeichnend."

Es erscheint zweckmäßig, an dieser Stelle darauf
hinzuweisen, daß die vom Reichs=Marine=Amt veranlaßte
Zusammenstellung: „Die Seeinteressen des Deutschen
Reichs" vom englischen Auswärtigen Amt in englischer
Uebersetzung den Häusern des Parlaments vorgelegt

worden ist. Die Ueberſetzung führt den Titel: Foreign office 1898. Miscellaneous series. No. 443. Reports on subjects of general and commercial interest.

Germany. Report on the maritime interests of the German Empire. Presented to both Houses of Parliament by Command of Her Majesty, January 1898. — Dem Bericht iſt ein Schreiben des Handelsattachés der engliſchen Botſchaft zu Berlin, Will. S. H. Gaſtrell, vorgedruckt, worin dieſer ſagt:

„Er (der Bericht) iſt von der deutſchen Regierung zuſammengeſtellt worden und bietet unter Anderem eine nützliche und zuverläſſige Darſtellung des Reichs= handels und ſeiner Schifffahrt, die ich hier einzeln bei= gefügt habe, weil ſie von beſonderem Intereſſe für das britiſche Publikum iſt.“

Hierzu ſei ein Ausſpruch des engliſchen Vizeadmirals a. D. Colomb angeführt, dem die deutſchen Flottengegner hoffentlich auch gebührende Beachtung ſchenken werden; er ſagt:

„Wirthſchaftliches Streben iſt eine Haupt= tugend des Friedens; es kann aber leicht dazu führen, die wirklichen Forderungen des Kriegs= ſchutzes außer Augen zu ſetzen.“

Lord Charles Beresford, ein hervorragender eng= liſcher Seeoffizier, hat ſich vor Kurzem darüber geäußert, was nach ſeiner Anſicht der engliſchen Marine noththäte, und dabei unter Anderem getadelt, daß z. Zt. ein eigent= liches Schiffbauprogramm in England nicht exiſtirt, ſondern daß nur mit der bewilligten Geldſumme Schiffe auf Schiffe ohne ein klar ausgeſprochenes Syſtem gebaut werden. Er verlangt die Feſtlegung gewiſſer Schiffsklaſſen durch Geſetz, genau wie die deutſche Marineleitung dies neuerdings ge= than hat.

Flotte, die erſte deutſche 1848.

Zimmermann ſchreibt in ſeiner Preußiſch=deutſchen Handelspolitik über die Flottenbewegung des Jahres 1848:

„Im Jahre 1848, wo das kleine Dänemark mit ſeinem Dutzend Schiffen die ganze deutſche Schifffahrt mit einem Schlage lahm legte, wo

5*

ein einziger dänischer Dampfer ganz Hamburg in Schach halten konnte, regte sich allgemein das Gefühl der Scham über einen solchen Zustand. Die Erinnerungen an die alten glorreichen Zeiten der Hansa und des großen Kurfürsten wurden wieder lebendig. Man empfand endlich die Lächerlichkeit der 13 Flaggen, welche von deutschen Schiffen wehten; der Ruf nach einer deutschen Seemacht schallte durch alle Gauen. Ueberall entstanden Vereine und wurden trotz der schlechten Zeiten Sammlungen für eine Flotte ins Werk gesetzt". (S. 632.) —

„Ein schmerzliches Gefühl, wie es die Brust des thatkräftigen Mannes bewegt, wenn seine wehrlose Hand ihn vor den Angriffen und Demüthigungen seiner Feinde nicht zu schützen vermag, durchbebt jetzt die deutschen Uferstaaten von der Memel bis zur Ems", heißt es im Aufruf des Stettiner Komitees für den Bau von Kriegsfahrzeugen der Deutschen Flotte. „Vor unseren Flüssen und Häfen lauert der Däne, friedliche Kauffahrer mit reicher Ladung werden seine leichte Beute, Handel und Gewerbe stocken mit der gelähmten Schifffahrt, die Quelle des Wohlstandes und des Unterhaltes für Tausende von Familien versiegt, und in ohnmächtigem Zorn müssen wir dem Unabwendbaren uns fügen, da wir der Mittel zur Vertreibung und Züchtigung unseres Gegners gänzlich entbehren. Der Traum einer Kriegsflotte hat das Vaterland während seines langen Friedensschlummers oft lebhaft aufgeregt, allein es blieb eben nur ein Gebilde der Phantasie, und erst jetzt, nachdem die welterschütternden Ereignisse hereingebrochen, wird die dringende Nothwendigkeit der sofortigen Beschaffung der Seewehr gegen jetzige und künftige Feinde allgemein anerkannt." (Abgedr.: „Pommersche Reichspost", 1. Januar 1898.)

Man darf die Augen gegen die Zeichen der Zeit nicht verschließen; um eine Flotte zu schaffen, dazu gehört vor Allem ein planmäßiges, gesichertes, systematisches Vorgehen.

Wenn Deutschland jetzt die Lehren seiner eigenen Geschichte unbeachtet ließe und den Entschluß zu einem solchen Vorgehen wieder nicht finden sollte, so kann ihm unter anderen Verhältnissen, d. h. durch einen seemächtigen Gegner, dasselbe wieder zustoßen, was es im Jahre 1848 durch Dänemark erleben mußte. Der Unterschied ist nur der, daß uns ein solcher Schlag heute sehr viel schwerer treffen würde wie damals. —

Prof. Droysen nahm damals die Frage bei der Bundesversammlung in Frankfurt in die Hand. Alsbald beantragten die „17 dem Bundestage beigeordneten Männer des öffentlichen Vertrauens" beim Ausschuß für Revision der Bundesverfassung, daß „das Geeignete geschehen

möge, damit Deutschland auch zur See der bewaffnete
Schutz nicht fehle". Während von hier aus an Preußen
das Ersuchen ging, „durch Vertrag mit einer Seemacht
die deutsche Schifffahrt nach Möglichkeit sicher zu stellen",
und der Versuch einer Anknüpfung in London gemacht
wurde, hatten im ganzen Lande die Flottenvereine die
Sammlungen für den Bau einer Flotte ins Werk gesetzt,
deren Ergebniß später unter Anderem die aus den
Spenden deutscher, namentlich süddeutscher Frauen erworbene „Frauenlob" bildete. In Hamburg wurden die
ersten praktischen Schritte gethan. Ende April stellten
die Rheder Robert M. Sloman, Roß Vidal & Co.,
J. Cesar Godeffroy & Sohn, A. F. Woldsen un-
entgeltlich drei Segelschiffe zum Kriege gegen Dänemark
zur Verfügung. 110 000 Thaler wurden an Ort und
Stelle zur Armirung gezeichnet, 1000 Seeleute meldeten
sich zum Dienst. In Stettin ging man an den Bau
zweier Kanonenboote, für die das Geld in der Stadt
aufgebracht war.

Auf den 11. Mai wurde nach Hamburg ein Marine-
kongreß berufen, der beschloß, daß 12 Fregatten,
6 Schraubendampfer und 150 Kanonenboote die deutsche
Flotte ausmachen sollten. In Hamburg sollte die Admiralität ihren Sitz haben, Leiter derselben Prinz
Adalbert werden. In Preußen machte man sich inzwischen auf eigene Faust an den Bau von 18 Kanonenschaluppen, und in einer Denkschrift vom Mai forderte
Prinz Adalbert 40 Kanonenboote, 80 Schaluppen,
6 Fregatten mit Schrauben und 12 Dampfkorvetten zur
Küstenvertheidigung. Um ferner in der Ostsee einem
Feinde gewachsen zu sein, wären 20 Linienschiffe, 10 Fregatten und 30 Dampfer erforderlich.

Am 14. Juni wurde nach einem durch General
v. Radowitz erstatteten Berichte des Marineausschusses
im Frankfurter Parlament beschlossen:

„Die Nationalversammlung wolle den Bundestag veranlassen, daß
auf verfassungsmäßigem Wege von den einzelnen Staaten die Summe
von sechs Millionen Thalern und zwar zur Hälfte gleich, die andere
Hälfte nach sich herausstellenden Bedürfnissen aufzubringen sei, um
damit die Begründung des Anfangs einer deutschen Flotte zu beschaffen."

Preußen ging daneben auf eigene Faust vor und
stellte zum Bau von Schiffen jährlich zunächst zwei

Millionen Thaler in den Etat ein. Man hielt Umschau nach deutschen Unterthanen, die in fremden Marinen dienten, suchte sie anzuwerben und wandte sich an die wichtigsten fremden Seestaaten um Mittheilung ihrer nautischen Dienst= und Exerzirreglements, sowie um Pläne guter Kriegsschiffe. Schweden und Rußland zeigten sich nicht geneigt, hierauf einzugehen. England, Holland und die Vereinigten Staaten bewiesen Entgegen= kommen. Am 25. September verordnete der König von Preußen den Bau von 22 Kanonenschaluppen und Jollen, und eine Marinekommission arbeitete einen preußischen Flottengründungsplan aus, wonach binnen fünf Jahren ein Geschwader von 6 Segel=, 6 Dampffregatten, 6 Dampf= korvetten und 80 Kanonenbooten gebaut werden sollte unter Aufwand von zehn Millionen Thalern. Ein Theil dieser Seemacht sollte eventuell das Kontingent Preußens zur Reichsflotte ausmachen.

Man war zunächst in Berlin überhaupt sehr geneigt, die Reichsmarine nach besten Kräften zu unterstützen. Prinz Adalbert wurde nach Frankfurt delegirt; er trat an die Spitze einer technischen Marinekommission. Am 15. November wurde beim Handelsministerium, das der Bremer Duckwitz leitete, eine eigene Marineabtheilung mit zwei Räthen, dem Dichter Wilhelm Jordan und einem ehemaligen Direktor des brasilianischen Marine= arsenals, Kerst, errichtet. Alsbald vollzogen sich die ersten organisatorischen Arbeiten glatt. Zum Kaufe von vorhandenen und zur Bestellung von neuen Dampfern wurden Sachverständige nach England und nach Amerika geschickt.

Die Kosten dieser zu errichtenden Reichsflotte sollten nunmehr 20 Millionen Thaler betragen. Einschließlich Vertheidigung der Küsten wurde das jährliche Marine= budget auf sechs Millionen Thaler veranschlagt.

Durch das freundliche Entgegenkommen der amerika= nischen Regierung wurde auf Ersuchen der Frankfurter Zentralregierung im Januar 1849 der Erwerb eines Kriegsschiffes vermittelt und ein Offizier zur Organisation der deutschen Flotte sollte zur Verfügung gestellt werden. Doch erkannte der zur vorherigen Berichterstattung von Washington entsandte Commodore Parker bald, daß

die politische Situation und der Stand der Flottenfrage
nicht vertrauenerweckend waren, und veranlaßte infolge=
dessen seine Regierung, von weiterem Entgegenkommen
abzustehen. Ohne einen Bürgerkrieg hielt er eine Ver=
wirklichung der Einheitsbestrebungen für unmöglich. „In
der deutschen Flotte", schrieb er, „sehe ich kein Feld, auf
dem ein amerikanischer Offizier für sich oder sein Land
Ehre erwerben könnte." — (S. M. Fisk: Die . . . Be=
ziehungen zwischen Deutschland und den Vereinigten
Staaten von Amerika. 1897. S. 241.)

Auf die Begeisterung der ersten Zeit war schnell
wieder auf allen Gebieten in Deutschland die Ernüchterung
gefolgt. Sie äußerte sich in der Flottenfrage darin,
daß die ausgeschriebenen Umlagen von einer größeren
Anzahl der Regierungen nicht abgeführt wurden. So
hatte man zwar einige Schiffe, einige tüchtige Offiziere,
die namentlich aus Belgien und England angeworben
waren, und schließlich in dem früheren griechischen Offizier
Brommy — unter dem Namen Bromme 1804 zu
Anger bei Leipzig geboren — einen Admiral; aber man
hatte nicht die Mittel zum wirklichen Aufbau einer
Organisation, und als bald darauf die Aussicht auf die
Herstellung eines starken, einigen Deutschland völlig
schwand, verflog auch in einsichtigen Kreisen die Hoff=
nung auf die Möglichkeit des Aufbaues einer nationalen
Seemacht.

Im März 1849 ging Preußen gegen Dänemark in
der Ostsee auf eigene Hand vor; im Mai dankte das
Reichsministerium ab; am 17. Mai verließ der Handels=
minister Duckwitz Frankfurt. Er hatte für die Organi=
sation der Reichsmarine nach besten Kräften gewirkt und
auch die Bildung des holsteinischen Geschwaders be=
günstigt. —

Es begann nun eine unerquickliche Periode, in welcher
nur mit der größten Schwierigkeit die nothdürftigsten
Mittel zur Erhaltung des inzwischen beschafften kleinen
Geschwaders zusammenkamen. Auf der einen Seite
bezahlte eine Reihe von Staaten nach wie vor ihre
fälligen und rückständigen Beiträge nicht, auf der anderen
wurde die Frage zu politischen Intriguen aufgebauscht.
Nicht nur versuchte Oesterreich, die Hand auf die Schiffe

zu legen, die es zeitweilig in das adriatische Meer hin=
unterziehen wollte, sondern auch die Nordseestaaten, vor
allen Dingen Hannover und Oldenburg, waren eifer=
süchtig besorgt, ihre Interessen auf eigene Faust wahr=
zunehmen. Preußen erkannte bald, daß die einzige
Möglichkeit zur Erhaltung der Flotte für Norddeutsch=
land in einer Uebernahme seinerseits liegen würde, fand
aber hier den energischsten Widerstand sowohl bei dem
Admiral Brommy, der seine Pflichten gegen die Zentral=
gewalt innehalten wollte, als bei den eifersüchtigen
übrigen Bundesmitgliedern.

Gegen Ende des Jahres 1849 waren 82 Offiziere,
748 Matrosen, 29 Maschinisten und 82 Soldaten vor=
handen. Am 21. Dezember 1849 dankte der Reichs=
verweser ab, und die Reichsministerien hatten ihr defini=
tives Ende erreicht.

Die erste Hälfte des Jahres 1850 verging mit
Bestrebungen der verschiedenen Mächte, die Flotte in ihre
Hand zu bekommen. Man hatte nicht das Geld, eine
Uebungsfahrt anzutreten, und bei der Wahl des Winter=
hafens für das nächste Jahr war man ängstlich bedacht,
die Möglichkeit einer Besitzergreifung auf der einen oder
anderen Seite zu verhindern.*) Als dann die Ausein=
andersetzungen zwischen Preußen und Oesterreich in Olmütz
sich vollzogen und die Gefahr einer Spaltung Deutsch=
lands gehoben wurde, fiel die Flotte allmählich in Ver=
gessenheit. „An eine große deutsche auswärtige
Politik war nicht mehr zu denken", sagt Zimmer=
mann, „mehr und mehr wurde damit die ganze
Marine als eine überflüssige Last empfunden."

So wurde denn Anfang 1851 in Berlin zum ersten
Male die Auflösung der Flotte in Vorschlag gebracht.
Eine Reihe von Plänen wurde zwar noch aufgestellt, sie
als Bundeseigenthum neben der preußischen und öster=
reichischen zu halten oder sie mit der preußischen und
österreichischen zur Bundesflotte zu verschmelzen oder
als norddeutsche Flotte unter der Kontrole Preußens

---

*) Gelegentlich der Erörterungen über die Ueberwinterung wurde
übrigens zum ersten Mal auf die Bedeutung des Jadebusens als Kriegs=
hafen preußischerseits hingewiesen.

neben einer von Oesterreich kontrolirten süddeutschen
Flotte im Kontingentsverhältniß zum Bundeszentral=
organ oder als eine Flotte der deutschen Nordseestaaten
neben einer besonderen preußischen und österreichischen
Flotte, die alle drei im Kontingentsverhältniß zum Bundes=
zentralorgan stehen sollten, einzurichten. Bald aber er=
kannte man Alles dies als unausführbar. Der preußische
Handelsminister v. der Heydt sah klar die Noth=
wendigkeit, für Preußen eine Seemacht zu schaffen; er
führte aus:

„Die Erfahrungen der letzten Jahre haben uns hinlänglich belehrt,
wie schwach die Großmacht Preußen einem Staate wie Dänemark gegen=
über ist, welches in der Gestaltung der politischen Verhältnisse keinen
selbständigen Faktor bildet, dessen politisches Verhalten vielmehr von der
Politik anderer Staaten, insbesondere Rußlands, bestimmt wird und
welches, wie die Dinge jetzt liegen, immerhin mächtig genug ist, Preußens
Willen zu brechen, da sich das Letztere der Gefahr nicht aussetzen kann,
den Wohlstand seiner östlichen Provinzen dauernd zu zerrütten. Mögen
andere Staaten sich durch den Besitz von Kolonien oder von trans=
atlantischen Ländern zur kostspieligen Unterhaltung einer Kriegsmarine
genöthigt sehen; Preußen hat dies bestimmende Moment in der Lage
seiner Küsten, in dem dänischen Besitze des Sundes und in dem Um=
stande zu finden, daß sein Seehandel unter allen Umständen die ge=
sicherte Fahrt durch den Sund erfordert. Die dänischen und schwedischen
auswärtigen Besitzungen nöthigen Dänemark und Schweden keineswegs
zur Unterhaltung ihrer Flotte. Oesterreich, Neapel und Sardinien haben
keine Kolonien und halten doch Kriegsmarinen, und wenn auch die
Ansicht der Begründung nicht entbehren mag, daß einige dieser Staaten
besser thäten, ihre Kräfte auf Nützlicheres zu verwenden statt auf Flotten,
welche wirksam zu gebrauchen sie schwerlich jemals in den Fall kommen
würden, und daß Preußen, lediglich darum, weil andere Staaten diesen
Apparat haben, denselben nicht anzuschaffen habe, so kann doch, von
Dänemark abgesehen, der Umstand, daß Oesterreich eine Flotte besitzt, stark
genug, den Sund zu verlegen, und unsere Häfen zu sperren, nicht über=
sehen werden. Wir hätten, wenn es mit Oesterreich zum Kriege gekommen
wäre, **eine Wiederholung der Zustände erlebt, welche vor
Kurzem unseren Ostseeprovinzen unerträglich wurden.** Wir
haben einen sehr bedeutenden Militäretat; wir wenden die größte Sorgfalt
auf die Pflege der Wehrkraft des Landes und auf dessen Vertheidigungsmittel
und können doch unmöglich der Ansicht Geltung verschaffen
wollen, daß in dieser Beziehung das Erforderliche gethan
sei, wenn alle maritimen Beziehungen Preußens unbeachtet
gelassen werden. Der Einwand, daß es so lange ohne Flotte
gegangen sei, daß es also auch ferner ohne solche gehen
werde, kann nicht gemacht werden: **die Erfahrung hat ihn be=
seitigt.** Der Einwand, daß das Land neben der Deckung des
Militäretats ohne Druck und Schwächung der Steuerkraft
die Kosten der Unterhaltung einer Flotte nicht tragen könne,
ist m. E. nicht haltbar. Ist die Nothwendigkeit der Ergänzung

der Vertheidigungs- und Angriffsmittel des Landes ein mal anerkannt, so müssen sich auch die Mittel dazu finden, und es muß die Befriedigung anderer Bedürfnisse, welche weniger wichtig sind, zurücktreten, wenn nicht gleichmäßig für alle gesorgt werden kann." (Abgedr. bei Zimmermann S. 660.)

So erklärte sich v. der Heydt für Auflösung der Reichsflotte; Hannover versuchte zwar noch seinerseits mehrfach, die Hand auf die Schiffe zu legen, an der entschiedenen Erklärung der Berliner Regierung, die ihre Rechte gewahrt wissen wollte, scheiterten aber alle Versuche und Intriguen.

Am 22. April 1852 wurde der frühere Oldenburgische Staatsrath Hannibal Fischer mit dem Verkauf der Flotte als Bundeskommissar betraut.

Am 1. März waren bereits zwei Schiffe „Gesion" und „Barbarossa" für 160 000 Gulden an Preußen als Pfand überlassen, das sie bei Nichtrückzahlung der Summe am 31. März eigenthümlich erwerben sollte.

Am 1. Dezember 1852 wurden die sechs Korvetten für 238 000 Thaler an die englische „General Steam Navigation Company" losgeschlagen. Am 13. Januar 1853 wurden die 26 Kanonenboote an den Schiffsmakler Boedecker, am 16. März 1853 die beiden Schiffe „Hansa" und „Erzherzog Johann" an einen Kaufmann Lehmkuhl für 165 000 Thaler verkauft. — Admiral Brommy und Dr. Jordan erhielten eine kleine Pension. Das Personal der Flotte wurde entlassen.

Der Kummer und die Entrüstung, den die patriotischen Kreise bei Bekanntwerden der Nachricht erfüllte, war groß. **Der Kenner der Kolonial- und Wirthschaftspolitik der folgenden Jahrzehnte aber weiß, wie erheblich der Schaden war, den das deutsche Nationalinteresse durch das damalige Scheitern einer Vereinigung zu einem mächtigen, nach außen einigen, geschlossenen und aktionswilligen Wirthschaftskörper genommen hat.**

Flottengründungsbestrebungen bis 1848.

Nachdem der Antrag Badens auf die Ausrüstung deutscher Kriegsschiffe im Jahre 1817 nicht zur Ausführung gekommen war (vergl. den Artikel „Flottenpläne"),

traten die Bewegungen für die Gründung einer deutschen
Kriegsflotte mehr als zwei Jahrzehnte zurück. Im Jahre
1841 wurde Preußen durch die Ausrüstung von marokka=
nischen Piratenschiffen beunruhigt und sah sich veranlaßt,
durch den damaligen Gesandten v. Bunsen am 28. Ja=
nuar 1842 Englands Intervention zu erbitten.

Dieser Schritt aber fand eine kühle Ablehnung beim
Lord Aberdeen (Zimmermann: Preußisch=deutsche Han=
delspolitik S. 129).

Im Fortgang der Erörterungen über die Be=
kämpfung der Raubstaatengefahr schrieb Geheim=
rath J. G. Hoffmann, der berühmte Volkswirth
und Statistiker: „Kein Volk außer den Deutschen
macht die sonderbare Forderung, Sicherheit zur
See für eine ausgebreitete Rhederei zu genießen,
ohne selbst etwas für ihren Schutz thun zu wollen.“
Preußen könne sich nicht auf seiner Kulturstufe
halten, wenn es vom Exporthandel abgeschnitten
werde. Um zu exportiren sei es jetzt auf eigne
Schifffahrt angewiesen, da an eine Wiederkehr
des früheren Zustandes, wo England, Frankreich
und Holland die Versendung der preußischen
Waaren besorgten, nicht zu denken sei.

Um dieselbe Zeit nahm in Deutschland das Interesse
am überseeischen Handel, an Schifffahrt und Kolonisation
erheblich zu. Der seit 1834 in Wirksamkeit befindliche
und 1841 zum ersten Male verlängerte Zollverein gab
dem deutschen Volke nach Jahrhunderten zum ersten Mal
jenes Gefühl der Einheit und inneren Kraft, das zur
Entfaltung nach außen die Vorbedingung bildet.

Am 20. April 1842 wurde der sogenannte „Mainzer
Verein von Fürsten, Grafen und Herren“ gebildet, welcher
eine Kolonie in Texas einzurichten beabsichtigte.

Auswanderungs= und Kolonisationsvereine entstanden
an verschiedenen Stellen. Bald erkannte man indessen,
daß ohne die Grundlage einer maritimen Macht eine
gedeihliche Fortentwickelung nach außen nicht zu erwar=
ten sei.

Oesterreich besaß bereits eine kleine Flotte im Mittel=
meere. Im Jahre 1843 machte Preußen den Anfang
mit der Erbauung einer Korvette von 16 Kanonen zu

Stettin „zu dem Zwecke, um Schiffsbaumeister im Bau
von Marineschiffen zu unterweisen." Friedrich List,
der geistige Vater des Zollvereins, der große Förderer
des deutschen Eisenbahnsystems, der Begründer des „natio=
nalen Systems der politischen Oekonomie", schrieb über
diesen ersten Versuch im „Zollvereinsblatt" am 12. Fe=
bruar 1843 (Band I., 105):

> „Die See, dieses fruchtbare Feld der Nationen, will
> so gut kultivirt sein wie der Acker, wenn er reichlichen
> Ertrag geben soll, und so ist es eine kleinliche Ansicht,
> eine Ansicht, die bei einer großen Nation ins Lächerliche
> geht, wenn man die Kosten einer Marine anführt,
> ihren Seeverkehr völlig schutzlos zu lassen."

> „Keine Nation ist so winzig, daß sie nicht, wenn
> sie Seeufer besitzt, auch einige Kriegsfahrzeuge hielte,
> um doch wenigstens ihre Würde als Nation nothdürftig
> zu behaupten und sich gegen Seeräuberei zu schützen;
> nur die norddeutschen Seestaaten machten bisher eine
> Ausnahme. Was aber in der Zerrissenheit als natür=
> lich erschien, wird im Verein unwürdig und verächtlich.
> Dies finden jetzt selbst Jene, die noch vor Kurzem
> die Vorschläge zur Aufstellung einer deutschen Seemacht
> für überaus thöricht erklärt haben. Seit Preußen be=
> schlossen hat, mit Erbauung eines kleinen Kriegs=
> fahrzeuges den Anfang zu machen, meinen sie, sei es
> doch gar zu miserabel, wenn sogar der Kaiser von
> Marokko mit einigen Fahrzeugen die ganze deutsche
> Küste blockiren könnte, ohne daß man im Geringsten
> sich dagegen zu wehren vermögend wäre."

> „Das ist auch wahr. Und wie klein das Fahrzeug
> sei, das man jetzt in Stettin erbaut, so groß wird
> Deutschlands Freude sein, das kleine Ding taufen und
> in See stechen zu sehen. Dieser kleine Ahn einer
> größeren Nachkommenschaft wird der Liebling
> der Nation werden und seine Trümmer wird
> man wie das Boot Peters des Großen als
> eine Reliquie aufbewahren."

Allerdings erfüllte sich die Hoffnung Lists nicht
ohne Weiteres. Als die „Amazone" in Stettin nun
wirklich vom Stapel gelassen wurde, schreibt er am
17. Juli im „Zollvereinsblatt" (Band I., S. 564):

„Ein kalter Michel ist der Deutsche, das muß man ihm lassen, die erste Korvette läßt er in Stettin vom Stapel laufen, ohne ihr ein einziges Nationalhurrah zu bringen."

„Giebt es in Deutschland keine begeisterten Musen=söhne mehr? Sollten sie nicht einsehen, wie es ihnen zur unvergänglichen Ehre gereichen würde, auf diesem ersten Kriegsfahrzeug des Zollvereins wenigstens einige Monate als Matrosen gedient zu haben, besonders wenn das Schiffchen mit einem preußischen Gesandten nach Rio de Janeiro ginge und den ersten wohlüberlegten, wohlbeschlossenen und wohlgefaßten deutschen Handelsvertrag von dort zurückbrächte?"

Es dauerte mehrere Jahre und bedurfte eines äußeren Anstoßes, bis weitere Kreise auf die Frage einen ent= schiedeneren Nachdruck legten. Immerhin blieben Lists und anderer Patrioten Worte nicht ungehört (vergl. den Artikel über Volkswirthschaft, Flagge und Flotte). Mit Genugthuung kann er am 18. Februar 1845 schreiben („Zollvereinsblatt" 1845, Band III., S. 131):

„Seit drei Jahren hauptsächlich ist die deutsche Seeschifffahrt ein Gegenstand steigen= der Interessen auch fürs deutsche Binnenland gewesen. Während man dort früher kaum mehr wußte, als daß die eigene Nation auch mit einer Anzahl Flaggen auf der See erscheint, sieht man heute in der Schifffahrt bereits einen wesentlichen Stützpunkt und Träger seines eigenen Wohlstandes und seiner ge= werblichen und kommerziellen Macht. Der Ruf nach einer nationalen Flagge und selbst nach einer Kriegsmarine geht von Mund zu Mund, daher sind aber auch mit Flagge und Flotte die Bedürfnisse der Schifffahrt nicht schon ins= gesammt befriedigt u. s. w."

Zwar hatte es in der Zwischenzeit auch an Wider= spruch nicht gefehlt.

In der „Frankfurter Ober=Postamtszeitung", dem Organe gewisser Interessen beim Bundestage, war

„das »kriegsmarinemuthige« Oberdeutschland arg
verblüfft worden, indem ihm gedachtes Blatt vor-
demonstrirt habe: »mit welchen ungeheuren Schwierigkeiten die Gründung von Werften für den Kriegsschiff-
bau, der Bau der Kriegsschiffe, ihre Bewaffnung, Ausrüstung und Bemannung verbunden sei; wie rasend
theuer die Kriegsschiffe kämen; wie Deutschland von
der Ems bis zur Elbe, von der Trave bis zur Memel
nicht einmal einen Hafen oder Fluß besitze, der 19 bis
20 Fuß Tiefgang habe; wie schon eine Korvette von
20 Kanonen 20 Fuß tief gehe, folglich an Fregatten
von 30 bis 40 Kanonen nicht zu denken sei, der Linienschiffe zu geschweigen; wie schon aus diesem Grunde
die Natur den Deutschen die Errichtung einer Marine
versagt habe, folglich, was darüber bereits gesagt
worden oder noch gesagt werden könnte, in den Wind
gesprochen und auch an eine Bundesflagge nicht zu
denken sei, weil, wer eine Flagge aufstecken
wolle, die Macht haben müsse, sie zu beschützen.«"

Demgegenüber aber konnte List auf vielerlei Zu-
stimmungen hinweisen. Namentlich die Schrift eines
Altonaer Schiffbauers Andresen Siemens zitirte er,
der verlangt, Deutschland solle unter allen Umständen
eine Flagge annehmen und, wenn es noch keine große
Kriegsflotte ohne Weiteres bauen könnte, zunächst seine
Handelsflotte so einrichten, daß deren Fahrzeuge als
scharf segelnde Kreuzer im Kriegsfalle benützt werden
könnten.

Höhnend ruft Siemens gegen die Angst der „Ober-
Postamtszeitung":

„Suche dein Glück einzig und allein in der
Bewunderung der Britten — verlasse dich
darauf, du liebes Wickelkind, deine Amme Bri-
tania wird dir, wenn du in Gefahr kommst,
ihre Flotte leihen — (o! wie schön wird es
lassen, wenn die kräftige Amme den wehrlosen
Säugling gegen die Angriffe des gallischen
Hahnes oder des nordischen Bären in Schutz
nimmt — ein prächtiges Sujet zu einem Genre-
bilde — wahrhaftig! — malt doch ihr Maler!)

aber Ostindiens Schicksal — o Deutschland — wirst du nicht entgehen!"
und List, gestützt auf Zuschriften aus London und Mexico, stimmt diesen Worten zu:

„Aber fasse Muth, du »Frankfurter Ober=Postamts= zeitungs=verblüfftes«, »Kriegsmarine=lustiges« Ober= deutschland, dir lebt ja noch Andresen Siemens, der Altonaer Schiffsbauzimmermeister, der kennt alle Fahrwasser an den deutschen Küsten wie seinen Zimmer= platz, der hat sich sein Leben lang mit dem Schiffbau und namentlich mit dem Marineschiffbau abgegeben, der hat die Handels= und Kriegsfahrzeuge aller Nationen gesehen und studirt und geprüft; der hat nicht nur alle deutschen Häfen, sondern auch die der Engländer und vieler anderer Nationen gesehen, den hat es lange schon gewurmt, daß Deutschland, das große, mächtige, 50 Millionen kräftiger Seelen starke Deutschland, zur See weit nicht so viel gelten soll, als Liliputer Nationen, wie Portugal oder Dänemark; lange schon hat er dar= über nachgedacht, wie diesem schmachvollen Zustande abzuhelfen und wie Deutschland zu einer Marine kommen könne. Der wird dir besser sagen können, als die »Frankfurter Ober=Postamtszeitung«, wo du Plätze finden kannst für den Bau und die Stationirung deiner Kriegsschiffe, und wie du die Sache anzugehen hast, um mit möglichst geringen — deinen Kräften vollkommen entsprechenden Kosten deine Seevertheidigung zu be= werkstelligen."

Ein Bedenken besteht allerdings damals:

„Es giebt noch ganz andere Aber, die nicht so leicht zu beseitigen sind wie die Steine und Felsen, welche die »Frankfurter Ober=Postamtszeitung« in unser Fahr= wasser wirft, und die Oberdeutschen wissen so gut wie andere Leute, was das für Steine sind: Deutschland ist nicht Eins! An diesem Felsenriff, und daran allein, scheitert die deutsche Marine!" — — —

„Mit aller und jeder Marine=Schwierigkeit wär's für Deutschland nichts, gar nichts — wär's nur Ein Stück — Deutschland hätte alles — Geld genug — und auch Mannschaft in seinen Küstenländern in großer Zahl und von derbstem Schlage. Eine Kriegsmarine

machte sich von selbst wie in anderen Ländern. Das
wäre Unsinn, zu glauben, in Deutschland könnte nicht
eine Marine entstehen wie bei Anderen. Nur ist es
nicht eins! Auch noch weit bis zu einer solchen
Einigung der Staaten — verschiedenes Interesse
zwischen den See= und Binnenstaaten — ver=
meint man doch im Innern, der Landmacht
würden die Kräfte entzogen, man theile die
Kraft, man schwäche sich durch eine Marine —
kein Vertrauen bei den Binnenstaaten in die
Fähigkeiten und den guten Willen der Küsten=
staaten bei Verwendung und Verwaltung der
Mittel und in ihren Muth, das deutsche Vater=
land zu vertheidigen auf Leben und Tod."

      „Ich sage: Noch lange hin bis zu solcher
Einigung! So mögen denn zuletzt die Um=
stände und die Verhältnisse einigen!"

      List ist gleichfalls der Meinung, daß man hierüber
unter allen Umständen hinwegkommen muß, denn:

      **„Nach dem Stand gegenwärtiger Dinge in der großen
Welt ist für Deutschland die bessere Seegeltung so nöthig
wie das liebe Brot. Die Frage ist für Deutschland eine
Lebensfrage. Fürs Brot — fürs Leben aber mag man
wohl auch etwas thun und Schwierigkeiten dabei nicht
achten!"**

      1845 hat List die Genugthuung gegen die „Ober=
postamtszeitung", die noch immer in dem marinefreund=
lichen Süddeutschland eine ablehnende Stellung ein=
nahm, nunmehr auch die Stimme eines Hamburger
Rheders aus der „Kölnischen Zeitung" anführen zu können.
(„Zollvereinsblatt" Bd. III, S. 275).

      „Wo haben Deutschlands Kinder", sagt dieser,
„noch jemals bei politischen Umwälzungen für
den erlittenen Schaden, die zugefügten Miß=
handlungen, Plünderung u. s. w. Entschädigung er=
halten, wo ist nur einmal energisch Genugthuung
gefordert? Die kleinsten und am meisten verschuldeten
Nationen Europas und Amerikas haben längst die
Nothwendigkeit einer Kriegsmarine anerkannt, wie
vermögen jetzt deutsche Blätter uns zu beweisen, daß
wir nicht fähig seien, unseren Landsleuten, Schiffen

und Waaren einen anderen Schutz zu gewähren, als
den Federhelden erwirken? Man meint, die süd=
deutschen Regierungen würden sich gegen eine
Betheiligung an den Kosten sträuben; **aber sind
denn nicht die Industrie-Erzeugnisse Süddeutschlands gleich
gefährdet wie die Norddeutschlands, entbehren die Aus=
wanderer von dort nicht ebenso eines kräftigen Schutzes?**
Dazu kommt, daß die deutsche Küste jetzt jedem feind=
lichen Angriffe gänzlich bloßgestellt ist und sich in dieser
Hinsicht in einem Zustande befindet, als wenn der
ewige Frieden schon von allen Völkern der Erde unter=
schrieben und besiegelt wäre. Sehr viele Millionen
werden gerade jetzt zur Erbauung von Festungen in
Süddeutschland herausgabt, ohne daß sich die nord=
deutschen Staaten geweigert hätten, dazu beizutragen,
sollten aber darum die süddeutschen Regierungen nicht
auch beisteuern, wo es sich um die größten National=
zwecke handelt?"

Es hatten sich damals drei verschiedene Pläne bereits
herauskrystallisirt: direkter Flottenbau, Erziehung einer
Kriegsmarine in der Handelsmarine, oder Gründung
einer Dampferflotte. Der große Patriot starb 1846.
Die Gedanken aber entwickelten sich weiter, bis beim
Ausbruch des Krieges mit Dänemark die Frage akut
wurde.

Kurz vorher schon Anfang 1848 war in einer viel gele=
senen Broschüre von Germano-Brasilicus „Soll und kann
Deutschland eine Dampfflotte haben und wie?" der Plan
der Anbahnung einer Verbindung mit Brasilien eingehend
erörtert und hieran eine Reihe der treffendsten Be=
merkungen für die Ausnutzung dieser Einrichtung nach
anderer Richtung hin geknüpft. (S. 24 ff.)

„Mit der Errichtung großer Dampfer verbinden
sich Anlaß und Gelegenheit, ein besonders wichtiges In=
teresse Deutschlands wahrzunehmen; es gilt, damit
den Grund zu einer deutschen Kriegsmarine zu legen.

Viele Menschenalter hindurch hatten die Deutschen
völlig vergessen, daß einst während mehrerer Jahr=
hunderte Deutschland die herrschende Seemacht im
Norden war; nur wenige ihr Zeitalter überragende
Geister, wie Wallenstein, Kurfürst Friedrich

Wilhelm von Brandenburg, erhoben sich zu der
Idee, Deutschlands Wehrhaftigkeit auf dem Meere
wieder aufzurichten. In der Gegenwart aber ist der
Gedanke an Seemacht lebendig geworden im deutschen
Volke, ein Zeichen, daß die Zeit gekommen ist, die
Aufgabe zu erfüllen. In dem Zeitalter des Schaffens,
bei dem von dem Geiste dieser Zeit im Volke mächtig
angefachten Bestreben nach aktiver Theilnahme am
Weltverkehr, und nachdem der Gesichtskreis der Nation
nach allen Seiten hin erweitert und erhellt worden,
konnte das Nationalgefühl nicht unberührt bleiben
bei der Wahrnehmung, daß die deutsche Flagge auf
dem Meere gewissermaßen nur geduldet sei, und es
mußte die **geschichtliche Wahrheit** immer mehr in das
allgemeine Bewußtsein übergehen: **daß nur diejenigen Völker ihre nationale Wohlfahrt auf die Dauer
bewahrt haben, welche gleichmäßig zur See und zu Lande
ihr Recht und ihre Ehre waffenrüstig zu behaupten vermochten; daß darum alle Nationen, sobald Staatsmacht
und Nationalkraft einen höheren Aufschwung nahmen, die
Bildung einer Seemacht begonnen haben.** Und auch
Deutschland steht an der Schwelle einer neuen
Epoche seiner Geschichte, berufen, eine veränderte Stellung im Weltleben einzunehmen.
Die Ahnung der nahenden Zukunft erfüllt und
bewegt die Gemüther.

Wie alles Neue und Große von kurzsichtiger, ein-
seitiger Befangenheit, die keine neue Schöpfung, nur
das Gegebene denken kann, nach ihrem Maße geschätzt
wird: so hat auch die Idee einer deutschen Flotte den
Widerspruch beschäftigt; er wird aber zu Schanden
werden vor der That. Vieles steht groß und herrlich
da in Deutschland, was für möglich und nützlich zu
achten noch vor einem Jahrzehnt als Chimäre verhöhnt
wurde, und noch mancher Entwurf der Schöpfung vom
Guten und Schönen wird Fleisch werden, den die Welt
der kleinen Geister mit ihrem stets bereiten Ver-
dammungsspruche »unausführbar« abzuurtheilen nicht
verfehlt hatte. — — — — Wird ein kleiner
Staat deswegen sein Volk ganz ohne Wehr und
Kriegsübung lassen, weil sein Nachbar Hundert-

tausende in Waffen hat? Zu allen Dingen muß
ein Anfang sein, und der ist in den meisten
Fällen klein. Wie schwach begann Holland
mit bewaffneten Kauffahrern, und wie Ruß=
land. Aber aus dem geringen Anfang soll
und wird dereinst (nach Mitteln und Möglich=
keit sehr bald) eine maritime Großmacht
Deutschlands emporwachsen, die gegen jene
stolzen Meerbeherrscher offene See zu be=
haupten stark genug ist. Unterhalten doch das
kleine Dänemark und das kleine Holland acht=
bare Flotten; der Handel giebt ihnen die Mittel
dazu. Deutschland soll auch Handelsreichthum
erwerben, wie jene, es soll noch vielmehr
handelsmächtig werden, dazu ist es befähigt:
durch seinen großen Reichthum an eigenen
Produkten und Fabrikaten zum Export und
durch den ungeheuren eigenen Konsum der
Rückfrachten durch seine 40 Millionen Be=
wohner, durch seine für die Spedition zwischen
Süd und Nord, Ost und West unschätzbare
Lage im Centro des Erdtheils, durch seine
Kommunikationsmittel zu Wasser und zu
Lande. In den vollen Genuß aller dieser Vor=
theile muß Deutschland sich setzen; sodann durch
den Handel bereichert, wird es die mächtigste
Flotte unterhalten können, »denn der Handel
ist die Mutter und Säugamme der Seemacht,
sprach wahr und treffend der weise Colbert«.

Die kleine Marine des Anfangs soll zu der großen
der Zukunft helfen, indem sie dem Handel zur Seite
geht. Das ist ihre erste Bestimmung. Von großen
Seezügen ist noch nicht die Rede, und deren bedarf es
auch nicht. Soll aber der deutsche Handel in fremden
Welttheilen zu ausgedehnteren Verbindungen gelangen,
namentlich mit den Küstenländern Afrikas und, was
zu seinem wahren Aufschwunge unerläßlich, mit den
reichen Inseln des indischen Meeres, dann müssen be=
waffnete deutsche Schiffe sichtbar werden in jenen Ge=
wässern, zum Schutze gegen räuberische Gewalt und
um die wenig beachtete Flagge deutscher Nation in

6*

Ansehen zu versetzen. Nur eines kleinen Geschwaders bedarf es für diesen großen Zweck. Ein solches Geschwader von Bundes wegen aufzustellen, ist der nächste und gewiß der das Nationalgefühl am meisten befriedigende Ausweg. Der repartirte Antheil des Beitrags wird dem einzelnen Staate keine fühlbare Last sein. **Die Staaten im Innern Deutschlands haben nicht weniger Interesse dabei und Verpflichtung dazu wie die an den Seeküsten belegenen, sich zu betheiligen, indem gerade ihr spezieller Nutzen, die Eröffnung von Absatzwegen für ihre Fabrikate, besonders damit befördert wird."**

„Die andere nicht minder wichtige Bestimmung ist die Vertheidigung des eigenen Herdes."

„Die Kriegführung zugleich seemächtiger Feinde gegen Deutschland wird in der Zukunft einen anderen Charakter haben als in der Vorzeit; strategische Operationen zur See werden eine Hauptrolle dabei spielen. Deutschlands Seeplätze sind groß und reich geworden, — lockende Beute und wichtige Positionen. Um eine durch die feindliche Flotte bedrohte Seestadt zu retten, kann eine deutsche Armee zur Unterbrechung siegreicher Fortschritte gezwungen werden; ein feindliches Korps im Rücken des deutschen Heeres ans Land geworfen, kann Verderben bringen. Mit den gefährlichsten Diversionen von der See her ist Deutschland bedroht, solange es nicht besser zur Küstenvertheidigung gerüstet ist. Eine ausgedehnte Befestigung aller Landungsplätze ist das nächste Erforderniß, aber sie ist unzureichend ohne Mitwirkung bewaffneter Fahrzeuge."

Japanische Marinepolitik.

In einem Aufsatze der „Grenzboten" Nr. 42 von 1897 über „japanische Staatspolitik und deutsche Parteipolitik" ist ein interessanter Brief des nordamerikanischen Kontreadmirals Belknap, worin dieser Admiral die Frage behandelt, wie Japan sich zu den nordamerikanischen

Absichten auf Annektirung der Sandwich=Inseln stellt. Er sagt dabei unter Anderem: „Es ist Sache und Pflicht für die Land= und Seeoffiziere, die Augen für alle Er= eignisse und militärischen Fortschritte in der Welt offen zu halten und für alle Mittel des Angriffs und der Vertheidigung einen klaren Blick zu haben. Unglücklicher= weise aber, wie ich von meinem Standpunkt als Beob= achter und aus Erfahrung sagen muß, werden die An= sichten dieser beiden Stützen der nationalen Vertheidigung oft nicht beachtet. Während der Bürger das achtet, was seine Gerichtshöfe für Recht erkennen, mißachtet und vernachlässigt er nur gar zu oft die Erkenntnisse seiner für die Erfüllung dieser besonderen Pflicht verantwort= lichen Offiziere. Es kann vorkommen, daß in Sachen der Seevertheidigung eines Haupthandelsplatzes die Stimme eines Abgeordneten, der Stimmen und Unterstützung für seine Sonderzwecke braucht, mehr gilt als die der dafür vorhandenen Fachleute.

Die übliche Mißachtung gesunder politischer Ueber= legung und der Warnungen von Marine= und Land= offizieren kostete vor kaum einem Menschenalter der Nation in dem furchtbarsten Bürgerkriege siebentausend Millionen Dollars, Hunderttausende von Menschenleben und eine Pensionslast von 150 Millionen Dollars jähr= lich. Auch diese so furchtbare und traurige Lehre ist beinahe vergessen in dem Streben nach politischem An= sehen und Geldgewinn.

Für den Durchschnittspolitiker ist seit 1861 kein be= sonderer Fortschritt in der Kriegführung und im Kriegs= geräth gemacht worden, eine Ansicht, durch die er sich als den größten Hammel (dolt) der Welt darstellt. Japans Politiker kennen solche Albernheiten und solche selbst= mörderischen Ansichten in internationalen Angelegenheiten im Frieden und im Kriege nicht. In jeder Weise vor= bereitet, konnte Japan dem chinesischen Reiche die Spitze bieten, und jetzt sagt diesem klugen und richtig aus der Geschichte schließenden Staate die Vergangenheit und Gegenwart, daß unser Volk seit seinem Auftreten als Nation beim Ausbruch eines Krieges niemals darauf vorbereitet war, und es würdigt diese Thatsache mit der nöthigen Aufmerksamkeit.

Ich wiederhole nochmals, die Staatsmänner Japans sind fähig und feingebildet, schlau und zähe. Was sie sich zum Ziel gesetzt haben, geben sie nur unter großem Druck wieder auf. »Unterschätze niemals deinen Feind« ist eine weise Regel für den Krieg. Japan als Gegner zu unterschätzen, wäre der Gipfel aller Unklugheit. Hoffentlich werden die nahen Handelsbeziehungen der Vereinigten Staaten zu Japan dessen Haltung uns gegenüber wieder verbessern, so daß die Anlässe zu ernsten Streitigkeiten wieder verschwinden.

Doch was auch immer eintreten möge, unser Interesse verlangt, daß keine andere Flagge als die unsere über dieser Inselgruppe im nördlichen Stillen Ozean weht, da sie bestimmt ist, dereinst das Haupthandelszentrum in diesem großen Weltmeer zu werden. Wir sind zu weit vorgegangen, um noch mit Ehren zurücktreten zu können. Mag man dies Jingothum nennen, so soll es doch in Ewigkeit so bleiben." —

Kreuzermangel und Kreuzernutzen.

Die Nothwendigkeit, einer Schlachtflotte eine größere Anzahl Kreuzer beizugeben, wird merkwürdigerweise häufig beanstandet, und doch ist dieses Bedürfniß schon vor 100 Jahren hervorgetreten.

Ein Ereigniß gerade vor 100 Jahren beweist die Bedeutung einer genügenden Anzahl von Kreuzern für eine Flotte schwerer Schlachtschiffe; eine solche ist außer Stande, ihre Aufgabe zu lösen, wenn sie keine Kreuzer besitzt.

Es handelt sich um die Verfolgung der ägyptischen Expedition Napoleons durch Nelson. Letzterer kreuzte im Mai 1798 schon längere Zeit vor Toulon, um die von Ersterem ausgerüstete große Transportflotte zu beobachten, deren Endziel nicht bekannt war.

Ein Sturm aus nördlicher Richtung, welcher der französischen Flotte gestattete, Toulon zu verlassen, vertrieb gleichzeitig Nelson von seinem Beobachtungsposten, so daß er die Fühlung mit dem Feinde verlor. Da ihm keine Kreuzer zur Verfügung standen, die er zum Auf-

suchen Napoleons hätte entsenden können, so konnte er
die Fühlung auch nicht wieder gewinnen, sondern blieb
monatelang (Mai bis August) über den Aufenthaltsort
seines großen Gegners im Unklaren. Als er sich endlich,
Vermuthungen folgend, entschlossen hatte, mit seiner
Flotte aus Linienschiffen nach Aegypten zu segeln, konnte
er auf dem Wege dorthin bei dem Mangel an leichten
und schnellen Kreuzern seine Aufklärungsgruppen nicht
weit genug vorausschicken und — fuhr an Napoleons
Flotte vorbei.

Nelson kam vor Napoleon am Nil an und kehrte,
als er Letzteren hier nicht fand, nach Sizilien zurück.
Erst als er später in Morea die sichere Nachricht erhielt,
daß Napoleon in Aegypten gelandet sei, fuhr er zum
zweiten Mal dorthin, und es kam zur Schlacht bei
Abukir.

Vorstehend ganz kurz skizzirter Fall legt aber den
Gedanken nahe: Was wäre geworden, wenn Nelson
damals die notorisch schlecht ausgerüstete und mangelhaft
bemannte französische Flotte mit Napoleon an Bord
eingeholt und aller Wahrscheinlichkeit nach vernichtet
hätte, d. h. was wäre geworden, wenn er bei seiner
ausgezeichneten Schlachtflotte auch — Kreuzer zum Auf=
suchen des Feindes gehabt hätte?

Marineausgaben und Seehandel.

Die Aufwendungen unserer Marine sind trotz der
Steigerung in den letzten Jahren ganz erheblich zurück=
geblieben hinter dem enormen Wachsthum unseres See=
handels und unserer Schifffahrt. Abgesehen von der
jedem anderen Lande überlegenen englischen Kriegs=
flotte geben sämmtliche Großstaaten 1896/97 sehr viel
mehr als Deutschland pro Tonne der Handelsflotte
aus. Seit 1880/81 ist die Ausgabe pro Tonne in
Deutschland zurückgegangen, überall sonst (außer Frank=
reich), namentlich aber auch in England trotz seiner
starken maritimen Entwickelung gestiegen. Seit 1890/91
ist die Ausgabe pro Tonne nur in Deutschland, Oester=
reich und Italien gesunken, überall sonst gewachsen. Es

betrugen die Marineausgaben 1896/97 pro Tonne der Handelsflotte in:

England	12,84 Mark	Italien	53,59 Mark
Deutschland. . .	19,33 =	Frankreich	81,49 =
Oesterreich	39,96 =	Rußland	105,70 =
Nordam. Union . .	53,59 =	Japan	175,90 =

Der Vergleich zwischen Handelsflotte und Marine=ausgaben ist aber ungenügend, weil es weniger auf die Größe der Handelsflotte als auf den Umfang des zu schützenden Seeverkehrs ankommt. Bringt man den Schifffahrtsverkehr mit dem Marine=Aufwand in Vergleichung, so ergiebt sich als Schutz pro Tonne im Jahre 1895:

Deutschland . . . . . 3,5 Mark,
Nordam. Union. . . . . 3,8 =
Italien . . . . 4,8 =
Großbritannien . . . . 4,9 =
Rußland . . . . 7,4 =
Japan . . . . 8,4 =
Frankreich. . . . . . 8,9 =

Noch treffender aber kommt das Verhältniß zum Ausdruck, wenn man die Werthziffer des See=handels mit den Marine=Ausgaben vergleicht. Von den europäischen Staaten steht 1896 im Seehandel nur Großbritannien mit 12,6 Milliarden Mark Deutschland voran. Es wendet für den Schutz von je 100 Mark seines Seehandels 3,4 Mark Marine=Ausgaben auf. Bei Frankreich beträgt diese Risikoprämie 5,9 Prozent, bei Rußland 7,1, bei Italien 6,3, bei Oesterreich=Ungarn 2,5, bei den Vereinigten Staaten 2,3 und in Japan 14,9 Prozent. Deutschland wendet nur 1,7 Prozent vom Werthe seines 5,2 Milliarden Mark betragenden Seehandels für die Marine auf. Setzt man Deutschlands relativen Schutzaufwand gleich 100, so erhält man fol=gende Skala:

Deutschland.	100 pCt.	Frankreich	347 pCt.
Vereinigte Staaten . .	135 =	Italien	370 =
Oesterreich=Ungarn . .	147 =	Rußland	418 =
Großbritannien . .	200 =	Japan	876 =

Deutschland steht also in dem prozentualen Aufwande zum Schutze des Seehandels durch die

Marine unter allen Großstaaten an letzter Stelle. Und das, obwohl es seinen Seehandelsinteressen nach den zweiten Platz in der Welt einnimmt! Seine Seeschutzausgaben haben entfernt nicht mit der Entwickelung seiner Seeinteressen Schritt gehalten und noch weniger mit den Aufwendungen der fremden Länder.

Prinz Adalberts Einfluß auf die Entwickelung der preußischen und deutschen Marine.

Schon 1836 wurde der damals erst 25 Jahre alte Prinz Adalbert zu den Sitzungen über ein zu begründendes „Marineinstitut" zur Vertheidigung der preußischen Küsten herangezogen. In einem Gutachten, das ihm ein befreundeter älterer englischer Seeoffizier ausgearbeitet hatte, forderte er drei große Dampfer als Anfang einer preußischen Marine. Der Plan scheiterte damals am Kostenpunkt, aber immerhin ist er deshalb interessant, weil mit ihm zum ersten Mal seit der Zeit des Großen Kurfürsten wieder der Zweck einer Marine deutlich ausgesprochen wurde, im Gegensatz zu den Vorschlägen, bewaffnete kleine Ruder= und Segelfahrzeuge zur lokalen Küstenvertheidigung zu bauen; denn die vom Prinzen vorgeschlagenen Dampfer sollten echte Seeschiffe sein:

„Wenn Preußen nur drei solcher Dampfboote besäße, so würden Seine Majestät erstaunen über die ehrfurchtgebietende und kräftige Stellung, die sie in jedem Hafen einnehmen würden, in dem sie die preußische Flagge zeigten."

Als im Jahre 1848 überall in Deutschland der schnelle Bau einer starken Flotte gefordert wurde, bewies der Prinz Adalbert seinen hervorragend weiten Blick in einer Denkschrift über die Bildung einer deutschen Flotte, worin er unter Anderem ausspricht:

„Und das (nämlich die Blockirung durch das seemächtige Dänemark und die Störung des blühenden Handels) muß sich Deutschland — das einige Deutschland — ruhig gefallen lassen, gerade in dem großen Augenblick, wo es nach langer Zeit sich zum ersten Mal wieder als ein Ganzes, als eine Macht von 40 Millionen fühlt! Doch das Vaterland erkennt das Drückende seiner Lage, es begehrt um so mehr Abhülfe, als es nach diesen Vorgängen sicher ahnt, **wie viel peinlicher dereinst**

seine Stellung leicht einer der großen Seemächte gegenüber
werden könnte, einer Macht, von der die deutschen Schiffe
selbst in den eigenen Häfen nicht einmal sicher sein würden,
einer Flotte, die unsere Küsten mit Landungen in einem
weit großartigeren Stile bedrohen könnten, als dies unser
gegenwärtiger Feind im Stande sein möchte ... Das einige
Deutschland will aber die Integrität seiner Länder kräftig geschützt,
seine Flagge geachtet, seinen Handel wieder blühend sehen und künftig-
hin auch auf dem Meere etwas gelten ... Die gesammte Nation
begehrt daher einstimmig eine deutsche Kriegsmarine,
denn deutsch, ganz deutsch muß sie sein — eine echte Re-
präsentantin der wiedergeborenen Einheit des Vaterlandes — das fühlt wohl Jeder von uns, der es mit der neuen
Schöpfung redlich meint; und das ist mithin als leitender Grundsatz
obenan zu stellen. ... Weniger Uebereinstimmung der Ansichten
dürften wir dagegen antreffen, wo es sich um die auf die Seemacht
zu verwendenden Geldmittel und um die Zusammensetzung der Seestreitkräfte handelt. Beides richtet sich natürlich vor Allem nach dem
Zweck, den man zu erreichen denkt."

Dann setzt der Prinz ausführlich auseinander, was
1. zur rein defensiven Küstenvertheidigung für eine
Flottille, und 2. welche Seestreitkräfte zur offensiven Vertheidigung und zum nothwendigsten Schutze des Handels
nöthig seien, und behandelt schließlich als dritten wichtigsten Vorschlag den einer selbständigen Seemacht für
Deutschland, wobei er fortfährt:

„Solange Deutschland auf der eben bezeichneten
Bahn wandelt, solange es fern von allem Ehrgeiz,
fast ohne die Aufmerksamkeit, geschweige die Eifersucht
seiner weit mächtigeren Nachbarn zu erregen, nur Fregatten und Dampfschiffe (in Korvettengröße) baut und
es sich begnügt, eine bescheidene Stelle unter den
kleinen Marinen einzunehmen, solange Jedermann
einsieht, daß es weder nach großer Geltung zur See
strebt, noch daran denkt, Schlachten zu liefern, wird
Niemand es einer Halbheit in seinen Maßregeln zeihen.
Sobald es aber durch den Bau von Linienschiffen, von
Schlachtschiffen, aus diesem anspruchslosen Kreise heraus-
tritt, werden alle Augen sich darauf richten, eine scharfe
Kritik anheben, und wehe dem Vaterlande, wenn
es sich bei diesem entscheidenden Schritte einer
halben Maßregel schuldig machen sollte!"

Indem Prinz Adalbert dann zeigt, daß mindestens
12 Linienschiffe nöthig seien, um Uebergewicht gegen
Dänemark oder Schweden zu haben, und die hohe

Stellung Nordamerikas unter den Seemächten mit nur 11 Linienschiffen sehr richtig auf die günstige geographische Lage dieses Landes zurückführt, fährt er fort:

„Wie ganz anders ist die Lage Deutschlands! Eng eingekeilt zwischen den drei großen Seemächten England, Frankreich und Rußland, berührt es nur halb oder ganz eingeschlossene Meerbusen, in denen seine Geschwader kaum einer entscheidenden Schlacht würden ausweichen können. Deutschlands Macht muß mithin einem solchen ersten Zusammenstoß gewachsen sein, wenn sie sich nicht von Hause aus in ihren Häfen will einschließen lassen. **Würde aber dazu wohl ein Geschwader von 12 Linien= schiffen ausreichen? Wir sagen nein!"**

Deshalb fordert der Prinz für eine selbständige deutsche Seemacht **20 Linienschiffe,** 10 Fregatten, 30 Dampfer, 40 Jaffelkanonenboote und 80 Kanonenschaluppen, bejaht dazu die Frage, daß Deutschland diese Flotte mit insgesammt etwa 18000 Matrosen und Seefischern besetzen könne, und glaubt, daß die Gesammtausgabe für die Marine, wenn die Baukosten der Schiffe und Häfen auf zehn Jahre vertheilt würden, jährlich etwa der dritte Theil des preußischen Militäretats der letzten Jahre sein würde. Zu einer solchen Flotte waren natürlich keine Mittel aufzutreiben; man beschloß in der Kommission den Bau von 15 schweren Fregatten von je 60 Kanonen, bei denen der Dampf nur als Hülfskraft dienen sollte, und von etwa 30 Schaufel= raddampfern. Jährlich sollten dafür 6 Millionen Thaler aufgewendet werden, in zehn Jahren sollte die Flotte fertig sein.

Vizeadmiral Batsch, der eine vortreffliche Biographie „Admiral Prinz Adalbert von Preußen" (Berlin 1890) geschrieben, erwähnt einen Ausspruch des Prinzadmirals, der am besten zeigt, wie tief der Hohenzollernprinz in die Bedeutung der Seegewalt eingedrungen ist; er hat öfters ausgesprochen, „daß Wehrhaftigkeit zur See eine Lebens= bedingung für den Staat ist, der gedeihen und nicht bloß ein geduldetes Dasein führen will".

Große Schwierigkeiten hatte der Prinz zu über= winden, ehe in dem damals von kurzsichtigen kleinstaat= lichen Interessen beherrschten Deutschland seine Anregung kräftige Wurzeln schlug. Sagt doch Batsch geradezu: „Daß ein königlicher Prinz der Sache so treu blieb und

gegen den allmählich umkehrenden Strom (nach der stroh=
feuerartigen Flottenbegeisterung von 1848) zu schwimmen
suchte, wurde ihm vielfach als »Marotte« angerechnet,
und das Epitheton des »Oberkahnführers« war eine Be=
zeichnung, die man zu jener Zeit namentlich in den höheren
Gesellschaftskreisen nicht selten zu hören bekam."

„Ehre dem Prinzen", sagt Batsch, „der sich davon
nicht hat bethören lassen, und alle Anerkennung der
kordialen Unterstützung, die der am Hofe bei Alt und
Jung beliebte Prinz in seiner nächsten Umgebung fand."

Der Prinz war seiner Zeit weit voraus; er hatte
für das Reich wie auch für Preußen stets die selbständige
Flotte im Auge. Deshalb förderte er von Anfang an
die Ausbildung des preußischen Marinepersonals auf see=
gehenden, möglichst großen Schiffen. Wie der Große
Kurfürst sich in Emden festsetzte, um von da aus in den
offenen Ozean gelangen zu können, ohne von Dänemark
und den anderen nordischen Mächten daran gehindert
zu werden, genau so legte Prinz Adalbert den größten
Nachdruck darauf, für die preußische Flotte einen guten
Nordsee=Kriegshafen zu schaffen, ein Ausfallthor, durch
das die Marine jederzeit unbehindert ins freie Weltmeer
gelangen könnte, ohne fremde Territorialgewässer berühren
zu müssen. Er hat den Plan, am Jade=Busen diesen Hafen
zu begründen, „eine ganze Reihe von Jahren gegen eine
Legion von Widersachern" — wie Batsch sagt — ge=
halten und vertheidigt. Schärfer als die Freunde, sahen
die damaligen Gegner Preußens, darüber belehrt das
vor Kurzem erschienene Werk von Dr. Max Bär „Die
deutsche Flotte von 1848—1852" (Nach den Akten der
Staatsarchive zu Berlin und Hannover). Wie Bär an=
giebt, berichtete der hannoversche Gesandte in Frankfurt,
v. Bothmer, im Februar 1852, als Versuche zur Gründung
eines Nordsee=Flottenvereins gemacht wurden: „Die
Nordsee=Flotte ist ein anerkanntes Bedürfniß.
Die jetzige Flotte kann untergehen. Die Idee wird
es nicht, Preußen wird sie zu gelegener Zeit
durchführen!"

Die preußische Nordsee=Flotte ist aber hauptsächlich
der zähen Initiative des Prinzadmirals zu danken; er
hat selbst später die Anlage des Nordsee=Kriegshafens
als seine liebste Schöpfung betrachtet.

Groß war auch der Einfluß des Prinzen auf die Ausbildung der Offiziere und Mannschaften; seine gründliche Sachkunde, seine persönliche Kühnheit — Moltke schrieb z. B. 1864 „der Prinzadmiral exponirt sich fast mehr als recht" — gaben Allen ein treffliches Beispiel zur Nacheiferung. Seit dem Landungskampfe bei Tres Forcas hat der Prinzadmiral in jedem deutschen Kriege an vielen Gefechten theilgenommen, sowohl zu Wasser, wie auf der „Grille" 1864, als auch zu Lande. Fleißig und gewissenhaft verfolgte er auch die Fortschritte in den großen Marinen und kannte auch die französische und englische Flotte so genau, daß ein hoher Beamter der englischen Flotte, Sir Spencer Robinson, einmal zum Admiral Batsch sagte: „Ich kenne in ganz Großbritannien und insbesondere in der britischen Flotte keinen Menschen, der diese Flotte in allen ihren Theilen, namentlich den Werth eines jeden Schiffes, so genau kennt wie der Prinz Adalbert von Preußen! Und es würde Manches anders bei uns sein, wenn wir einen hätten!"

Batsch schreibt: „Mit gerechtem Stolz durfte Prinz Heinrich Wilhelm Adalbert von Preußen, als er das Zeitliche segnete, zurückblicken auf das Vollbrachte, als ein von ihm gegründetes Werk und als eine segenbringende Arbeit, für die das in seiner Flotte erstarkende Reich ihm Dank und Ehre schuldet."

Das Spielen mit kleinen Mitteln und halben, nur den Schein wahrenden Maßregeln war dem Prinzen verhaßt. Einem Grundsatz, den er schon 1848 in seiner ersten Denkschrift ausgesprochen, ist der Prinz Adalbert stets treu geblieben und hat stets für ihn gewirkt; dieser Grundsatz lautet:

„Das Deutsche Reich darf nicht eine Flotte haben, die zu klein ist zum Leben und zu groß zum Sterben!"

Rhedereien, die größten der Welt 1898.

Die drei größten Rhedereien von Deutschland, England und Frankreich verfügten zu Anfang 1898 über nachstehendes Betriebsmaterial:

Hamburg = Amerika = Linie Gesammttonnage: 336 889
Peninsular and Oriental St. N. C.   =   286 734
Messageries Maritimes   =   246 986
einschließlich der für die drei Gesellschaften in Bau be=
findlichen Schiffe.

Die Hamburg=Amerika=Linie ist nach wie vor das
größte Schifffahrtsunternehmen der Welt und wird diese
Stellung durch die zur Eröffnung des ostasiatischen Be=
triebes in Aussicht genommenen Neubauten sowie durch
die aus der gleichen Ursache bevorstehende Aufsaugung
der Deutschen Dampfschiffs=Rhederei (Kingsin=Linie) noch
verstärken.

Das Durchschnittsalter der Schiffe der deutschen
Linie beträgt nicht ganz 8 Jahre, der englischen Linie
ca. 11 Jahre, der französischen Linie ca. 17$^{1}/_{2}$ Jahre.

Richters ewige Schraube.

Daß zwei Nachbarstaaten mit ungefähr gleicher Heeres=
macht eifersüchtig aufeinander aufpassen, und daß bei
ihnen zur Wiederherstellung des militärischen Gleich=
gewichts jeder Vermehrung auf der einen Seite eine un=
gefähr gleiche auf der entgegengesetzten Seite folgt, ist
sehr begreiflich und aus Rücksicht auf die Landes=
vertheidigung auch meist unvermeidlich. Und doch ist
es schon in diesem Falle eine von den vielen nichts=
sagenden Redensarten, das Bestreben, die Macht der
Landesvertheidigung zu vermehren als „ewige Schraube"
zu bezeichnen. Ueberall ist dafür gesorgt, daß die
Bäume nicht in den Himmel wachsen — infolge=
dessen ist das Bild von der ewigen Schraube unlogisch,
weil oberflächlich. Bekanntlich giebt es eine ganze Reihe
europäischer und außereuropäischer Staaten zweiter und
dritter Machtordnung, die schon seit sehr lange darauf
verzichtet haben und mit Rücksicht auf ihre Kraft darauf ver=
zichten mußten, mit den sogenannten Großmächten den
Wettbewerb in der Steigerung der Machtmittel fortzu=
führen. Bei Interessengegensätzen mit Großmächten ver=
lassen sie sich auf den Schutz anderer Großmächte; unter=
einander fechten sie Interessengegensätze mit ihren eigenen
Streitmitteln aus.

Nach Sir Thomas Brassey hat einer der bekann-
testen Präsidenten der Vereinigten Staaten einmal gesagt:
„Eine der Vertheidigung entbehrende Stellung
und eine ausgeprägte Friedensliebe sind die
sichersten Anreizungen zum Kriege!" Will Deutschland nicht zur Beute seiner Feinde werden, so muß es
stark bleiben, und zwar so stark, wie seine Kräfte und
Geldmittel es erlauben. Seine Heeresstärke ist bereits
auf die erforderliche Höhe gebracht oder, um mit Eugen
Richter zu sprechen, „geschraubt" worden. Unsere Flotte
ist dagegen in ihrer Entwickelung im Vergleich mit
anderen Flotten stark zurückgeblieben; das ist in vielen
Tabellen und Berechnungen genau nachgewiesen worden.

Wenn Frankreich seine Heeresstärke vermehrt, dann
wissen wir ziemlich genau, mit Rücksicht auf welchen
Staat dies geschieht; denn größer als das französische
Heer sind eben nur das deutsche und das russische. Wenn
aber Frankreich seine Flotte vermehrt, so kann das
infolge der verschiedenartigsten Erwägungen geschehen;
solche Vermehrung mag in einzelnen Fällen für England
ein Anstoß gewesen sein, selbst ebenfalls mehr Schiffe zu
bauen. So wenig wie nun England es bisher für nöthig
gefunden hat, sein Heer zu vermehren, wenn das deutsche
Heer vermehrt wurde, so wenig würde uns eine noch so
große Vermehrung des nordamerikanischen oder des
japanischen Heeres stören, wenn damit nicht zugleich eine
Ueberlegenheit der Flotten jener Großmächte uns gegenüber hergestellt würde. Hieraus folgt, daß der, wie schon
gesagt, schiefe Begriff von der ewigen Schraube auf die
meisten Verstärkungen der Wehrkraft überhaupt nicht an-
wendbar ist.

Noch schiefer wird der Begriff, wenn man ihn auf
das Bestreben der einzelnen Seemächte, die eigene Seegewalt möglichst zu stärken, anwenden will. Bei der
Heeresmacht ist die Verwendbarkeit beschränkt auf das
Festland, die Flotte eines Staates dagegen ist als
Machtmittel gegen jeden anderen Seestaat verwendbar.
Man kann sagen, die Flotten aller Seestaaten konkurriren
als Machtmittel miteinander; es würde also ein sehr
kompliziertes „ewiges" Schraubensystem dazu gehören,
alle Seestaaten im Gleichgewicht zueinander zu halten.

Es liegt auf der Hand, weshalb die deutsche Flotte
vermehrt werden muß. Wir brauchten keine Kriegsschiffe,
wenn es keine fremden Kriegsflotten gäbe. Wer aber
dabei doch von einer Schraube oder gar „ewigen
Schraube" sprechen will, der sei ehrlich und gerecht
und betrachte neben unserer auch die anderen Flotten,
prüfe dabei auf beiden Seiten die Stärke und die
Zeiten der Steigerung, dann wird er finden, daß wir
durchaus zu den Seestaaten gehören, die nicht selbst
schieben, sondern durch die anderen und unsere
eigene wirthschaftliche Entwickelung geschoben
werden.

Die Seemächte sollen deshalb nach ihrer Größe hier
kurz betrachtet werden. Zunächst England. Dieser See=
staat ist von einem Baufieber ergriffen, wie es noch nie
und nirgends ähnlich aufgetreten ist. Seit 1885 hat die
englische Flotte um 27 Schlachtschiffe größter Art mit
367 400 Tonnen Größe zugenommen, und jetzt sind noch
9 Schlachtschiffe im Bau; da nun für das kommende
Rechnungsjahr 1898/99 wieder 3 Schlachtschiffe begonnen
werden sollen, so wird England Mitte dieses Jahres
allein 12 Schlachtschiffe größter Art von 150 000 Tonnen
Größe im Bau haben. Außerdem werden gleichzeitig
insgesammt 32 große und kleine Kreuzer, 10 größere
und kleinere Kanonenboote und 41 Torpedobootszerstörer
auf englischen Marinen und Privatwerften für die eng=
lische Flotte im Bau sein. Der englische Marine=Etat
wird für 1898/99 nicht weniger als rund 480 Millionen
Mark betragen, also mehr als die ganzen Kosten der
deutschen Flottenvermehrung.

Die Vereinigten Staaten bauen ebenfalls so viele
große Schlachtschiffe gleichzeitig, wie ihre heimische Schiff=
bauindustrie überhaupt zu leisten vermag. Zur Zeit
haben sie im Ganzen 5 Schlachtschiffe im Bau; 9 sollen
so bald wie möglich noch gebaut werden. Trotzdem sie
aber außerdem eine stattliche Zahl von Panzerkreuzern
und sehr guten modernen Panzerdeckskreuzern besitzen,
schicken sie jetzt doch ihre Agenten in der Welt umher,
um wegen des drohenden Krieges mit Spanien so viel
fertige brauchbare Schiffe zu kaufen, als sie bekommen
können. Das amerikanische Abgeordnetenhaus hat ganz

freiwillig 50 Millionen Dollars oder ungefähr 200 Millionen
Mark der Regierung zur Verstärkung der Landesvertheidigung zur Verfügung gestellt! Sicherlich wird der größte
Theil dieser Summe für eine außerordentliche Verstärkung
der Flotte verbraucht werden.

In Frankreich ist es geradezu Sitte geworden, daß
die Volksvertretung die Forderungen des Marineministers
durch höhere Bewilligungen noch übertrumpft. Neben
dem ausführlichen Flottenprogramm der Regierung, das
etwa 800 Millionen Franks zum Ausbau der französischen
Flotte im Zeitraum von 8 Jahren fordert, wird noch
ein Antrag des Abgeordneten Lockroy sehr wohlwollend
berathen und voraussichtlich auch bewilligt werden, worin
noch extra 260 Millionen Franks für die schnellere Verstärkung der Flotte gefordert werden. Auch diese
Forderungen sind ebenso wie die englischen ganz unabhängig von dem deutschen, erst später eingebrachten Entwurf zum Flottengesetz. Aber auch unser Flottengesetz
hat weder mit dem Antrag Lockroy noch mit den letzt-
jährigen Vermehrungen der englischen oder amerikanischen
Flotte irgend welchen Zusammenhang: denn es stützt sich
auf die einfache Thatsache, daß unsere Seeinteressen in
viel höherem Maße seit 1873 gewachsen sind als unsere
Seegewalt. Auf jeden Fall, auch ohne die letzten
Verstärkungen der anderen Seemächte, hätte
Deutschland doch endlich an die Vermehrung der
eigenen Flotte herangehen müssen, weil ihre
Stärke den wachsenden Anforderungen nicht mehr
entspricht.

In ganz ähnlicher Lage befindet sich Rußland. Am
10. März hat der russische Kaiser durch einen besonderen
Erlaß 90 Millionen Rubel oder etwa 200 Millionen Mark
zu einer außerordentlichen Vergrößerung der Marine bestimmt. Rußland baut schon seit Jahren mächtige neue
Schlachtschiffe und Kreuzer, das ist allgemein bekannt;
seine Flotte ist dadurch bedeutend stärker als die deutsche
geworden. Wer sich also überlegt, wie leicht heutzutage
der im Schwarzen Meer befindliche Theil dieser Flotte
die Durchfahrt ins Mittelmeer friedlich oder mit Gewalt
erzwingen kann, um wie viel ferner die französische
Nordflotte und die russische Ostsee-Flotte den deutschen

Seestreitkräften überlegen sind, der wird sich sagen müssen,
daß dieser Erlaß des russischen Kaisers mit unserem
Flottengesetz nichts zu thun haben kann. Trotzdem schrieb
die „Freisinnige Zeitung" am 11. März unter Sperrdruck:

„Die ewige Schraube. Wie vorauszusehen war,
folgt jetzt Rußland, dessen Ostsee-Flotte bisher der
deutschen Flotte nachstand, dem Beispiel Deutschlands in
der Flottenverstärkung nach. Ein Ukas vom 10. März
an den Finanzminister befiehlt demselben, aus den
freien Baarbeständen der Reichsrentei 90 Millionen
Rubel für Schiffsbauten als außerordentliche Ausgaben
in das Budget für 1898 einzustellen."

Aber diese Auffassung unserer Oppositionspatrioten
ließ sich unmöglich aufrecht halten, die ewige Schraube,
das schöne hohle Schlagwort — ist eben selbst für Unent-
wegte unverdaulich geworden. Man kam zur Einsicht,
allerdings durch fremde Belehrung; schon nach zwei
Tagen, am 13. März, schrieb dieselbe „Freisinnige Zeitung":

„Anknüpfend an die Meldung, daß England in
Peking nachdrücklichen Einspruch gegen die Abtretung
Port Arthurs an Rußland eingelegt habe, erinnert der
»Standard« daran, daß 2 Tage nach Uebergabe des
englischen Einspruchs der Ukas des Zaren erschien,
der die Ausgabe von 90 Millionen Rubeln für den
Bau neuer Kriegsschiffe verfüge. Lese man die Auf-
forderung an die Mandarinen im Lichte der schnellen
Entschließung, die an der Newa erfolgte, so werde
man fühlen, daß die Zeit sich nähere, wo die Meinungs-
verschiedenheiten durch die Berufung an die Waffen
beglichen werden müssen."

Nun, das ist ein entschiedener Fortschritt zur Besse-
rung; man sieht also den eigenen Fehler ein und sucht
ihn, freilich mit großer Schonung gegen sich selbst, wieder
gut zu machen. Immerhin läßt sich leider nicht leugnen,
daß die Russen in diesem Falle die Sachlage schneller,
mit hellerem Verständniß für die Bedeutung der Seegewalt aufgefaßt haben. Denn über denselben Erlaß des
russischen Kaisers berichtet die „St. Petersburger Zeitung"
vom 28. Februar (12. März): „er wird von unserer
Presse mit einmüthiger Begeisterung aufgenommen." Aus der „Nowoje Wremja" übersetzt dasselbe Blatt:

„Gerade die Ausgaben für die Flotte, wie unge=
heuer sie auch dadurch erscheinen mögen, daß sie auf
einmal gemacht werden, bezeichnen eine Fürsorge für
den Frieden und die feste Zuversicht, daß er — be=
sonders in Europa — erhalten bleibe. Die Theilung
der Einflußsphären der europäischen Mächte in Asien
und Afrika wird von den Geschwadern und den See=
leuten vorgenommen. Immer mehr erscheint die Flotte
als der lebendige Puls. Kein Wunder, daß Groß=
britannien erleben muß, wie es in Beziehung auf die
Macht in den fernen Gewässern von den übrigen
Mächten allmählich eingeholt wird.

Das Marineseptennat in Deutschland, der Schritt,
den Rußland jetzt gethan, und Frankreichs budget=
mäßige Anweisungen für die Marine — sie alle be=
zwecken die Herstellung des Gleichgewichts in den
Angelegenheiten außerhalb des europäischen
Kontinents, auf welchem der Friede nach der
Ueberzeugung Aller dauerhaft und unerschütter=
lich ist und nicht gestört werden wird.“

Und die „Petersburger Gaseta“ ruft aus: „Jedes
russische Herz wird zu seinem grenzenlosen Ent=
zücken erfahren, daß auch die Seekräfte unseres
theuren Vaterlandes auf eine noch größere Höhe
gelangen und noch größere, der Kraft und
Majestät einer Macht ersten Ranges würdige
Dimensionen annehmen werden.“

Das zeigt wahrlich größeres Verständniß für Flotten=
fragen, als die „Freisinnige Zeitung“ mit ihrem abge=
droschenen Schlagwort von der ewigen Schraube. Nur
ewige Verschrobenheit kann leugnen, daß wir uns
selbst helfen müssen, daß wir uns „zur See formidabel
machen“ müssen, wenn wir unsere Bewegungsfreiheit auf
allen Meeren gegen mögliche Beschränkungsversuche sichern
wollen. Das gehört heute geradezu zur Erhaltung der
Lebensfähigkeit des deutschen Volkes; wie Alles, was das
Leben eines Volkes und auch des Einzelnen fordert, ist
die Schaffung und Erhaltung einer Kriegsflotte auch mit
Unkosten verknüpft. Aber weil diese Ausgaben unver=
meidlich sind, so ist es würdiger, sie ohne zweck= und
sinnlose Schlagworte anzuerkennen — als sich gegen

7*

die anderen Völker zu ducken wie die kleinen Staaten, und
um Schutz zur See bei Fremden betteln zu gehen. Wer
selbst machtlos ist, bleibt der ewigen Schraube
fremder Willkür ausgesetzt — das sollte der „Frei=
finnigen Zeitung" doch nicht zweifelhaft sein!

Schädigung Hamburgs durch Kaperei und Blockade während der Revolutionskriege.

Als Ergänzung für die im Artikel „Schädigung
Hamburgs 2c." beigebrachten Angaben dürfte eine Reihe
von Thatsachen von Interesse sein, die sich aus den Ma=
terialien der hamburgischen Archive und anderen Quellen
ergeben. Leider hat der große Brand von 1842 so er=
hebliche Theile der Archivalien aus dieser Zeit vernichtet,
daß eine vollständige Uebersicht nicht mehr gegeben
werden kann.

Im September 1789 nahmen russische Schiffe zwei
von Hamburg ausgehende Schiffe weg. Am 28. schrieb
der Rath an den Amtmann in Ritzebüttel:

> „Der gegenwärtige Krieg zwischen Schweden und Rußland hat
> bekanntlich zwei ungerechte Prisen auf der Elbe veranlaßt . . . .
> Ew. P. P. vermuthen, daß wir hiewider wirksame Gegenmittel
> ergriffen haben. Da wir aber, wie Ew. P. P. leicht einsehen,
> keine Fregatten auf die Elbe zu senden im Stande sind, so
> haben wir bloß darüber Beschwerde geführt 2c."

Ebenso haben die Schweden ohne jede Berechtigung
in dieser Zeit ein hamburgisches Schiff vom Juli bis
September in Karlskrona festgehalten, damit es keine
Nachricht über sie verbreiten könnte. Im Jahre 1790
brachten sie ein Schiff auf, welches Geld für Waaren
nach Riga bringen sollte. Geld war nämlich, nachdem
das Schiff bereits abgefahren war, schwedischerseits als
Kontrebande erklärt worden. 1794 wurden von den
Engländern auf Grund eines bloßen Verdachtes des
Handels mit Frankreich 29 theils von Hamburg, theils
von der Ostsee nach Italien, Spanien und Portugal
bestimmte Schiffe aufgebracht, in denen hamburgische
Kaufleute Waaren hatten. Am 8. August 1794 erklärt
die Kommerz=Deputation: die größte Gewissenhaftigkeit

in Beobachtung der Verordnungen helfe nichts. Es sei England nicht sowohl darum zu thun, die Zufuhren von Lebensmitteln nach Frankreich zu hindern als Hamburgs ganze Handlung zu Grunde zu richten.

Am 30. September 1795 bringen die Kommerz=Deputirten eine Klage an den Senat, die Engländer hätten eine Reihe von Schiffen aufgebracht, die von einem befreundeten Hafen für Hamburger Rechnung nach Hamburg gingen und in unverdächtigem Fahrwasser angetroffen waren, nur, um dadurch Gelegenheit zu haben, die darin enthaltenen Waaren nach England zu bringen und sie dann zwar wieder freizugeben, aber alsbald zu einem billigen Preise für die Regierung erwerben zu können. Diese Fälle waren etwas bis dahin Unerhörtes.

Schon 1800 schreibt Büsch — „Ueber das Bestreben der Völker neuerer Zeit, einander in ihrem Seehandels=recht wehe zu thun", S. 167 —:

„Ich hoffe, daß deutsche Leser mir diese aufrichtige Darstellung der Sache danken werden; sie werden es vermuthlich nicht mehr mit solcher Gleichgültigkeit wie bisher in den Zeitungen lesen, daß nun dieses, nun jenes von deutschen Häfen ausgegangene Schiff von den Kriegführenden aufgebracht sei, und dabei bedenken, daß es deutsches, sehr viel deutsches Geld sei, was bei solchen Vorfällen in England hängen bleibt, wie schwer es der deutsche Kaufmann hat, der unter diesen Umständen die deutsche Handlung übers Meer fortsetzen möchte 2c. . . . . . ."

Auf Seite 337 heißt es hinsichtlich der Folgen des französischen Dekrets vom 18. Januar 1798, daß die Eigenschaft der Schiffe, ob sie als neutral oder feindlich anzusehen, nunmehr durch die Ladung bestimmt werde, und daß alle auf dem Meere angetroffenen Schiffe, die zum Theil oder ganz mit Waaren aus England oder aus dessen Kolonien beladen seien, für gute Prisen erklärt werden sollten.

„Es war wirklich zwar nicht dem Worte nach, aber in der Aus=führung ein allgemeines Verbot aller Seehandlung für Jeden, der die daraus entstehende Gefahr kannte oder nicht durch die aufs Un=geheure steigenden Affekuranzprämien sich sichern konnte oder wollte. Die früheste Folge zeigte sich darin, daß alle Güter von britischen Produzenten nur auf britischen wohlconvoyirten Schiffen aufs Meer gewagt werden konnten. Und weil keine im Kriege begriffene Seemacht neutrale Schiffe unter ihren Convoi oder ihre Eskorte nimmt, so mußten nicht nur Hamburger und Bremer ihre Fahrt auf und von

England einstellen, sondern auch für alle anderen Seereisen war die Sicherheit verloren, weil der Vorwand zur Kaperei nicht leicht fehlen konnte."

So muß er denn berichten, daß in Hamburg ein Schiff nach dem andern wieder ausladet und sich nicht in die See wagt, während die Engländer mit ihren Convois hin und her fahren. Die Franzosen hatten in kurzer Zeit über 300 neutrale Schiffe aufgebracht und konfiszirt. Daß man auch die soziale Seite der Frage zu jener Zeit in England nicht verkannte, geht daraus hervor, daß Büsch auf S. 367 eine Eingabe der englischen Kaufleute um Vermehrung der Convois anführen kann, welche die Wichtigkeit regelmäßigen geschützten Verkehrs damit rechtfertigen:

„Nur dadurch, daß sie ihre Waaren regelmäßig zu Markte bringen können, sind sie im Stande, **Tausende von Arbeitern in Arbeit zu erhalten, die sie sonst entlassen müßten.**"

Aber Büsch ist sich auch über die Gründe klar, wieso gerade Deutschland so schwer leiden muß, ebenda S. 429:

„Großbritannien behandelt den Seehandel der Deutschen allemal in seinen Kriegen mit einer Härte, welche nahe an offene Feindseligkeit grenzt. **Das wird es immer thun können, solange die Großen des inneren Deutschlands den deutschen Seehandel als sie gar nicht angehend, sondern bloß als ein Geschäft einzelner freier Reichsstädte ansehen, die sie als Stiefkinder des Deutschen Reiches betrachten.**"

Bei der ersten Sperre 1803 und 1804 wurde besonders empfindlich das Ausbleiben von Steinkohlen und Lebensmitteln (Fischen) empfunden. Steinkohlen wurden für die Feuer in Helgoland und Neuwerk und für die Zuckerfabriken gebraucht. Eine Zeit lang mußte man deshalb sogar die Blüsenfeuer auf Neuwerk ausgehen lassen.

Am 3. April 1804 spricht sich der preußische Schifffahrtsinspektor Behrens in einem „Memoire über die Nachtheile der Elb-Blockade für die Handlung Deutschlands, insbesondere für die Königl. Preußischen Staaten, namentlich Schlesien, Berlin, Magdeburg und die preußische Elb-Schifffahrt" aus:

„Durch die Elb-Blockade leidet Hamburg und der ganze Elbstrom nicht nur temporär, sondern diese Blockade eröffnet auch die traurige Aussicht, **daß bei ihrer Dauer die erworbenen Vortheile unwiederbringlich verloren sind.**"

In Preußen hatte zwar Emden und Stettin in jener Zeit einen gewissen Aufschwung zu verzeichnen; das Sinken von Magdeburg, Berlin und Schlesien war aber ein weit überwiegender Nachtheil. Der Transport über Stettin aus dem Binnenlande war zu langsam, kostspielig und ungewiß, so daß sein Nutzen sofort mit Aufhören der Blockade zu Ende gehen würde,

„ohne daß dann auch der Handel der übrigen preußischen Provinzen wieder in seinen früheren blühenden Zustand zurückkehrte".

Neben Bremen, das alsbald auch blockirt wurde, wandte sich der Verkehr zum großen Nachtheil des preußischen Handels nach Triest. **Der Handel Magdeburgs wurde vernichtet, weit mehr als ²/₃ seiner Handelsverbindungen gingen verloren. Auch die Flußschifffahrt Berlins nahm Ende 1803 außerordentlich ab**; in der zweiten Hälfte 1802 waren 3300 Matrosen, 1803 nur 2300 Matrosen beschäftigt.

Besonders lehrreich ist übrigens die Schilderung, die Baasch von der Schädigung und Hemmung des amerikanischen Handels durch diese Wirren liefert. (Vergl. „Beiträge zur Geschichte der Handelsbeziehungen zwischen Hamburg und Amerika", 1892, Abschnitt 4.) — Er zeigt, wie seit Ende der 90er Jahre durch die Kapereien der Franzosen, alsdann durch die Elb=Sperren der eben erst zur Ent= wickelung gekommene und viel versprechende Verkehr allmählich vollkommen wieder unterbrochen wurde, wie das Verbot Englands gegen jeden neutralen Handel mit Frankreich und seinen Aliirten vom November 1807 den ganzen amerikanischen Handel vernichtete, so daß 1808 und 1809 aller Verkehr von beiden Seiten aufhörte. Vom 1. November 1806 bis zum 13. Februar 1807 waren in England 40 hanseatische Schiffe aufgebracht, an denen hamburgische Assekuranz=Kompagnien interessirt waren. Am 3. Februar 1807 beschwerte sich der hamburgische Geschäftsträger Colquhoun bei Viscount Howick.

„Die englischen Kaper haben sich seit Kurzem angemaßt, jedes den Hansestädten gehörende Schiff, das auf erlaubten Reisen fährt, ohne Unterschied wegzunehmen, und zwar unter solchen spekulativen Vor= wänden, daß, obgleich es den Verordnungen des Königlich englischen Gouvernements gemäß gegenwärtig nicht könne kondemnirt werden, neue Umstände eintreten möchten, welche am Ende zur Kondemnation Anlaß geben könnten. Die Kaper sind auch noch frecher geworden, seitdem es dahin gekommen, daß in keinem Falle, wo von hanseatischem Eigenthum die Rede ist, durch das Admiralitätsgericht wirklich ein Ausspruch gegeben wird, und nachdem man noch kürzlich durch den Geheimen Rath solchen Schiffen, deren Restitution mit ihren Ladungen durch den Richter anerkannt worden ist, die Lizenzen zu ihrer Abreise verweigert hat. Durch diese Unschlüssigkeit verbleiben solche Schiffe in den Händen der Capteurs, wodurch die unschuldigen Kaufleute, die solche zu verladen haben, großen Schaden leiden in Rücksicht sowohl auf leicht verderbliche Artikel als auch noch vielmehr **auf den gänzlichen Verlust ihres Absatzes."**

Die Kommerz=Deputation beschwerte sich auf das Lebhafteste beim Senat über die ungeheuren Reklamations= kosten, die man auf Schiffe in England hätte, die oft bis zu 50 pCt. stiegen. Am 15. Juni 1807 erklärte Colquhoun in einem Promemoria an die englische Regierung, daß man berechnet habe, im letzten Jahre seien für 3 000 000 Pfd. Sterl. Schiffe und Waaren hanseatischen Besitzes in England aufgebracht, die alle wieder hätten freigegeben werden müssen. Die Unkosten aber für Quarantaine und Lagerung ꝛc., Prozeß= kosten, Diebstahl ꝛc. hätten nicht weniger als 1½ Millionen Pfd. Sterl. in dieser Zeit betragen.

„Diese unerwarteten Kalamitäten, welche die Hansestädte so plötzlich erfahren haben, sind die Ursache des Bankerotts 25 angesehener Versicherungskompagnien in Hamburg gewesen, so daß nur noch 7 unter 32 jetzt solvent sind."

Das Schicksal in den folgenden Jahren wird in den nordischen Miscellen, Band 13, 1810, S. 11 dargestellt.

„Unternehmungen nach anderen Welttheilen, Kolonialverbindungen und fast alle Seekommunikationen sind für uns beinahe zur Sage der Geschichte geworden. . . . . . . Wir haben schon seit Jahren auf allgemeinen Seehandel während der Dauer des Krieges Verzicht geleistet."

Amsinck schätzte („Materialien zur richtigen Be= urtheilung der wesentlichsten Rechtsverhältnisse zwischen Hamburg und Frankreich, 1804") die Verluste durch Requisitionen, Beschlagnahmungen von Waaren und Schiffen, die zum großen Theil verbrannt wurden, durch die Franzosen bis zum Dezember 1810 auf über 100 Millionen Franks.

„Und wie groß war bei der täglichen zunehmenden Stockung der Handlung, bei dem immer mehr eintretenden Stillstand der Fabriken und der Zuckerfabriken in Sonderheit die Entbehrung des gewöhnlichen Handelsgewinnes für eine Stadt, welche fast allen ihren Lebensunterhalt und alle sonstigen Bedürfnisse aus der Fremde holen und also Alles an Fremde bezahlen muß!"

Weiterhin schreibt er:

„Daher lagen Handel und Wandel immer mehr ins dritte Jahr darnieder: 320 Seeschiffe (nach den desfalls bei dem Kommerzkollegio liegenden Listen wenigstens über 12 Millionen Franks an Werth) vermoderten in den Häfen."

Dies sind Proben des Schicksals der Stadt, deren Handel und Schifffahrt, wie von flottengegnerischer Seite so oft behauptet ist, auch ohne Schutz durch Kriegsschiffe sich stets so wohl befunden haben.

Schifffahrtsverkehr in den Haupthafenplätzen Europas.

Die Verkehrsentwickelung in den Haupthafenplätzen Europas ergiebt sich aus folgender Tabelle:

Die Tonnage der angekommenen Schiffe belief sich in Millionen Tonnen im Jahresdurchschnitt:

	1871/75	1896
in Hamburg	1,91	5,84
= Bremen	0,85	1,73
= London	4,33	8,99
= Liverpool	4,09	5,64
= Triest	0,96	1,78
= Antwerpen	1,95	5,79
= Amsterdam	0,37	1,25
= Rotterdam	1,18	4,64
= Hâvre	1,23	1,97
= Marseille	1,90	3,70
= Genua	0,90	2,82

Zu Anfang der Periode stand Hamburg an dritter Stelle, hinter London und Liverpool und dicht neben Marseille, welches seinerseits noch kurz vorher überlegen gewesen war. Dagegen hat es 1896 auch Liverpool geschlagen, hinter welchem es im Durchschnitt der Jahre 1891/95 noch um rund 160 000 Tonnen zurückstand.

Es hat in dieser Zeit gewonnen der Verkehr von:

Hamburg . . .	3,9 Millionen Tonnen oder 206 pCt.
Bremen	0,9　　=　　　=　　　= 105　=
London	4,6　　=　　　=　　　= 108　=
Liverpool . . .	1,6　　=　　　=　　　= 38　=
Triest	0,8　　=　　　=　　　= 85　=
Antwerpen . . .	3,8　　=　　　=　　　= 192　=

Amsterdam	. . . 0,9 Millionen Tonnen oder	235 pCt.
Rotterdam	. . . 3,4 =	=	=	295 =
Hâvre .	. . . 0,8 =	=	=	60 =
Marseille .	. . . 1,8 =	=	=	95 =
Genua	. . . 1,9 =	=	=	213 =

In den absoluten Zahlen der Zunahme steht an erster Stelle London; gleich dahinter kommt Hamburg; dann Antwerpen, an vierter Stelle steht Rotterdam, beides Plätze, deren großer Aufschwung wesentlich auf den Verkehr mit ihrem Hinterlande Deutschland zurück-zuführen ist.

Prozentual weist Rotterdam die stärkste Zunahme auf, dem Amsterdam und Genua folgen, während Hamburg an vierter, Antwerpen an fünfter Stelle steht.

Am Verkehr der verschiedenen Häfen war die deutsche Flagge betheiligt:

		1871/75	1896
in Hamburg	, mit	31,0 pCt.	41,9 pCt.
= Bremen . .	=	71,2 =	63,1 =
= London . .	=	6,5 =	6,5 =
= Liverpool .	=	2,6 =	0,6 =
= Triest . . .	=	0,6 =	1,5 =
= Antwerpen*)	=	6,2 =	20,6 =
= Amsterdam .	=	4,5 =	5,7 =
= Rotterdam .	=	5,2 =	10,8 =
= Genua . .	=	1,6 =	8,3 =

Für Hâvre und Marseille sind die Zahlen nicht zu ermitteln.

In Bremen und Liverpool hat sich der Verkehr der deutschen Schiffe weniger schnell entwickelt als derjenige der übrigen Flaggen. In London ist die Entwickelung nahezu gleich rasch, in den übrigen Plätzen hat sich der Verkehr der deutschen Schiffe rascher gesteigert als der Gesammtverkehr. Wie ja denn gerade die Verkehrsent-wickelung in einigen derselben sich mit aus dem Anlaufen der deutschen Dampfer und der Einrichtung deutscher Linien erklärt.

Beachtenswerth ist die Entwickelung der deutschen im Vergleich mit der englischen Schifffahrt in einigen der Häfen.

―――――

*) Nur für 1875 zu ermitteln.

Es verkehrten in der Schifffahrt:

Millionen Tonnen:

in:	einheimische		deutsche		englische		fremde insgesammt	
	1871/75	1896	1871/75	1896	1871/75	1896	1871/75	1896
Hamburg .	0,59	2,45	0,59	2,45	1,08	2,68	1,31	3,39
Bremen . .	0,60	1,09	0,60	1,09	0,15	0,53	0,24	0,64
London . .	2,97	6,48	0,28	0,68	2,97	6,48	1,37	2,51
Liverpool .	3,27	4,92	0,08	0,03	3,27	4,92	0,82	0,75
Triest . . .	**) —	—	0,01	0,03	0,17	0,25	**) —	—
Antwerpen*)	0,17	0,47	0,13	1,19	1,31	3,25	**) —	5,31
Amsterdam .	0,17	0,51	0,02	0,07	0,09	0,54	0,20	0,75
Rotterdam .	0,20	0,77	0,06	0,50	0,82	2,85	0,98	3,87
Hâvre . . .	0,26	0,42	**) —	—	—	—	0,97	1,55
Marseille .	1,05	1,88	**) —	—	—	—	0,84	1,83
Genua . .	0,45	0,72	0,01	0,23	0,23	1,23	0,45	2,92

Die Zahlen von 1871/75 gleich 100 gesetzt, vollzog sich bis 1896 für die verschiedenen Flaggen die Entwickelung nach der Statistik der betr. Häfen wie folgt:

	heimische	deutsche	englische	fremde insgesammt
Hamburg	414	414	249	258
Bremen	181	181	360	263
London	218	205	218	183
Liverpool	150	41	150	—13,4
Triest	**) —	514	149	**) —
Antwerpen	276	915	248	270
Amsterdam	291	434	610	375
Rotterdam	386	823	347	395
Hâvre	166	—	—	159
Marseille	178	—	—	218
Genua	162	1619	540	464

Schließlich mag noch der Werth der See-Einfuhr und der -Ausfuhr der gedachten Plätze miteinander verglichen werden für:

---

*) Nur für 1875 zu ermitteln.
**) Nicht zu ermitteln.

	1891/95			1896		
	Einfuhr Mk.	Ausfuhr Mk.	Summe Mk.	Einfuhr Mk.	Ausfuhr Mk.	Summe Mk.
in Hamburg .	1 526 888 486	1 177 608 410	2 704 496 896	1 662 872 110	1 327 326 180	2 990 198 290
„ Bremen . .	472 386 848,4	235 675 628,4	708 062 476,8	507 974 547	278 124 178	786 098 725
„ London . .	2 949 316 563	916 139 004,6	3 865 455 567,6	3 000 197 760	1 048 514 671	4 048 712 431
„ Liverpool .	2 095 949 133,7	1 741 025 489,8	3 836 974 624,5	2 114 755 369,7	1 672 309 754,3	3 787 065 124,0
„ Triest . . .	316 692 265,8	278 430 520,8	595 122 786,6	299 918 718,3	262 473 264,5	562 391 982,8
„ Antwerpen .	945 866 200	455 536 548,0	1 401 402 748,0	950 126 800,0	558 040 600,0	1 508 167 400,0
„ Amsterdam .	—	—	—	—	—	—
„ Rotterdam .	—	—	—	—	—	—
„ Havre . . .	734 718 437,2	639 970 602,0	1 374 689 039,2	703 322 190	639 589 363	1 342 911 553
„ Marseille .	909 919 919,7	612 895 483,7	1 522 815 403,4	806 610 312	621 469 260	1 428 079 572
„ Genua . .	—	—	—	—	—	—

Seeschifffahrtsverkehr in deutschen Häfen.

a) Die Entwickelung des Gesammtverkehrs.

Im Jahre 1873 liefen in deutschen Häfen ein und aus 94 700 Schiffe mit 12,3 Millionen Registertonnen. Die Zahl stieg bis 1895 auf 133 800 Schiffe mit 30,5 Millionen Registertonnen und bis 1896 auf 147 500 Schiffe mit über 31 Millionen Registertonnen. Der Schifffahrts= verkehr der Jahre 1873/75 betrug 12,8 Millionen Tonnen, 1891/95 durchschnittlich 29,8 Millionen Tonnen. Die Zahl der verkehrenden Schiffe hat sich von 1873 bis 1896 vermehrt um 52 800 Schiffe mit über 18,6 Millionen Registertonnen.

Im Jahre 1873 verkehrten 17 100 Dampfschiffe mit 6,4 Millionen Tonnen; 1896 71 500 Dampfschiffe mit über 26,2 Millionen Tonnen. Segelschiffe verkehrten 1873 77 600 mit 5,9 Millionen Tonnen; 1896 76 000 Segel= schiffe mit 4,8 Millionen Tonnen. Es hat sich also die Tonnage des Schiffsverkehrs in den deutschen Häfen seit 1873 um 174,3 pCt. vermehrt, und zwar hat sich die Dampfschiffstonnage um über 309,4 pCt. vermehrt und die Segelschiffstonnage um 18,6 pCt. vermindert.

Die überaus große Zunahme des Schiffsverkehrs beruht ganz in der Entwickelung der Dampfschifffahrt.

Im Jahre 1873 umfaßte die Küstenschifffahrt 16 pCt. der Tonnage; bis 1895 war diese Zahl auf 21 pCt. ge= stiegen. Die Tonnage der in der Küstenschifffahrt ver= kehrenden Schiffe hat von 1873 bis 1895 um 233 pCt. zugenommen.

Die Seeschifffahrt im Verkehr mit fremden Ländern weist von 1871 bis 1895 eine Steigerung der Schiffszahl von 50 700 auf 52 700 oder rund 4 pCt. auf. Die Tonnage stieg in dieser Zeit von 10,4 auf 24,0 Millionen, d. i. um 131 pCt., und zwar liegt auch hier die überwiegende Vermehrung auf Seiten der Dampfschifffahrt.

Nach Richtungen getrennt, war die überseeische Schiff= fahrt, der Tonnage nach, am Verkehr der deutschen Häfen betheiligt: 1873 mit 21 pCt.; 1895 mit 29 pCt. Hierbei

ist zu beachten, daß die Verkehrsleistung in der über=
seeischen Schifffahrt eine ungleich größere ist, so daß die
Transportleistung an Meilentonnen in der überseeischen
Schifffahrt dem europäischen Schifffahrtsverkehr min=
destens gleich stehen dürfte oder in Wahrheit denselben
sogar übertrifft.

Die Steigerung liegt überwiegend auf Seiten der
überseeischen Länder, wo namentlich die Entwickelung
des Verkehrs mit Asien, Afrika und Australien neuerdings
ins Auge fällt.

Die deutsche Flagge war am Verkehr der deutschen
Häfen im Jahre 1873 mit 48 pCt. der Tonnage, am
Dampfschiffsverkehr mit 41 pCt. der Tonnage betheiligt;
1895 mit 52 pCt. der Tonnage und 51 pCt. der Dampfer=
tonnage; 1896 aber nach der Statistik mit 54 pCt. der
Tonnage und scheinbar abermals 52 pCt. der Dampfer=
tonnage. In Wahrheit aber stellen sich diese Zahlen ver=
gleichsweise noch höher, da durch Einführung der neuen
Vermessungsmethode in Deutschland seit 1895 eine rech=
nerische Reduktion der Räume der größeren Dampfschiffe
stattgefunden hat. Somit dürften beide Zahlen in Wahr=
heit noch ein wenig zu erhöhen sein.

b) Die Entwickelung des Verkehrs in einzelnen Häfen.

1. Die Richtung des Schiffsverkehrs.

Die wichtigsten deutschen Ostsee=Häfen sind Königs=
berg, Danzig, Stettin und Lübeck, die wichtigsten Nordsee=
Häfen Hamburg und Bremen. Der überseeische Verkehr
entfällt fast ausschließlich auf die Nordsee=Häfen, während
die Ostsee=Häfen in der Hauptsache auf den Verkehr mit
den Küstenländern des baltischen Beckens und mit Groß=
britannien, Belgien, Frankreich und den Niederlanden
beschränkt sind.

In Lübeck fiel 1871 wie 1895 noch nicht ein Prozent
der Tonnage der angekommenen und abgegangenen Schiffe
auf den Verkehr mit überseeischen Ländern; in Königs=
berg ist der überseeische Verkehr allmählich ganz minimal
geworden, während 1871/75 noch 2 pCt. der Tonnage
auf ihn kamen. Danzig verzeichnete 1896 im überseeischen

Verkehr 26 einlaufende und 34 auslaufende Schiffe (1,5 bezw. 2,2 pCt.) der Gesammtzahl. Dagegen hat Stettin einen erheblicheren überseeischen Verkehr, namentlich mit den Vereinigten Staaten; von den einlaufenden Dampfern und Seglern waren 12,2 bezw. 10,2 und von auslaufenden Dampfern und Seglern 7,3 bezw. 4,4 pCt. transozeanische Schiffe.

In allen deutschen Häfen spielt die Küstenschifffahrt im Verkehr mit anderen deutschen Häfen eine bedeutende Rolle, namentlich in Danzig, Königsberg=Pillau und Stettin, weniger in Lübeck. Von besonderer Wichtigkeit ist für Lübeck seit jeher der Verkehr mit Rußland, auf den ungefähr ⅓, und der mit Schweden, Dänemark und Norwegen, auf den etwa die Hälfte der Gesammttonnage der eingegangenen und abgegangenen Schiffe kommt. Königsberg hat einen besonders regen Verkehr mit Großbritannien; der Tonnage nach entfielen auf ihn 1896 32,1 pCt. des Gesammtverkehrs, und zwar bei den eingelaufenen 40 pCt. und bei den ausgelaufenen 24 pCt. Für Danzig sind die skandinavischen Länder und Großbritannien und Irland von gleicher Bedeutung. Auf beide entfiel 1896 ungefähr je ein Viertel der eingelaufenen und ausgelaufenen Schiffe. Für Stettin liegen Zahlen aus dem Jahre 1896 vor, nach denen sich der Verkehr bei Dampfern und Seglern und nach Richtungen gänzlich verschieden gestaltet hat. Unter je 100 eingelaufenen Dampfern kamen 42 aus Großbritannien, während nur 9 von 100 ausgelaufenen Dampfern nach Großbritannien als Bestimmungsland abfuhren. Von den eingegangenen Dampfern entfielen 19,5 pCt. auf skandinavische Häfen, während 34,4 pCt. der ab= gegangenen Dampfer Häfen von Schweden, Dänemark und Norwegen aufsuchten. Von den Segelschiffen kamen 47 pCt. aus Schweden, Norwegen und Däne= mark, während nur 30 pCt. der auslaufenden dorthin abgingen. Für Großbritannien lauten die entsprechenden Zahlen 20 und 10 pCt. Rußland war am Eingang der Dampfer mit 9,6 und am Eingang der Segelschiffe mit 3 pCt., am Ausgang der Dampfer mit 26 und am Aus= gang der Segler mit 12 pCt. betheiligt. —

Für die großen Nordsee=Häfen ist der überseeische Verkehr von erheblicher Bedeutung.

In Bremen kamen im Jahresdurchschnitt 1872/76 von überseeischen Häfen 615 Schiffe mit 547 170 Registertonnen, von europäischen Häfen 2591 Schiffe mit 370 321 Registertonnen an und gingen nach transatlantischen Häfen 418 Schiffe mit 429 743 Registertonnen und nach Europa 2731 Schiffe mit 418 306 Registertonnen ab. Auf den überseeischen Verkehr entfielen 60 pCt. der ausgehenden und 51 pCt. der einlaufenden Tonnenzahl. Im Jahresdurchschnitt 1892/96 liefen ein:

von überseeischen Häfen: 570 Schiffe mit 1 202 962 Registertonnen 58 pCt.,

von europäischen Häfen: 3504 Schiffe mit 875 732 Registertonnen 42 pCt.

und gingen ab

nach überseeischen Häfen: 346 Schiffe mit 832 146 Registertonnen 40 pCt.,

nach europäischen Häfen: 4070 Schiffe mit 1 249 649 Registertonnen 60 pCt.

Der Gesammtverkehr hat sich von 1,7 auf 4,0 Millionen Registertonnen, also um fast 150 pCt. erhöht; der transatlantische Verkehr hat ebenfalls riesig zugenommen und stellt sich in seinem Prozentantheil noch weit höher, wenn man nur die beladenen Schiffe in Betracht zieht. Dabei ist beachtenswerth, daß die Zahl der überseeischen Schiffe trotz der großen Steigerung ihrer Tonnage geringer geworden ist.

Der Seeverkehr Bremens vertheilte sich im Jahresdurchschnitt 1872/76 und 1892/96 nach den Hauptrichtungen folgendermaßen:

(in tausend Registertonnen der abgegangenen und eingelaufenen Schiffe):

Richtung	1872/1876		1892/1896	
	Angekommen	Abgegangen	Angekommen	Abgegangen
Deutschland	62,5	72,3	271,3	333,4
Großbritannien	194,8	253,7	292,7	689,0
Uebriges Europa	113,0	92,3	311,4	227,2
Europa	370,3	418,3	875,7	1249,7

Richtung	1872/1876		1892/1896	
	Ange- kommen	Abge- gangen	Ange- kommen	Abge- gangen
Nordamerika	427,9	373,9	808,0	587,7
Mittel- und Südamerika	46,0	24,6	157,0	128,3
Westindien	8,6	9,9	12,3	18,3
Asien	61,3	16,2	180,0	51,3
Afrika und Australien	3,2	5,1	45,7	46,5
Ueberseeische Länder	547,2	429,7	1203,0	832,2
Zusammen	917,5	848,0	2078,7	2081,8

Noch erheblich größer ist die Entwickelung der über=
seeischen Schifffahrt in Hamburg, wo im Jahresdurch=
schnitt 1871/80 unter 5502 überhaupt eingelaufenen
Schiffen 832 aus überseeischen Häfen kamen und unter
5513 ausgelaufenen 745 nach überseeischen Häfen ab=
gingen, während 1896 unter 10 477 eingehenden 1496
transozeanische und unter 10 371 ausgehenden 1284 trans=
ozeanische Schiffe waren. Der Tonnage nach hat sich
der Schiffsverkehr in Hamburg im Jahresdurch=
schnitt 1871/80 gegenüber dem Jahre 1896 ungefähr
verdreifacht, **der überseeische Verkehr dagegen mehr als
vervierfacht;** der Verkehr mit den europäischen
Häfen hat dagegen nur um etwa 140 pCt. zu=
genommen. Von der Gesammttonnage der verkehrenden
Schiffe entfielen 1871/80 22,4 pCt. und 1896 36,3 pCt.
auf den überseeischen Verkehr.

Beachtenswerth ist weiterhin, daß 1896 zum
ersten Male die deutsche Flagge im hamburgischen
Hafen nach Zahl und Tonnage der verkehrenden
Schiffe über die englische dominirt hat. Im
Hafen von Bremen dagegen war die deutsche
Flagge schon in den vierziger Jahren allen
übrigen Flaggen fast um das Doppelte überlegen.

Der Schiffsverkehr von Hamburg vertheilte sich seit
1871 in folgender Weise auf die einzelnen Haupt=
richtungen:

(In Tausend Registertonnen.)

Richtung	1871/80		1881/90		1891/95		1896	
	Ange-kommen	Abge-gangen	Ange-kommen	Abge-gangen	Ange-kommen	Abge-gangen	Ange-kommen	Abge-gangen
Deutschland	124,3	91,9	232,9	178,5	487,4	403,1	609,3	491,1
Russische Häfen am weißen Meer . . .	1,2	2,8	0,8	1,3	0,4	1,9	0,1	2,8
Russische Ostsee-Häfen	3,3	15,3	22,8	32,7	30,7	60,9	86,6	114,6
Russische Häfen am Schwarzen Meer .	6,1	1,2	82,7	32,7	204,7	60,9	250,3	9,8
Schweden, Norwegen und Dänemark . .	72,2	102,1	134,8	164,0	247,7	290,3	281,2	345,8
Großbritannien und Irland	1268,3	1372,3	1840,3	2041,9	2184,1	2821,2	2137,8	2767,6
Niederlande, Belgien, Frankreich am at-lantischen Ozean .	144,7	133,2	248,1	193,7	295,4	218,5	287,4	341,4
Mittelmeerländer . .	48,1	35,8	184,7	149,8	372,4	176,7	228,5	161,8
Europa	1668,4	1754,5	2746,0	2770,6	3872,8	3991,5	3981,4	4134,8
Grönland, Brit. Nord-amerika und Ver-einigte Staaten am atlantischen Ozean .	220,2	223,4	474,1	507,4	758,2	795,5	907,9	876,6
Ostküste von Mexiko und Centralamerika, Westindien, Neu-Granada	70,1	54,1	120,9	92,2	163,7	152,1	155,6	121,0
Venezuela, Guyana, Brasilien, Süd-amerika am atlan-tischen Ozean . . .	60,8	75,8	144,5	190,8	268,9	293,0	319,4	342,2
Westküste Amerikas .	103,5	36,3	181,0	88,5	308,2	161,0	404,9	202,2
Afrika	14,0	21,7	66,8	85,6	195,6	230,0	842,8	248,9
Asien	40,1	31,3	120,9	92,5	384,0	276,9	372,4	275,2
Australien	20,1	10,8	17,3	46,0	53,0	71,8	62,4	79,4
Außereuropäische Län-der	537,9	453,3	1123,0	1105,0	2131,4	1982,2	2463,8	2165,6
Zusammen	2206,3	2207,8	3869,0	3875,6	6004,2	5973,7	6445,2	6300,4
Auf den Verkehr mit Europa entfallen	75,6%	79,5%	71,0%	71,5%	64,5%	66,8%	51,2%	65,6%
	77,6%		71,2%		65,7%		63,7%	
Auf den überseeischen Verkehr entfallen	24,4%	20,5%	29,0%	28,5%	35,5%	33,2%	48,8%	34,4%
	22,4%		28,8%		34,3%		36,3%	

2. Die Entwickelung der Segelschifffahrt und der Dampfschifffahrt.

In fast allen deutschen Häfen hat sich seit 1871 die Zahl wie die Tonnage der verkehrenden Segelschiffe erheblich vermindert. Die große Steigerung des Gesammt= verkehrs ist also durch die ungeheure Entwickelung des Dampfschiffverkehrs hervorgerufen worden.

In Königsberg=Pillau liefen im Jahresdurch= schnitt 1871/75 2191 Schiffe mit 357 638 Tonnen Raum= gehalt ein, unter denen sich 622 Dampfer mit 226 448 Tonnen befanden; im Jahresdurchschnitt 1891/95 liefen 1802 Schiffe mit 576 303 Tonnen ein, darunter 1271 Dampfer mit 529 854 Tonnen. Die Gesammttonnage der eingelaufenen Schiffe hatte sich also um 61 pCt. erhöht, ihre Zahl um 18 pCt. verringert. Dagegen ist die Zahl wie die Tonnage der Dampfer um 104 bezw. 131 pCt. gestiegen, während die Zahl wie die Tonnage der Segler um 66 bezw. 64 pCt. gefallen ist. Die Segel= schiffstonnage ist von 37 auf 8 pCt. der Gesammttonnage zurückgegangen.

In Danzig betrug im Jahresdurchschnitt 1871/75 der Gesammteinlauf 1889 Schiffe mit 393 575 Reg.=Tonnen, unter denen die 1568 Segler mit 271 179 Tonnen 69 pCt. der Tonnage ausmachten. Während 1871/75 nur 321 Dampfer eingelaufen waren, liefen 1896 1272 Dampfer ein, die mit 565 365 Reg.=Tonnen 90 pCt. der Gesammttonnage ausmachten, so daß auf die 539 Segler nur noch 10 pCt. entfielen; von 1871/75 bis 1896 ist die Zahl der eingelaufenen Segelschiffe um 67 pCt., ihre Tonnage um 77 pCt. gefallen.

In Stettin kamen im Jahre 1871 933 Dampfer mit 220 941 Reg.=Tonnen und 1622 Segler mit 195 308 Reg.=Tonnen ein. 1896 liefen ein 3191 Dampfer mit 1 225 106 Reg.=Tonnen und 1301 Segler mit 108 739 Reg.=Tonnen. Die Segelschiffstonnage betrug 1871 47 und 1896 8 pCt. der Gesammttonnage. Während die Zahl der Dampfer um 242 und ihr Raumgehalt um 454 pCt. gestiegen ist, ist die Zahl der Segler um 20 und ihre Tonnage um 44 pCt. gefallen.

In Lübeck liefen 1871/75 unter 2357 Schiffen 813 Dampfer und 1545 Segelschiffe ein. Die Segel=

8*

schiffstonnage betrug 121 800 Tonnen oder 47 pCt. der Gesammttonnage. Im Jahresdurchschnitt 1891/95 war die Zahl der Dampfer auf 1483, also um 82 pCt. gestiegen, während die Zahl der Segelschiffe auf 823, also um 47 pCt. gefallen war. Die Segelschiffstonnage war um 76 632 Tonnen, also um 37 pCt. in sich und auf 15 pCt. der Gesammttonnage zurückgegangen, während diese letztere sich gerade verdoppelt hatte.

Das gleiche schnelle Vordringen der Dampfschiffe findet sich auch in den Nordsee=Häfen, von denen Bremen im Jahresdurchschnitt 1872/76 im Ausgang wie Eingang bei Seglern und Dampfern den gleichen Tonnengehalt zu verzeichnen hatte, während in Hamburg schon im Jahresdurchschnitt 1871/80 die Dampfschiffstonnage der Segelschiffstonnage um mehr als das Dreifache überlegen war. Im Jahresdurchschnitt 1872/76 liefen in Bremen 574 Dampfer und 2632 Segelschiffe von zusammen 917 491 Tonnen Raumgehalt ein, an denen Segler und Dampfer mit je 50 pCt. betheiligt waren. Im Jahres= durchschnitt 1892/96 dagegen betrug die Zahl der ein= laufenden Dampfer 1938 mit 1 745 378 Reg.=Tonnen und die der Segler 2136 mit 333 316 Tonnen. Die Segel= schiffstonnage betrug nur noch 16 pCt. der Gesammt= tonnage und war gegen 1872/76 um 27 pCt. gefallen, die Zahl der Dampfer aber hatte sich um 254 und ihre Tonnage um 280 pCt. erhöht, während die Gesammt= tonnage um 127 pCt. gestiegen war.

Im hamburgischen Hafen waren schon 1871/80 die Dampfer nicht nur der Tonnage, sondern auch der Zahl nach den Seglern überlegen. Der Einlauf der Dampfer stellte sich auf 2854 mit 1 689 923 Reg.=Tonnen, denen 2648 Segler mit 516 331 Tonnen gegenüberstanden. Im Jahresdurchschnitt 1891/95 liefen 6436 Dampfer mit 598 388 Tonnen und im Jahre 1896 7497 Dampfer mit 5 679 542 Tonnen ein. Die Zahl der Dampfer ist von 1871/80 bis 1891/95 um 126 pCt. und bis 1896 um 163 pCt., ihre Tonnage um 214 pCt. bezw. 236 pCt. gestiegen. Einen absoluten Rückgang der Segelschiffe finden wir im hamburgischen Hafen nicht, da die Segelschiffe im transozeanischen Verkehr eine große Bedeutung behalten haben. Im Jahresdurchschnitt 1871/80 liefen in Hamburg

2648 Segelschiffe mit 516 331 Tonnen ein, im Jahres=
durchschnitt 1891/95 war die Zahl der einlaufenden Segler
(2492) etwas niedriger, ihre Tonnage (655 826 Tonnen)
ganz beträchtlich (27 pCt.) höher. Im Jahre 1896 findet
sich eine bedeutende Steigerung sowohl der Zahl (2980)
wie der Tonnage (765 625) Tonnen) der Segelschiffe.
Ihr Antheil an der Gesammttonnage ist aber trotzdem
bedeutend gefallen. Er betrug 1871/80 23,4, 1891/95
11,0 und 1896 11,9 pCt. Gleichzeitig hat sich die Ge=
sammttonnage der einlaufenden Schiffe von
1871/80 bis 1891/95 um 170, bis 1896 um 192 pCt.
gehoben, sich also beinahe verdreifacht.

Die Zahl der auslaufenden Schiffe hat sich in allen
Häfen in analoger Weise entwickelt, so daß auf Mit=
theilung der Zahlen verzichtet werden kann.

3. Die Entwickelung der Seeeinfuhr und Seeausfuhr.

Mit der allgemeinen Steigerung unseres Außen=
handels und der großen Zunahme des Schifffahrtver=
kehrs in den deutschen Häfen ist eine sehr erhebliche
Vermehrung des deutschen Seehandels eingetreten, über
dessen Entwickelung in den wichtigsten Häfen die nach=
stehenden Tabellen (S. 118—120) orientiren.

Es ergiebt sich, daß seit 1871 in allen aufgeführten
Häfen eine erhebliche Steigerung der Einfuhr= wie der
Ausfuhrmengen eingetreten ist, hinter der freilich die Werth=
steigerung infolge des allgemeinen Preisrückganges überall
erheblich zurückgeblieben ist.

Am weitaus größten ist die Zunahme des
Seehandels, namentlich der Ausfuhr, in Hamburg
und Bremen, worin sich wiederum die steigende
Wichtigkeit unseres Verkehrs mit den überseeischen
Ländern zeigt. In Hamburg hat der Seehandel
der Menge nach um 237, dem Werthe nach um
130 pCt., in Bremen der Menge nach um 166, dem
Werthe nach um 86 pCt. zugenommen; die bremische
Ausfuhr verzeichnet eine Gewichtssteigerung um
das Zweieinhalbfache.

Unter den Ostsee=Häfen hat nur Stettin eine
Verdoppelung seines Seehandels erfahren, bei

1. Königsberg=Pillau
(ausschließlich des Transithandels).

Jahre	Gewicht (in Tonnen à 1000 kg)			Werth (in Millionen Mark)		
	der Einfuhr	der Ausfuhr	des Handels	der Einfuhr	der Ausfuhr	des Handels
1871—1875 . . .	220 106	377 257	597 363	78	83	161
1891—1895 . . .	401 786	582 174	983 960	63	89	152
1896	472 451	559 715	1 032 166	74	79	153
Prozent. Steigerung von 1871—1875 bis 1891—1895 .	+ 82	+ 54	+ 65	— 19	+ 7	— 6
Prozent. Steigerung von 1871—1875 bis 1896 . . .	+ 115	+ 48	+ 73	— 5	— 5	— 5

2. Danzig.

Jahre	Gewicht (in Tonnen à 1000 kg)			Werth (in Millionen Mark)		
	der Einfuhr	der Ausfuhr	des Handels	der Einfuhr	der Ausfuhr	des Handels
1871—1875 . . .	386 933	490 336	877 269	50,0	60,6	110,6
1891—1895 . . .	568 690	566 608	1 135 298	73,7	93,4	167,1
1896	725 384	668 616	1 394 000	92,6	105,7	198,3
Steigerung in Prozenten: 1871—1875 zu 1891—1895 . .	+ 47	+ 16	+ 29	+ 47	+ 54	+ 46
1871—1875 zu 1896	+ 87	+ 36	+ 58	+ 85	+ 74	+ 79

3. Stettin.

Jahre	Gewicht (in Tonnen à 1000 kg)			Werth (in Millionen Mark)		
	der Einfuhr	der Ausfuhr	des Handels	der Einfuhr	der Ausfuhr	des Handels
1881—1885 . . .	903 698	453 284	1 356 982	165	127	292
1891—1895 . . .	1 580 648	606 570	2 187 218			
1896	2 049 224	676 461	2 725 685			
Steigerung in Prozenten: 1881—1885 zu 1891—1895 . .	+75	+12	+61			
1881—1885 zu 1896	+127	+49	+101			

4. Lübeck.

Jahre	Gewicht (in Tonnen à 1000 kg)			Werth (in Millionen Mark)		
	der Einfuhr	der Ausfuhr	des Handels	der Einfuhr	der Ausfuhr	des Handels
1871—1875 . . .	285 821	71 764	357 585	47,5	90,4	137,9
1891—1895 . . .	409 218	1 749 847	584 203	65,0	125,1	190,1
1896	425 083	185 040	610 129	66,2	123,6	189,8
Steigerung in Prozenten: 1871—1875 zu 1891—95 . .	+43	+144	+64	+37	+38	+38
1871—1875 zu 1896	+49	+158	+71	+39	+37	+37

5. Bremen.

Jahre	Gewicht (in Tonnen à 1000 kg)			Werth (in Millionen Mark)		
	der Einfuhr	der Ausfuhr	des Handels	der Einfuhr	der Ausfuhr	des Handels
1872—1876 . . .	414 791	148 907	563 698	326,2	163,6	489,8
1882—1886 . . .	500 876	296 003	796 879	342,8	186,8	529,6
1892—1896 . . .	890 457	478 646	1 369 103	502,6	328,7	831,3
1896	989 603	517 875	1 507 478	549,3	372,3	921,6
Steigerung in Prozenten:						
1872—1876 zu 1892—1896 . .	+ 115	+ 222	+ 141	+ 54	+ 101	+ 72
1872—1876 zu 1896	+ 139	+ 248	+ 166	+ 65	+ 121	+ 86

6. Hamburg.

Jahre	Gewicht (in Tonnen à 1000 kg)			Werth (in Millionen Mark)		
	der Einfuhr	der Ausfuhr	des Handels	der Einfuhr	der Ausfuhr	des Handels
1871—1880 . . .	2 102 243	968 431	3 070 674	874,6	597,1	1371,7
1881—1890 . . .	349 590	2 000 137	2 349 727	1045,8	981,4	2027,2
1891—1895 . . .	5 755 747	2 692 874	8 448 621	1559,0	1267,2	2826,2
1896	7 103 862	3 240 666	10 344 528	1713,1	1439,2	3152,3
Prozent. Steigerung 1871—1880 zu 1881—1890 . .	+ 173	+ 178	+ 175	+ 78	+ 112	+ 106
1871—1880 zu 1896	+ 237	+ 235	+ 237	+ 96	+ 141	+ 130

den übrigen Häfen bleibt die Zunahme unter 100 pCt. Im Gegensatz zu Hamburg, Bremen und Lübeck, wo namentlich die Ausfuhr stark zugenommen hat, weisen Königsberg, Danzig und Stettin höhere Einfuhrzahlen auf.

Sollbestand der Flotte und Beschaffungsfrist.

In der Sitzung der Budgetkommission des Reichstages am 26. Februar betonte Referent Abg. Dr. Lieber mit großer Bestimmtheit, die erste Sitzung habe das Ergebniß gehabt, daß es sich in dem Gesetze in der That um einen Organismus handle und nicht um die Bewilligung einzelner Schiffe. Die Forderung einer dauernden Festsetzung sei die logische Folge und deshalb nicht mehr von der Hand zu weisen.... Sodann habe die Kommission gehört, daß der Plan in sich sorgfältig erwogen sei und auf mehrjährigen praktischen Erfahrungen beruhe.... Die gesetzliche Regelung wäre eben erst mit dem Augenblick möglich geworden, wo man auf Grund gewonnener Erfahrungen in der Lage war, dem Reichstag einen festen Plan vorzulegen.

Wer den Sollbestand der Flotte selbst will, der muß auch die gesetzliche Festlegung der Frist wollen, innerhalb deren dieser Bestand erreicht werden muß. Wer sich weigert, der Bemessung der Bauzeit zuzustimmen, kann sich dem Verdachte nicht entziehen, daß er sich mit dem Hintergedanken trägt, entweder die Fertigstellung der Schiffsbauten für den Flotten-Sollbestand auf die lange Bank schieben zu wollen, oder auf Zwischenfälle zu hoffen, die dasselbe Ergebniß bewirken. Durch nichts wird die Entschlossenheit unseres Volkes und seiner parlamentarischen Vertretung, in absehbarer, fest begrenzter Zeit im Besitz einer unseren Bedürfnissen und Interessen entsprechenden Kriegsflotte zu sein, so klar und entschieden bekundet, als durch die Festsetzung der Beschaffungsfrist. Der Eindruck hiervon auf das Ausland würde nicht minder tief sein als die Nachwirkung für unsere inneren Verhältnisse.

Uebrigens ist das von den grundsätzlichen Gegnern der Flottenverstärkung vielgeschmähte Septennat in der Budgetkommission dadurch beseitigt worden, daß ein An= trag des Abg. Müller=Fulda (Centrum), die Baufrist für das Flottenretablissement statt auf 7 auf nur 6 Jahre zu bemessen, mit Dreiviertel=Majorität angenommen worden ist, nachdem Staatssekretär Admiral Tirpitz folgende Erklärung abgegeben hatte:

„Auf den von Herrn Müller=Fulda gestellten und seitens der hohen Kommission angenommenen An= trag, den Herrn Reichskanzler um Auskunft zu ersuchen, welche Bedenken entgegenstehen, die erforderlichen Neu= bauten bereits in 6 statt 7 Jahren fertigzustellen, habe ich im Auftrage des Herrn Reichskanzlers zu er= klären, daß keinerlei Bedenken entgegenstehen, die ver= bündeten Regierungen es vielmehr nach Ansicht des Herrn Reichskanzlers **mit Dank** begrüßen würden, wenn zunächst die hohe Kommission und später der hohe Reichstag der vom Abg. Müller=Fulda angeregten Aenderung zustimmen würden. Es erwachsen that= sächlich erhebliche militärische und politische Vortheile daraus, daß die in Aussicht genom= mene Organisation bereits ein volles Jahr früher zur Durchführung gelangt. Die Schiff= baukosten werden dadurch nicht gesteigert, nur wird die Maximalsteigerung des Ordinariums bereits ein Jahr früher erreicht."

Ueber Schiffbau.

Der fortgesetzte Aufschwung des deutschen Schiff= baues ergiebt sich aus folgenden Zahlen:

Ende Februar 1898 waren auf den 11 bedeutendsten deutschen Schiffswerften beschäftigt 24 220 Arbeiter und außerdem wurden in diesen Betrieben 12 494 Pferdekräfte verwendet.

Setzt man nach Engel die Leistungen einer Pferde= kraft = 24 Menschenleistungen, so ergiebt sich für diese 11 Betriebe eine beschäftigte Arbeitsleistung von 324 076 Menschenkräften.

Die Zahlen sind mit der Gewerbestatistik von 1895 nicht vergleichbar, da in jener die Schiffbaubetriebe getrennt von den übrigen in einem großen Werftbetriebe vereinigten Betrieben, wie Maschinenbauabtheilungen u. s. w., gezählt sind und sie außerdem die elektrisch angetriebenen Pferdekräfte nicht berücksichtigt hat, während im vorliegenden Falle die Werftbetriebe als Ganzes gezählt und die elektrischen Pferdekräfte eingeschlossen sind. Nach der Gewerbezählung von 1895 waren in 46 Betrieben mit mehr als 50 Arbeitern im Ganzen 28 600 Arbeiter beschäftigt und 8556 Pferdekräfte, was einer Arbeitsleistung von 233 944 Menschenkräften entsprechen würde.

Ueber Seefischerei.

(Vergl. den Art. „Seefischerei" im 1. Band von Nauticus.)

Nach der vom Reichsamt des Innern herausgegebenen Statistik betrug am 1. Januar 1898 die Hochseefischereiflotte der Nordsee 563 Fahrzeuge mit 94 898 cbm und 3503 Mann Besatzung; darunter waren 117 Dampfer mit 48 027 cbm Raumgehalt und 1185 Mann Besatzung. Die Leistungsfähigkeit der gesammten Flotte betrug somit 190 942 cbm; sie hat sich also seit dem Jahre 1887, wo sie 34 000 cbm betrug, verfünfeinhalbfacht. (Das Verhältniß von Tonnen zu cbm ist übrigens 1 Registerton = 2,82 cbm.)

Ueberseeische Interessenpolitik.

In seiner Broschüre „Deutsche Weltpolitik" sagt der bekannte Leiter des Alldeutschen Verbandes, Professor Dr. Ernst Hasse:

„Ohne daß wir es gemerkt haben, ist die Volkswirthschaft der Kulturvölker, auch des deutschen, zu einer die ganze Erde umfassenden Weltwirthschaft geworden, und ohne es zu merken, ist auch das Deutsche Reich über die Maße einer europäischen Großmacht zu einer Weltmacht hinausgewachsen. Es handelt sich nur darum, ob Deutschland in der Weltwirthschaft und im Konzert der

Weltmächte eine passive oder eine aktive Rolle spielen kann und soll?

Es wäre mehr als überflüssig, heute noch den Nach=
weis führen zu wollen, daß unsere Wirthschaft, ohne
aufzuhören eine nationale zu sein, alle wesentlichen
Merkmale einer Weltwirthschaft aufweist. Dank einer
ungeahnten Entwickelung der Verkehrseinrichtungen haben
sich die Berührungen aller Völker vertausendfacht. Der
Weltmarkt hat eine beherrschende Stellung gewonnen.
Der Werth des Welthandels hat sich im jüngsten Menschen=
alter mehr als verdoppelt. Dabei steigt bei allen euro=
päischen Kulturvölkern von Jahr zu Jahr der Antheil
des überseeischen Handels an dem auswärtigen Handel
überhaupt. Eine immer steigende Zahl von Volksgenossen
ist mit ihren Erzeugnissen auf den Markt fremder Erd=
theile und mit den Bezugsquellen ihrer Rohstoffe, Genuß=
mittel und leider auch Nahrungsmittel auf überseeische
Gebiete angewiesen.

Wenn man von den Engländern absieht, so giebt
es kein Volk der Erde, daß in gleichem Maße wie das
deutsche über die ganze Erde verbreitet ist. Ja wenn
man die außerbritischen und deutschen Herrschaftsgebiete
ausschließlich in Betracht zieht, so ist die Verbreitung
der Deutschen eine noch größere als die der Briten.

Und wollte Jemand noch leugnen, daß wir Deutschen
mit unserem ganzen Handel und Wandel, mit unserem
Volksthum mitten in der Weltwirthschaft drin stehen?

Nein, wer sich nicht überhaupt gegen die Anerkennung
der Thatsache eines Zustandes der Weltwirthschaft sträuben
will, der muß anerkennen, daß das Deutsche Reich und
das deutsche Volk mehr als die meisten anderen Kultur=
völker Europas zur Beantheiligung an der Weltwirthschaft
berufen sind, und daß sie schon jetzt in dieser, ohne es
zu merken, vielfach eine führende Stellung einnehmen.

Ohne Zweifel hat das deutsche Volk heute in Künsten
und Wissenschaften die Führung, und die Welt staunt
darüber, wie dieses angeblich unpraktische Volk heute auch
die Schätze seines gelehrten Wissens und Könnens in der
Wirthschaft zu verwerthen weiß. Um unsere Fachschulen,
um die Beziehungen unserer Universitäten zur Landwirth=
schaft, zur Chemie, zur Technik, zu den vervielfältigenden

Künsten beneidet uns alle Welt. Von Williams in seinem Made in Germany und von anderen Engländern und Franzosen erfahren wir, wie beängstigend das Auf=blühen unseres Gewerbefleißes auf die großen Industrie=staaten wirkt, die da glaubten, das Monopol aller Aus=fuhrgewerbe zu besitzen."

Ferner:

„»Das Wesen namentlich der weltwirthschaftlichen Macht Englands liegt in der Art der Verwendung seines Kapitals, nicht etwa in der absoluten Größe desselben, die ja erst das Ergebniß solcher Verwendung ist. Wir haben genügend überflüssiges Kapital, um deutsche Weltwirthschaft zu inauguriren, wenn wir nur den nöthigen Sinn und den freien Blick hätten, um dasselbe in einem weiteren weltumfassenden Wirkungskreise zu bethätigen.«

Wir möchten diese Gedanken Hübbe=Schleidens (1882!) in die Form kleiden, daß wir sagen, eine deutsche Weltpolitik muß das in Milliarden im Auslande befind=liche, aber Fremden dienstbare Geld in deutsches Kapital verwandeln. Statt daß wir Fremden Darlehen machen, über die diese nach ihrem Gutdünken verfügen und uns nach Belieben Zinsen zahlen oder auch nicht, müssen ausländische auf deutschem Kapital aufgebaute Unter=nehmungen einen deutschen Charakter annehmen oder behaupten.

Daß Geld ein Machtmittel ist, vielleicht heute das wichtigste, weiß Jedermann. Aber der Deutsche macht im Auslande in seiner internationalen Bescheidenheit, seiner »Objektivität«, seiner Anpassung an das Fremde und Unterordnung unter die Fremden davon fast niemals Gebrauch. »Der Londoner Kredit trägt vielleicht mehr als irgend etwas anderes dazu bei, die Weltwirth=schaft mehr und mehr für England zu monopolisiren und den Verkehr der ganzen überseeischen Welt zu angli=siren.« (Hübbe=Schleiden.) Heute ist nichts in Deutsch=land so unvolksthümlich und so unbeliebt, als die Börse und das bewegliche Großkapital. Beide würden frische Lebenskräfte und eine bislang ungeahnte volksthümliche Beliebtheit gewinnen, wenn sie sich im großen Stile und planmäßig in den Dienst einer deutschen Weltpolitik stellen wollten.

Wird nun eine deutsche Weltpolitik zur Weltherr=
schaft, zur Errichtung eines deutschen Weltreiches
führen müssen?

Ja und nein!

Jede Politik, die diesen Namen beansprucht, strebt
nach einer gewissen Machtentfaltung, einer gewissen
Herrschaftsausübung. Das unterscheidet sie eben von
dem Manchesterthum, das nichts anders ist, als ein Ver=
zicht auf das Wollen zur That.

Gewiß wird eine solche deutsche Weltpolitik auch zu
einer Herrschaft über Naturvölker und Völker von
niederer Kultur führen. Hierin liegt ja, was Hübbe=
Schleiden schon 1879 nachgewiesen hat, die höchste An=
wartschaft auf einen hohen wirthschaftlichen Gewinn,
aber auch die einzige Möglichkeit, die höchsten Aufgaben
der Menschheit zu erfüllen, nämlich die Erhebung von
Barbaren zu Kulturvölkern. Das deutsche Volk, ohne
Zweifel das berufenste gerade für diese Aufgabe, hat
sich merkwürdiger Weise zuletzt unter allen großen
Völkern der Gegenwart gerade auf diese seine Aufgabe
besonnen. Die heutige Unsicherheit des Auftretens auf
diesem Gebiete ist nichts anderes, als der Einfluß einer
künstlich fortgesetzten Abhaltung von der natürlichen
Bethätigung."

Seitdem das deutsche Volk immer mehr zu der Er=
kenntniß kommt, welche große Bedeutung der überseeische
Export für seine ganze wirthschaftliche Existenz hat, wird
die Ueberzeugung von der unumgänglichen Noth=
wendigkeit einer Sicherung der deutschen See=
interessen in fast täglich steigendem Maße Ge=
meingut aller Kreise des Volkes. Erfreulicherweise
hat auch in allen Kreisen das Verständniß für Deutsch=
lands überseeische Interessen sich gehoben, seitdem das
Deutsche Reich festen Fuß im fernen Osten, in Kiaotschau,
gefaßt hat. Ohne Zweifel haben zur schnelleren Klärung
der Sachlage auch die Bestrebungen anderer Länder mit=
gewirkt, die darauf ausgehen, sich wirthschaftlich ab=
zuzweigen und unserer Industrieausfuhr Schwierigkeiten
zu bereiten, also z. B. auch die Kündigung der englischen
Handelsverträge. Aber es ist noch nicht überall klar
genug erkannt worden, daß jede überseeische

Politik, die wirklich energisch unsere Handelsinteressen vertritt, die für die stetige Entwickelung
und Förderung der deutschen Handelsausfuhr
sorgt und die Pioniere des deutschen Unternehmungsgeistes mitsammt ihrer Kapitalien
schützt — **ohne Rückhalt einer starken Flotte ganz in der Luft
schwebt,** ja daß gerechtes und furchtloses Eintreten
für deutsche Interessen ohne das kriegsbereite
Machtinstrument der Flotte zu sehr gefährlichen
Verwickelungen und zu sehr beschämenden Demüthigungen führen muß, und **daß es also ein Unding
ist, einer Politik heute zuzustimmen und ihr morgen die
Mittel zu versagen, die sie braucht. Dafür wird das deutsche
Volk sicherlich kein Verständniß haben.**

Der Nationalökonom Prof. Dr. C. J. Fuchs-Freiburg
hat in der Münchener Flottenumfrage klar bewiesen, daß
die Verstärkung unserer Flotte für **jeden** wirth-
schaftspolitischen Standpunkt nothwendig ist; aber
zugleich macht er in energischer Form darauf aufmerksam,
daß wir auch noch andere, imponderabile, überseeische
Interessen zu schützen haben. Er sagt nämlich:

„Aber ich kann diesen Nachweis der unbedingten
volkswirthschaftlichen Nothwendigkeit der Flottenvermehrung nicht schließen, ohne dem Bedauern Ausdruck
zu geben, daß er überhaupt nöthig ist. Sind wir denn
wirklich ein solches Krämervolk geworden, daß wir bei
Allem fragen müssen: Was bringt es ein? Was für
wirthschaftliche, was für Geldinteressen stehen in Frage?
Schlägt uns denn das Herz nicht mehr höher bei Thaten,
die zum Ruhm unseres Vaterlandes gereichen, ohne
etwas einzubringen, und packt uns der Zorn nicht mehr,
wenn bloß unsere Ehre angegriffen wird und nicht die
wirthschaftlichen Interessen? Sind wir schlimmer geworden als die Engländer, die w i r so gern als Krämervolk bezeichnen und die doch gerade ein so starkes Gefühl
für die nationale Ehre besitzen, die alle kleinlichen Partei-
rücksichten beiseite setzen und wie e i n Mann sich erheben,
wo diese nationale Ehre verletzt, wo e i n britischer Bürger
irgendwo in der Welt in Gefahr ist, gleichviel wie viel
Pfund Sterling er repräsentirt? Das ist es, was uns
fehlt und was diese Bewegung für die Flotte uns geben

muß und hoffentlich geben wird: nicht nur das Ver=
ständniß für die wirthschaftliche Nothwendigkeit einer
Verstärkung unserer Seemacht, sondern vor Allem den
hochgespannten Nationalstolz, das feine, leicht verletzliche
nationale Ehrgefühl, weit entfernt doch von beschränktem,
sich selbst überhebendem Chauvinismus; die Erkenntniß,
daß es noch eine andere Ehre giebt für unser Volk, als
daß unser Handel den aller anderen Länder an rascher
Entwickelung schlägt. . . .

Das ist es, was noth thut: etwas weniger
kritikloser Stolz auf unsere kommerzielle und
industrielle Ueberlegenheit, die zum Theil gar
keine ist, und mehr Empfindung für politische
und nationale Ehre, daß das Wort: „Ich bin ein
Deutscher" in der Welt dieselbe Geltung erlangt
wie einst das „civis Romanus sum" und heute
das „J am a British subject". **Dazu aber brauchen
wir — wie auch unsere Wirthschaftspolitik sich gestalten
möge — eine starke Flotte!"**

Volkseinkommen und Konsum.

In Bezug auf das Volkseinkommen läßt sich, mangels
der erforderlichen Daten, nichts absolut Genaues geben.
Eine vollständige Statistik über alle Einkommen besitzt von
größeren Staaten vor der Hand erst das Königreich Sachsen,
in Preußen werden nur die Einkommen von über 900 Mark
zur Steuer herangezogen und registrirt; in England gar
wurden 1876 bis 1894 nur die Einkommen von über
150 Pfund zur Einkommensteuer herangezogen, seit 1895
nur die Einkommen, die 160 Pfund überschreiten, wobei
noch für die Einkommen von unter 400 Pfund bei der
Entrichtung der Steuer ein Abzug von 120 Pfund zu=
lässig war (seit 1894/95 ist für Einkommen von unter
400 Pfund ein Abzug von 160 Pfund zulässig, für solche
von 400 bis 500 Pfund ein Abzug von 100 Pfund).

Das Volkseinkommen in Preußen betrug nach Soet=
beer 1876 7840 Millionen Mark bezw. 316 Mark per Kopf,
bis 1890 war es auf 10 000 Millionen Mark bezw.
342 Mark per Kopf gestiegen. Doch sind die Soetbeer=
schen Schätzungen ziemlich unsicher. Genauere Nach=

weise giebt es erst seit der Steuerreform von 1892. Es betrug nach den Steuerlisten das Einkommen der steuerpflichtigen Censiten:

	Preußen*) Mill. Mark	Großbritannien und Irland **) Mill. Pfund	Sachsen (gesammtes Volkseinkommen)***) Mill. Mark
1880/81	—	490,9	—
1891/92	—	597,8	—
1892/98	5724	597,1	—
1893/94	5725	594,6	—
1894/95	5785	540,1	1666,5
1895/96	5937	—	1714,0
1896/97	6086	—	1792,7
1897/98	6374	—	—

Das steuerpflichtige Einkommen in Preußen ist also in den letzten 5 Jahren um 650 Millionen Mark = 11,4 pCt. gestiegen. Bei einer derartigen rapiden Zunahme des Volkseinkommens könnten auch die Kosten des neuen Marinegesetzes ohne große Schwierigkeiten aufgebracht werden, falls etwa wirklich nicht die steigenden Zollerträge zur Deckung ausreichen sollten. Das gesammte Volkseinkommen wird in England von den meisten Statistikern auf mehr als das Doppelte des steuerpflichtigen Einkommens geschätzt. Wir kämen alsdann auf etwa 1200 bis 1300 Millionen Pfund gleich 600 bis 650 Mark per Kopf. In Frankreich schätzt De Foville†) für 1892 das gesammte Volkseinkommen auf 25 Milliarden Franks bezw. etwa 526 Mark per Kopf. Für Sachsen ergeben sich für 1896 etwa 471 Mk. per Kopf. Für die anderen deutschen Staaten (abgesehen von Preußen) werden wir das relative Einkommen kaum niedriger ansetzen können. Um das Gesammteinkommen für Preußen zu berechnen, haben wir uns daran zu erinnern, daß es 1897/98 2,77 Millionen Censiten und 8,74 Millionen einkommensteuerfreie Einzelsteuernde und Haushaltungsvorstände gab. Setzen wir das Durchschnittsein-

---

*) Veranlagungen zur Einkommensteuer für 1892/93 bis 1897/98.
**) Statistical Abstract for the United Kingdom 1896 S. 35 ff.
***) Zeitschrift des Königl. Sächs. Stat. Bur. 1894 S. 211 ff.; Statistisches Jahrbuch für das Königreich Sachsen 1897 S. 154; 1898 S. 152.
†) Dictionnaire des Finances, auch im Journal of the Royal Statistical Society 1893.

kommen dieser letzteren Gruppe zu 500 Mark an, so kommen
wir auf 4370 Millionen Mark, somit für das preußische
Gesammteinkommen auf 10 744 Millionen Mark. Niedriger
werden wir es gewiß kaum ansetzen können, in Sachsen
betrug z. B. 1896 die Gesammtzahl der Censiten, die 400
bis 800 Mark Einkommen hatten, 793 636 mit einem Ge=
sammteinkommen von 450 Millionen Mark, von 800 bis
950 Mark hatten 149 102 Personen mit zusammen 132,2
Millionen, steuerfrei waren 217 984 Personen mit 66,5
Millionen Mark Einkommen, unter 900 Mark hatten somit

etwa $793\,636 + 217\,984 + \dfrac{149\,102}{3} = 1\,108\,000$ Personen

mit etwa 603 Millionen Mark bezw. 538 Mark pro Censit.
Für das Gesammteinkommen des deutschen Volkes kommen
wir dann auf folgende Zahlen:

Preußen   10 740 Mill. Mark = 342 Mark per Kopf
Sachsen   1 792   =   =   = 471   =   =   =
Andere Staaten   8 064   =   =
                  ─────────
                   20 596   =   =   = 388   =   =   =

Das deutsche Gesammteinkommen dürfte sonach
bereits das französische übertreffen, mindestens aber
ihm gleichkommen, während das Relativeinkommen
allerdings hinter dem französischen und noch mehr
hinter dem englischen zurücksteht. Mulhall (North
American Review 1898, Bd. I, S. 63) schätzt das deutsche
Nationaleinkommen allerdings noch höher, und zwar
rechnet er das Einkommen aus

Landwirthschaft   1210 Mill. Dollars
Fabriken und Ma=
  nufakturen . . . 1660   =   =
Handel 1350   =   =
anderer Beschäfti=
  gung 1940   =   =
                   ─────────
                    6160 Mill. Dollars = 24,6 Milliarden

Mark resp. 473 Mark per Kopf. Leider hat er es unter=
lassen, die Grundlagen für seine Berechnung anzugeben,
wie denn überhaupt alle Mulhallschen Angaben mit
größter Vorsicht aufzunehmen sind.

Indessen ist der Vergleich des Relativeinkommens
insofern irreführend, als die Lebensmittelpreise durch=

aus nicht überall die gleichen sind. Es ist deshalb noch die Konsumstatistik für den Vergleich heranzuziehen, und gerade in Betreff der Konsumstatistik sind wir glücklicherweise in einer günstigeren Lage als dies in Bezug auf die Einkommenstatistik der Fall ist. Die Konsumstatistik ergiebt, daß Deutschland zwar in Bezug auf den standard of life hinter Nordamerika und England zurücksteht, Frankreich aber höchst wahrscheinlich übertrifft, mindestens ihm gleichkommt. Der Fleischverbrauch betrug in Nordamerika nach Mulhall 140 Pfund englisch per Kopf*) in England ist er in den letzten 20 Jahren von 112 auf 122 Pfund gestiegen,**) in Deutschland schätzte Scherzer Ende der siebziger Jahre den Konsum auf 35 kg,***) Lichtenfeld Anfang der neunziger auf 39,9 kg per Kopf.†) In Frankreich ist der Konsum von Rind-, Kalb- und Schaffleisch von 1862 bis 1892 von 571 000 auf 857 000 Tons gestiegen bezw. von 16 auf 22,3 kg per Kopf.††) Den gesammten Fleischkonsum schätzt Mulhall 1887 daselbst auf 77, für Deutschland bloß auf 64 Pfund;†††) allein seine Schätzung der französischen Fleischproduktion ist ganz untauglich; er berechnet für Frankreich eine stärkere Produktion an Rindfleisch als für Deutschland, während der Viehstand in Deutschland beträchtlich höher ist; und umgekehrt ist seine Schätzung für Deutschland zu niedrig. Eine starke Zunahme des Fleischkonsums läßt sich in Sachsen konstatiren. 1850 entfielen daselbst nach Martin 15,1 kg auf den Kopf, 1860 22,2, 1876/80 bereits 29,2, 1886/90 34,8 und 1891/94 35,1 kg.*†)

In Bezug auf den Milch- und Butterkonsum scheint Deutschland heute Großbritannien gleichzukommen, Frankreich aber um ein Bedeutendes zu übertreffen. In Großbritannien betrug 1876/78 die Milchproduktion 45 Gallons (à 4,53 Liter) per Kopf, 1894/96 war

---

*) North American Review 1897.
**) Journal of the Board of Agriculture 1897, S. 294.
***) Das wirthschaftliche Leben der Völker, Leipzig 1885, S. 310 ff.
†) Thiels Landwirthschaftliche Jahrbücher 1897, S. 110 ff.
††) Board of Agriculture 1897, S. 325.
†††) Dictionary of Statistics, London 1892, Artikel Food.
*†) Zeitschr. des Königl. Sächs. Stat. Bur. 1895, S. 150.

sie auf 40 Gallons gesunken, die Einfuhr an Milchnahrungs-
mittteln (in Form von Butter, Käse ec.) stieg jedoch gleichzeitig von 20 auf 35 Gallons*), so daß der Gesammtkonsum
von 65 auf 75 Gallons bezw. von 295 auf 340 Liter gestiegen ist. In Frankreich stieg die Anzahl der Milchkühe von 1882 bis 1892 von 5019 auf 5407 Tausende
mit einem Milchertrag von 1500,3 bezw. 1694,3 Millionen
Gallons**) = 184 bezw. 200 Liter per Kopf. In Deutschland gab es nach Scherzer um 1880 etwa 6,0 Millionen
Milchkühe, die 9300 Millionen Liter Milch lieferten, gleich
etwa 200 Liter per Kopf. Nach der Zählung von 1892 hatte
Deutschland 9,9 Millionen über 2 Jahre alte Kühe und
Färsen, die Zahl der Milchkühe wird daher kaum unter
9 Millionen betragen haben. Da das Lebendgewicht
der Kühe von 1883 bis 1892 von 394 auf 416 kg gestiegen ist, so dürfte auch der Milchertrag gestiegen sein
und kaum unter 1600—1800 Liter per Kuh betragen.
Wir kommen dann auf $9 \times 1700 = 15\,300$ Millionen
Liter, bezw. etwa 300 Liter Milch per Kopf.

In Bezug auf den Konsum von Brotgetreide steht
Deutschland in der Mitte zwischen Frankreich und
Großbritannien. In England stieg der Weizenkonsum
1876/78 bis 1894/96 von 5,5 auf 5,99 Bushel per Kopf
(von 143 auf 156 kg***), in Deutschland ist der
Weizenkonsum von 1879/84 bis 1894/96 von 51 auf
74 kg gestiegen, während der Roggenkonsum gleich geblieben ist (etwa 120—126 kg). In Frankreich allerdings beträgt der Weizenkonsum nahezu 190—200 kg
per Kopf, dazu noch etwa 40 kg Roggen; allein es ist
in Betracht zu ziehen, daß Frankreich im Verhältniß zu
Deutschland mehr Erwachsene und weniger Kinder hat
(in Frankreich stehen 28 pCt. der Gesammtbevölkerung
im Alter von 0—15 Jahren, in Deutschland und England
35—36 pCt.) und schon aus diesem Grunde das
Nahrungsbedürfniß um 5—6 pCt. per Kopf höher zu
rechnen ist. Jedenfalls wird der erhöhte Brotkonsum

---

*) Journal of the Board of Agriculture 1897, S. 294 ff.
**) Ebenda 1897, S. 325.
***) Ebenda S. 294 ff.

durch den verminderten Fleisch- und Milchkonsum
Deutschland gegenüber mehr als aufgehoben*). —

Ueber die absoluten und relativen Einnahmen aus
den Monopolen, Konsumsteuern und Zöllen in den europäischen Großstaaten orientirt die umstehende Tabelle.
Zu ihrem Verständniß sei bemerkt, daß im Allgemeinen
bei den mit einer inländischen Verbrauchssteuer belegten
Konsumgegenständen (Tabak, Spirituosen ꝛc.) die Zoll-
und Steuereinnahmen zusammengerechnet sind. Die Erträge der Monopole sind getrennt nachgewiesen.

Aus der Tabelle ergiebt sich, daß die Kopfquote der
Belastung mit indirekten Steuern in Frankreich fast doppelt
so groß und in Großbritannien um mehr als 50 Prozent
höher ist als in Deutschland. Selbst das wenig wohl-
habende Oesterreich ist stärker als Deutschland belastet,
wobei noch die ungünstige Vertheilung seiner hohen direkten Steuern zu beachten ist. Auch das viel ärmere
Italien bleibt nur unerheblich hinter der deutschen Kopfquote zurück. Nur Rußland und Ungarn haben eine
geringere prozentuale Belastung als Deutschland, die sich
bei Ungarn zum großen Theil aus seinen niedrigen Bei-
trägen zu den gemeinsamen Kosten der Verwaltung des
Gesammtstaats Oesterreich-Ungarn erklärt.

In Rußland aber ist bekanntlich die Lebenshaltung
so exzeptionell niedrig, daß ein Vergleich seiner Steuerkraft mit der Westeuropas ausgeschlossen erscheint.

Auch wenn man den höheren relativen Wohlstand
der englischen und französischen Bevölkerung in Betracht
zieht, ist das Bild für Deutschland durchaus günstig.
Der Deutsche ist im Verhältniß zu seinem Wohlstande
nicht stärker als der Engländer und jedenfalls sehr erheblich
geringer als der Franzose belastet.

---

*) Die Steigerung der Lebenshaltung in Deutschland geht aus folgen-
den Zahlen klar hervor. Es betrug in Kilogrammen der Konsum per Kopf:

	Roggen	Weizen	Gerste	Hafer	Spelz	Mais
1879—1884	121	51,6	46,6	82,1	9,0	5,5
1885—1889	115,9	56,6	52,6	85,3	7,0	4,0
1889—1894	112,6	63,4	55,7	80,6	7,0	13,0
1894—1895	126,0	74,4	61,5	93,4	7,0	16,0

	Summe Getreide	Kartoffeln
1879—1884 . . .	315	339
1885—1889 . . .	322	—
1889—1894 . . .	332	—
1894—1895 . . .	378	468

Einnahme aus Zöllen und Konsumsteuern (in Mill. Mark).

Verbrauchs- steuern, Monopole, Zölle bei:	Großbritannien und Irland		Rußland exkl. Central- asien u. Finland		Deutschland		Frankreich		Italien		Oesterreich		Ungarn	
	1895/96	per Kopf Mk.	1897	per Kopf Mk.	1896	per Kopf Mk.	1897	per Kopf Mk.	1896/97	per Kopf Mk.	1896	per Kopf Mk.	1896	per Kopf Mk.
Branntwein .	404,3	10,21	617,5	5,19	149,1	2,84	212,3	5,51	—	—	56,1	2,24	68,2	3,73
Bier	218,4 inkl. Zölle 0,64	5,51			87,0	1,66	19,0	0,50	—	—	55,6	2,22	10,4	0,57
Wein	25,6 ber Zölle 0,64		—	—	—	—	140,7	3,66	—	—	9,0	0,36	12,8	0,70
Tabak	219,2	5,54	75,0	0,63	59,9	1,14	308,7	8,02	154,0	4,92	154,1	6,16	91,0	4,97
Zucker	—	—	102,6	0,86	103,7	1,98	157,6	4,09	—	—	46,9	1,88	12,2	0,67
Salz	—	—	—	—	48,8	0,93	26,7	0,69	58,9	1,88	37,3	1,49	26,2	1,43
Zündhölzchen .	—	—	15,0	0,13	—	—	22,6	0,56	—	—	—	—	—	—
Naphta	—	—	45,2	0,38	—	—	—	—	—	—	—	—	—	—
Diverses . . .	—	—	—	—	—	—	24,5	0,64	—	—	—	—	16,0	0,90
Die übrigen Zölle	92,0	2,32	346,6	2,91	391,0	7,45	296,7	7,71	194,4	6,21	79,1	3,16	0,8	0,04
Zusammen	959,5	24,22	1201,9	10,10	839,5	16,00	1208,8	31,38	449,8	14,37	469,6	18,77	237,6	13,01

Volkswirthschaft, Flagge und Flotte.

Die Erkenntniß von der ungeheuren Bedeutung, welche die Seegeltung für das wirthschaftliche wie das politische Gedeihen einer Nation besitzt, ist in England von jeher verbreitet gewesen.

Aber auch in Frankreich waren sich die führenden Geister der Sachlage bewußt. Sully, Colbert, Richelieu haben die Pflege der maritimen Interessen als unumgänglich für das Gedeihen der ganzen Volks= wirthschaft anerkannt. Schon im 18. Jahrhundert wird in einem berühmten französischen Buche (Im „Essai sur la Marine et sur le Commerce" par Mʳ. D.*** [Des landes], Amsterdam 1743) die Begründung einer starken Marine in ihrer Bedeutung für das Wirthschaftsleben in mehreren Richtungen fast mit denselben Worten gegeben, die noch heute dafür angewandt werden würden.

Es heißt dort auf Seite 134 bis 138:

„Wenn man übrigens für den Unterhalt der Marine fortwährend große Auslagen machen und die Er= scheinungen lange voraussehen muß, so möchte ich doch sagen, daß die Marine dies mit Wucherzinsen zurückvergütet und die Bezahlung keineswegs aufschiebt. Ist sie es nicht, die den Handel be= schützt und belebt ebenso im Innern wie außerhalb des Königreiches? Ist sie es nicht, die unsere Kauf= leute, die in den verschiedenen Welttheilen zerstreut sind, sicherstellt, die sie in der Mitte der Staaten des Groß= herrn vor den Plünderungen und Beleidigungen bewahrt, denen sie sonst unterworfen wären; die ihnen Verträge und günstige Gerechtsame an den Küsten der Berberei und in der Levante verschafft; die sie mit Sicherheit überall fahren läßt, wohin die französische Flagge dringt? Ist sie es nicht, die in Kriegs= und Aufruhrzeiten die Feinde abhält, von denen unsere Küsten sonst verwüstet würden, und die die Freiheit der Schifffahrt von einem Seegebiete ins andere sichert? Ist sie es nicht schließ= lich, die mit einem großen Wohlstande die Kassen unserer Könige füllt, und die unseren Unterthanen eine günstige Absatzstelle, um sich ·ihrer über= flüssigen Produkte zu entledigen, bietet, um in

andere Gegenden die Früchte ihrer Ernten und
ihres Fleißes zu senden?

Der Abbé de Saint Pierre hat in einer seiner
politischen Memoiren bemerkt, daß unsere Handelsbilanz
mit dem Auslande jährlich mindestens 150 Millionen
beträgt; das macht im Durchschnitt der Monate 12 500 000
Franks. Liegt es nicht bei der Marine, diese
Bilanz zu erhalten und bei ihrer Erhaltung unseren
Kredit zu stützen, der unablässig von der Eifersucht unserer
Nachbarn mit Sturz bedroht wird? Zweitens; wenn
der Kardinal Richelieu das Rechte getroffen und
nicht in seinem politischen Testament auf dem
Holzwege war, muß man zugeben, daß der haupt-
sächliche Reichthum eines Staates seine Reputation
ist, die so wichtig für einen großen Fürsten ist,
daß man ihm keinen Vortheil dafür bieten kann,
der den Verlust an jener auszugleichen vermöchte.
Aber wie kann man diese Reputation erwerben
und erhalten, diese Reputation, sage ich, welche
Macchiavel für so nothwendig für alle Souveräne
erachtet und die er ihren Augapfel nennt? Wie
kann ein Fürst hinlänglich auf seinen Namen zählen, um
damit den Fremden Eindruck zu machen, die hinsichtlich
des Point-d'honneur so delikat sind, um sie seine Ueberlegenheit anerkennen zu lassen? Derselbe Kardinal
Richelieu zeigt zwei gleich großartige und sichere Wege
an: der eine, bei allen Höfen Botschafter zu unterhalten,
deren Geburt, Verhalten, Auftreten und Ausgaben den
Herrn ehren, der sie gesandt hat; der andere, mit
größtem Eifer sich auf Alles zu legen, was die
Marine angeht und was ihre Stellung erhöhen
kann; jedes Jahr eine große Zahl von Schiffen
ausfahren und sie regelmäßig an bestimmten
Plätzen zusammentreffen zu lassen, wie in Cadiz,
in Genua, vor Algier, in Kopenhagen und am
Eingange des Sundes. Dort verschmelzen so-
zusagen alle europäischen Nationen und dort
ist der Platz, ihnen durch ein großartiges Auftreten von Schiffen zu imponiren. Dort kann ein
Fürst, von dem man eine gute Meinung hat, mehr mit
seinem Namen allein machen, als diejenigen, die nicht so

hoch geschätzt sind, mit allen ihren Drohungen und allen
ihren Intriguen zu machen vermöchten. Nicht zu ge=
denken der größeren Geschwader, die man von Zeit zu
Zeit ausrüsten und nach Amerika und Ostindien senden
muß: genügt es, hier mit dem bereits zitirten großen
Minister zu wiederholen, daß einem Staate nichts
unentbehrlicher ist als die Reputation, deren
Verminderung, mag sie noch so leicht sein, der
Beginn und eine traurige Hinneigung zu ihrem
Falle werden kann."

Gleicher Art waren die Erwägungen, welche **Adam
Smith** dazu veranlaßten, die englischen Schifffahrts=
akten für das Ergebniß der wohlerwogensten Weisheit
zu erklären. Er war zwar im Gegensatz zu der herr=
schenden Anschauung überzeugt, daß ein direkter volks=
wirthschaftlicher Nutzen für den Handel und die Schiff=
fahrt des Landes aus ihnen nicht hervorgegangen ist;
im Gegentheil; ökonomisch hielt er sie für schädlich.
Aber ihm ist der untrennbare Zusammenhang zwischen
der Volkswirthschaft und den übrigen Aufgaben des
Landes klar. Er erkennt, daß die nationale Eifer=
sucht und die Handelseifersucht Englands gegen=
über Holland auf derselben Grundlage beruhten.
Dadurch, daß die Holländer den Handel, die Schifffahrt
und den Fischfang beherrschten, erwachte der Neid der
Engländer. „Zu jenem Zeitpunkte hatte die nationale
Animosität ganz dasselbe Ziel im Auge, das die über=
legenste Weisheit empfohlen haben würde: die Ver=
minderung der Seemacht Hollands, der einzigen See=
macht, die die Sicherheit von England gefährden
konnte." Die Schifffahrtsakten konnten dazu dienen,
die Gegner zu schwächen, und außerdem lieferte die
durch sie begünstigte Förderung des heimischen Schiff=
baues und die Vermehrung der heimischen Seeleute eine
verstärkte Stütze für die Erhaltung einer großen Kriegs=
marine. So erkennt er denn ihren Werth bereitwillig
an, trotzdem sie die Monopolisirung der Handelsschifffahrt
des eigenen Landes und der Kolonien für die Engländer
bezweckten, und nach seiner Ansicht nicht dienten, den
Außenhandel oder jenen Reichthum, der dessen Produkt
ist, zu begünstigen; wie er denn alle wirthschaftlichen
Monopole für schädlich hält.

„Da die Vertheidigung indessen von einer
ungleich größeren Wichtigkeit ist als der Reich=
thum, ist die Schifffahrtsakte wohl das weiseste
aller Handelsgesetze von England." (Smith: Wealth
of Nations, Buch IV. Kap. 2, Abs. 29 und 30.)

Unglücklicherweise waren die politischen Zustände
Deutschlands in jener Zeit nicht derart, auch da, wo die
theoretische Erkenntniß von der Bedeutung der Seemacht
vorhanden war, die Möglichkeit praktischer Erfolge zu
gewähren.

Der Große Kurfürst Friedrich Wilhelm von
Brandenburg, sprach schon den Grundsatz aus, daß „der
sicherste Reichthum und das Aufblühen eines
Landes aus dem Handel kommen." „Seefahrt und
Handlung sind die fürnehmsten Säulen eines Estats (Staates),
wodurch die Unterthanen beides zu Wasser als auch durch
die Manufakturen zu Lande ihre Nahrung und Unterhalt
erlangen."

Wallenstein und der Große Kurfürst waren die
beiden letzten großen Führer, die versuchten, in die
Bahnen der alten Hanseaten wieder einzulenken, die
dereinst die Meere beherrscht und jene Schleusen offen
gehalten hatten, durch die die Ströme des Reichthums das
Land bewässerten. Sie standen noch jener Zeit näher, da
Deutschland nicht nur der mächtigste, sondern auch der
reichste Staat Europas gewesen war. Aeneas Sylvius,
der spätere Papst Pius II., schildert das Land um die
Mitte des fünfzehnten Jahrhunderts:

„In Wahrheit, in Europa ist kein Land, das ge=
fälligere und freundlichere Städte hätte als Deutschland ..
Wenn es wahr ist, daß Reichthum da ist, wo viele
Kaufleute sind, so ist Deutschland nicht arm .... Der
größte Theil der Deutschen beschäftigt sich gewinnsüchtig
mit dem Handel und durchzieht weit und breit entfernte
Länder, aus welchen er nie anders als mit Reichthümern
beladen zurückkehrt."

Gegen das Ende des 18. Jahrhunderts aber hat
sich das Bild derart verändert, daß Fischer im Jahre
1791 in seiner Vorrede zur „Geschichte des teutschen
Handels" als Zweck derselben in erster Linie bezeichnet,

„den teutschen Landsleuten das »fuimus Troes« fühlbar
zu machen".

Friedrich der Große schon hatte erkannt, daß seine
Macht nicht zur Wiederherstellung einer Seeherrschaft
ausreichen könne. War doch damals nur ein kleiner
Küstenstrich in seinen Händen. Holland war vom Reiche
losgetrennt, Hannover unter englischem Einfluß, Schles-
wig-Holstein dänisch, Vorpommern schwedisch, Westpreußen
polnisch, Oldenburg, Mecklenburg, Bremen und Hamburg
waren kleine, machtlose Sondergebiete. Die Hansestädte
fristeten kümmerlich ihr Dasein durch abwechselndes Pak-
tiren mit den verschiedenen Weltmächten. Da Hamburg
und Bremen beim Reiche keinen Schutz finden konnten,
war es ihr sehnlichster Wunsch, was durch den Mund
Büschs ausgesprochen wurde, daß sie ein- für allemal
neutralisirt werden möchten:

„Seit der Auflösung der Hanse erscheint kein einziges
bewaffnetes Schiff mehr auf den nordischen Meeren, um
Deutschlands Handlung zu beschützen und ebensowenig
kann das gesammte heilige römische Reich ein solches
zum Schutz derselben auf die Meere bringen.

Auch hat Hamburg seit dem Jahre 1752 die Beschützung seiner Seefahrt auf dem mittelländischen Meere
ganz aufgeben müssen.

Dies hätte doch wohl erwogen werden mögen, als
in den Jahren 1672, 1689, 1702, 1734 und 1792 das
Deutsche Reich in offene Kriege mit Frankreich gerieth,
welches nun seit Colberts Zeiten zu einer respektablen
Seemacht geworden war. Bei der Erklärung jedes
dieser Kriege ward zuvörderst die Handlung mit dem
Reichsfeinde allgemein verboten. Es ward nicht daran
gedacht, daß Deutschland auch eine Seehandlung hätte,
durch deren Niederschlagung der innere Land-
handel äußerst leiden müsse. Nur ein Gedanke an
diesen wichtigen Umstand hätte Ueberlegungen entstehen
machen müssen, wie man diesen Seehandel durch friedliche, dem Zwecke des Landfriedens nicht entgegen-
stehende Mittel, so gut man könne, zu erhalten suchen
müsse, da man, wie gesagt, zu dessen Beschützung
auch nicht ein einziges bewaffnetes Schiff auf
die Meere bringen könne. Man hätte insonderheit

dies beobachten sollen, daß man dem Feinde, mit welchem zu handeln man allgemein verbietet, das Recht giebt, allen Handel der Nation, die diesen Schritt thut, zu stören, und ein jedes Schiff, das unter dessen Flagge auf dem Meere erscheint, für eine gute Prise zu erklären. Jenes so allgemeine Verbot aller Handlung mit Frankreich, ohne Ausschließung des Seehandels, war also ein allgemeines Verbot alles Seehandels für die Deutschen, nicht nur auf der Ostsee."

(Büsch: „Ueber das Bestreben der Völker neuerer Zeit, einander in ihrem Seehandel recht wehe zu thun. Hamburg 1800, S. 440 ff.)

„Das (die Hinderung der Ein- und Ausfuhr) mag Deutschland bedenken, solange es nicht in ganz veränderte und nicht vorauszusehende Umstände geräth. Nicht ein einzelner Reichsfürst, nicht das gesammte Deutsche Reich kann bis jetzt nur einen Kutter zur Convoiirung seiner Seefahrer in See bringen. Es muß sich also äußerst lieb sein lassen, daß die Reichsfreiheit seiner vornehmsten Ausfuhrhäfen, welche ebensowenig mit gewaffneter Hand ihre Seefahrt schützen können, bisher eine Ursache gewesen ist, und selbst den Feinden einen Vorwand gelassen hat, sich mit ihnen in friedliche Verhältnisse zu setzen und dem Seehandel Deutschlands diese Wege offen zu halten." (Ibidem S. 554 f.)

„Seit bald 200 Jahren ist keine Hanse mehr, und wenn eine solche wieder entstände, so würde es doch nimmermehr die alte Hanse wieder werden, welche mit mächtigen Flotten ihre Seeschifffahrt schützen könnte. Eine Vereinigung des gesammten Reiches für einen solchen Zweck mag ich nicht einmal als möglich angeben." (Ibidem S. 558.)

„Jahrhunderte lang beruhte die Stärke Hamburgs nur in seiner Schwäche", sagt Ehrenberg (Hamburg und Antwerpen seit 300 Jahren, 1889. S. 47). An anderer Stelle schildert er, wie Deutschland im 16. Jahrhundert infolge seines inneren Verfalls, seiner Zerstückelung und seiner politischen Zerrüttung die Expansionsfähigkeit nach außen und die maritime Geltung verloren hat, und damit zugleich seinen Seehandel, seinen Wohlstand und seine politische Selbständigkeit aufgeben mußte. (Hamburg und Antwerpen im Zeitalter der Königin Elisabeth, Kapitel I, 1896, Einleitung.)

Der Zersetzungsprozeß, der dazu führte, an die Stelle des hanseatischen Aktivhandels durch das Eindringen der englischen Merchant Adventurers in Deutschland den Passivhandel zu setzen, war nichts Anderes als ein Symptom der niedergehenden inneren Macht.

Der kriegerische Geist zur See mußte absterben, da ihm vom Hinterlande her der Rückhalt abgeschnitten wurde. Zur Zeit, als in anderen Ländern sich Stadt und Land zu größeren, einigen Gebieten zusammenschlossen, war in Deutschland überall ein innerer Kampf entfacht. Stand gegen Stand, Stadt gegen Land, Klasse gegen Klasse, Glaube gegen Glaube, Einzelinteresse gegen Einzelinteresse: sie schlugen erbittert aufeinander los und beobachteten nicht, wie inzwischen an den Grenzen Mächte auftraten, die einen ehernen Ring um das Land zogen, derart, daß, als nach langem Kampfe die Deutschen einmal wieder aus ihren Gebieten heraussahen, ihnen nunmehr überall ein „Zu spät" aus verschlossenen Thüren zugerufen wurde. Nicht an den Küstenbewohnern lag es, daß die Seegeltung verloren wurde; sie unterlagen überall in Rußland, Skandinavien, Holland und England, sobald eine größere Macht ihnen gegenübertrat, die sie allein nicht zu bekämpfen vermochten.

In seiner überaus bemerkenswerthen Zusammenfassung des „Unterganges der früheren Seemacht Deutschlands" sagt Schäfer:

„Nicht Thatkraft und Unternehmungslust fehlten den deutschen Küstenbewohnern, wohl aber der unentbehrliche bewaffnete Schutz, ohne den der Seehandel eines Volkes immer nur in dem Umfange aufkommen kann, den fremde Nationen zu gestatten für gut befinden." — (Deutschland zur See 1897, S. 26.)

Hierin erkennt er die Ursache, daß die Hanseaten am überseeischen Kolonialerwerb nicht theilzunehmen vermochten.

„So blieben die begabtesten Kolonisatoren des Erdtheils zu einer Zeit, wo das Beste der Welt ver-

geben wurde, ohne jeglichen Antheil, weil sie keinen
Staat und keine Macht besaßen. Das Weltmeer mußten meiden, die sich an Seetüchtigkeit
mit Allen messen konnten, die auch in ihren
traurigsten Zeiten die Meister der Schlachten
blieben, **weil sie als Volk nichts aufbrachten, das man
als eine Wehrkraft zur See hätte bezeichnen können."**
(Ibidem S. 27.)

Hierin lag die Ursache für das lange Dahin-
siechen der deutschen Volkswirthschaft nach dem
dreißigjährigen Kriege.

„Keine deutsche Reichskriegs- oder Reichs-
handelsflagge erschien auf der See. Mit dem
Verlust der Seemacht verlor man eine der Möglichkeiten der schnellen Heilung der wirthschaftlichen Wunden nach dem dreißigjährigen Kriege
durch Schadloshaltung auf anderen Gebieten.
Das Reich mußte die Kämpfe Jahrhunderte
lang mitkämpfen, die Entscheidung wurde über
sein Haupt hinweg von den See- und Kolonial-
mächten jeweilig nach ihrem Belieben getroffen."
(v. Halle, „Bedeutung des Seeverkehrs für Deutschland." S. 9.)

Es bedurfte des furchtbaren Eingriffs der Napoleo-
nischen Zeit, die zeitweilig die Existenz und Zukunft der
deutschen Staats- und Volkswirthschaften, ja des Deutschthums überhaupt in Frage stellte, um dem deutschen
Volke wieder den Beginn eines Verständnisses für die
Wichtigkeit eines nationalen Zusammenschlusses nach innen
und außen zu geben. Zu dieser Zeit begann wieder eine
umfangreichere Beschäftigung mit der älteren, speziell der
hansischen Geschichte. So schrieb zum Beispiel der Königl.
Preuß. Geh. Oberrechnungsrath Stengel im Jahre 1835
eine Broschüre „Von dem ausländischen Handel und der
Seemacht deutscher Städte im Mittelalter." Durch die
Begründung des Zollvereins winkt ihm die Möglichkeit,
daß Deutschland wieder eine Seemacht erhalte. Da scheint
es angebracht:

„in entscheidender Stunde, in wichtigen Krisen das
Nationalgefühl durch die Erinnerung an die Thaten
der Voreltern zu erwecken."

„Jedes Volk, in welchem das Gefühl für Tapferkeit noch nicht durch Sklaverei oder Sittenverderbniß ganz abgestorben ist, blickt mit Freude und Stolz auf die Thaten und den Ruhm seiner Voreltern zurück. Die Erinnerung an sie kommt vor Allem dann zur rechten Zeit, wenn wichtige Momente in dem Leben der Völker erscheinen." (S. 3.)

Er gedenkt des Wortes des Aeneas Sylvius:

„Wenn diese Menge beträchtlicher Städte und Länder mit ihrer Mannschaft und ihrem Wohlstande zu einem Zwecke vereinigt wären, welch' ein Reich und Volk wäre das deutsche!" und da will er das Interesse auf jene Seite hinlenken, wo die Hauptschwäche liegt, auf die Seegeltung, die Wechselwirkung zwischen Seemacht und Seehandelsmacht.

Das Auge einsichtiger Politiker und Volkswirthe und der prophetische Geist patriotischer Dichter erkannten endlich, wie Deutschland aus der Misère von mehr als zwei Jahrhunderten herauszuhelfen sei. Der Ruf nach einheitlicher deutscher Flagge durchtönte das Land. Er entsprang aus dem Bewußtsein, daß man nur unter ihr vereint alles dessen werde theilhaftig werden können, dessen man so lange entrathen hatte, und in der zweiten Nummer des „Zollvereinsblattes" zeigte Friedrich List, daß er deren Bedeutung ihrem ganzen Umfange nach zu würdigen verstände:

„Die See ist die Hochstraße des Erdballs. Die See ist der Paradeplatz der Nationen. Die See ist der Tummelplatz der Kraft und des Unternehmungsgeistes für alle Völker der Erde und die Wiege ihrer Freiheit. Die See ist die fette Gemeindetrift, auf welche alle wirthschaftlichen Nationen ihre Heerden zur Mastung treiben. Wer an der See keinen Antheil hat, der ist ausgeschlossen von den guten Dingen und Ehren der Welt — der ist unseres lieben Herrgotts Stiefkind.

„In der See nehmen die Nationen stärkende Bäder, erfrischen sie ihre Gliedmaßen, beleben sie ihren Geist und machen ihn empfänglich für große Dinge, gewöhnen sie ihr körperliches und geistiges Auge, in weite Fernen zu sehen, waschen sie sich jenen Philisterunrath vom Leibe,

der allem Nationalleben, allem Nationalaufschwung so
hinderlich ist. Das Salzwasser ist für die Nationen eine
längst erprobte Panacee; es vertreibt ihnen die Titelsucht,
die Blähungen aller den gesunden Menschenverstand ver-
zehrenden Stubenphilosophie, die Krätze der Senti-
mentalität, die Lähmungen der Papierwirthschaft, die
Verstopfungen der gelehrten Pedanterei und heilt Stuben-
versessenheit und Grillenfängerei aus dem Grunde. Dabei
giebt es dem Magen der Nationen Thon, denn es bringt
Reichthum und Genüsse, Muth und Lebensfreudigkeit in
die Masse des Volkes. Seefahrende Leute lachen über
das Hunger- und Sparsystem am Boden kriechender
Nationalökonomen, wohl wissend, daß die See an guten
Dingen unerschöpflich ist und daß man nur Muth und
Kraft haben dürfe, sie zu holen. Eine Nation ohne
Schifffahrt ist ein Vogel ohne Flügel, ein Fisch ohne
Flossen, ein zahnloser Löwe, ein Hirsch an der Krücke,
ein Ritter mit hölzernem Schwert, ein Helote und Knecht
der Menschheit. Und so tief sinkt zuletzt der öffentliche
Geist insektenartig auf dem Lande kriechender Nationen,
daß sie diejenigen verfolgen und verspotten, die ihnen
rathen, sich zur See zu versuchen, wie im Lande der
Hinkenden der Sonderling verlacht wird, der keck auf
zwei Beinen daherschreitet. Wir sprechen nicht von
Deutschland — bewahre der Himmel! — wir sprechen
von den Aethiopiern, von den Chinesen und Japanesen,
von den Leuten am Himalaya, von allen jenen Schwäch-
lingen, welchen die See weder Nahrung noch Stärkung
bringt!

„Wir Deutschen haben noch eine Schifffahrt, Gott
sei's gedankt und den braven rüstigen Leuten an den
Mündungen der Ems, der Weser, der Elbe, der Trave,
der Oder, vor allen aber unseren wackeren Bremern, die
unter dem Schutze Gottes und seiner Heiligen den ganzen
Erdball so muthig beschiffen, als segelten sie unter der
Flagge der mächtigsten Nation, als wären sie nicht den
Fußtritten und Rippenstößen jedes muthwilligen Barbaren
bloßgestellt, den die Lust anwandelt, sich an ihnen zu
vergreifen.

„Tiefsinnige Gelehrte, Politiker von reinstem Wasser
haben bewiesen, Deutschland besitze weder Mittel noch

Luft, eine seefahrende Nation zu werden; die Deutschen
seien durchweg Landratten, liebten, wie Gewürm, am festen
Boden zu kriechen und fürchteten die Gefahren der See,
die keine Balken habe. O! ihr Büchermacher, wie ihr
euer Land und Volk kennt! Möchte doch einer von euch
in die noch unentdeckten Gegenden an der Ost= und
Nordsee zu reisen wagen und sich die Länder und ihre
Bewohner beschauen und ihr Thun und Treiben, ihr
Leben und Weben beobachten und euch schulgerechte
Tabellen darüber anfertigen, wie viele junge Leute hinaus=
ziehen in den Seedienst aller Länder und Welttheile,
weil die einheimische Schifffahrt ihrem Drang und Sehnen
nach dem Leben und den Gefahren der See keine Be=
friedigung gewähren kann, wie viele zu Hause bleiben,
denen kein Beruf lieber wäre als der Seedienst, könnten sie in
der vaterländischen Schifffahrt Unterkunft finden, welches Ge=
schick, welche Lust und Kraft diese Leute zum Seedienst besitzen,
und wie viele Schiffe zu bemannen wären, und wie viel
tüchtige Kapitäne nur allein die Uferstaaten zu erziehen
vermöchten, von dem Binnenland nicht zu reden, und
welche Materialen und Werkleute sich zum Behuf des
Schiffbaues bei ihnen vorfinden, und wieviel und welche
Arten Schiffbauhölzer jetzt außer Lande gehen, die zum
einheimischen Schiffbau verwendet werden könnten, und
welche Fortschritte die deutschen Seeleute und Schiff=
bauer im Bauen und in der Führung der Schiffe, und
die deutschen Matrosen im Seedienst ohne alle Be=
günstigung von Seiten der deutschen Staaten — ja noch
im schweren und erniedrigenden Kampfe mit den Schiff=
fahrtsbeschränkungen aller fremden Nationen gemacht
haben — das wären einmal Tabellen, die zu vernünftigen
Schlüssen führen könnten. — Wir werden seltsame Be=
hauptungen und Argumente über diesen Gegenstand zu
berichten haben: z. B., daß es ein großer Vortheil sei,
wenn Deutschland keine gemeinschaftliche Flagge habe,
weil gegenwärtig die Flagge der einzelnen Staaten und
Städte insultirt werden könne, unbeschadet der Ehre der
Nation, (?!) während der Bund keine Macht hätte, die
Beleidigungen der Vereinsflagge zu rächen . . . . .

„Jene Weisen, die uns einwenden, wir nehmen das
Zeichen für die Sache selbst, verkennen, daß auch schon

das Zeichen moralische Kräfte weckt. Sie sind nie an
fernen Küsten gewesen. Nie haben sie gesehen, wie der
Nordamerikaner beim Anblick des sternbesäeten Paniers
sein Pennsylvanien, sein Delaware, sein Ohio oder Illi=
nois vergißt und sich nur als Bürger der Vereinigten
Staaten fühlt. Nicht können sie sich vorstellen, welche
Zauberwirkung eine gemeinsame Flagge auf die in ent=
fernten Ländern wohnenden Deutschen und auf die Ent=
wickelung und Erhebung des Nationalgeistes im Innern
üben würde.

„Hat man doch mehr als ein Beispiel, daß durch ein
Zeichen die Sache herbeigeführt worden ist. Preußen
selbst ist davon ein großes Exempel. Als Friedrich I.
sich in Königsberg die Krone auf's Haupt setzte, was
war diese Krone anders als ein Zeichen dessen, was
Preußen werden wollte, denn ein Königreich war es
damals noch nicht. Aber die Krone wirkte, daß die
Häupter, die sie trugen, ein Königreich suchten.

„Die Flagge ist die Seekrone auf dem Haupte der
Nationen. Man setze der deutschen Nation diese Krone
auf und das Uebrige wird sich finden. Vierzig Millionen
Menschen werden dem Zeichen ihrer Einheit und ihrer
Ansprüche auf das volle Weltbürgerrecht Achtung zu
verschaffen wissen auf die eine oder die andere Weise.
Ohne dieses Zeichen werden sie ewig Englands Kammer=
knechte bleiben. Nur in dem Streben nach irgend einer
Bedeutung zur See äußert sich das wahre handgreifliche
Weltbürgerthum, alles Andere ist zur Zeit eine Ausgeburt
durch zu vieles Sitzen desorganisirter Gehirne.

Die Hoffnung auf unmittelbare Erfüllung der Wünsche
sollte sich nicht verwirklichen. (Vergl. die Artikel über
die „Flottengründungsbestrebungen bis 1848" und über
„Die erste deutsche Flotte; 1848".) Indeß erhielt man einen
vollen Beleg für die Berechtigung der Wünsche nach
einer einheitlichen Seemachtentfaltung noch Ende der
fünfziger Jahre, als es der Entsendung eines Geschwaders
der inzwischen auf eigene Faust von Preußen erbauten
Marine bedurfte, um in Ostasien die gleichen Rechte zu
erringen, die sich inzwischen andere europäische Mächte
und die Vereinigten Staaten durch die Gewalt oder den
Eindruck ihrer Waffen erschlossen hatten. Bereits 1852

hatte Admiral Prinz Adalbert auf eine Anfrage des Kriegsministeriums, ob die preußische Marine in Marokko eine Demonstration machen könne, um von den Riffpiraten Genugthuung zu erlangen, in seiner Antwort das weiteste Verständniß für die Tragweite der Flottenfrage bekundet:

„Nicht nur die Nothwendigkeit, die Ehre der preußischen Flagge aufrecht zu erhalten, fordert dazu auf, sondern auch die Rücksicht auf die gegenwärtige handelspolitische Lage. Denn **ganz abgesehen davon, daß der vaterländische Handelsstand mit dankbarer Befriedigung den Schutz seiner Schiffe erkennen und sich dadurch zu lebendigerer Thätigkeit aufgemuntert fühlen wird,** so müssen auch die übrigen Staaten des neuen Zollvereins aus dieser Expedition inne werden, wie Preußen alle Zeit bereit und schon nach so kurzer Zeit mächtig genug ist, auch schon durch seine maritimen Streitkräfte für ihre Interessen in die Schranken zu treten, und sie werden erkennen, daß ein enger Anschluß an Preußen das einzige Mittel bietet, ihren Handel unter dem nöthigen Schutz nach den entfernten Handelsplätzen auszudehnen, ohne sich der Großmuth ihrer Konkurrenten überlassen zu brauchen. Auch für die junge Marine wird eine solche Expedition ein mächtiger Impuls ihrer inneren Entwickelung sein, selbst wenn es nicht zu glänzenden Effekten kommen sollte, was immerhin möglich ist . . . . ."

Mahan („Einfluß der Seemacht auf die Geschichte". 1897, Kap. 1) weist auf die unumgängliche Wechselwirkung zwischen Seemacht und Seehandelsmacht hin, wie eins nicht ohne das andere bestehen kann.

„Eine Marine schafft noch keinen Handel — der Handel aber erzeugt entweder eine Marine, welche stark genug ist, ihn zu schützen, oder er geht in die Hände von Kaufleuten über, welche solchen Schutz genießen.

Spanien hatte einst den größten Handel beider Hemisphären. Als es seine Seeherrschaft einbüßte, verlor es auch seinen Handel.

Die Niederlande erbten den Welthandel Spaniens, aber konnten ihn nur so lange fest= halten, als sie der Aufgabe, ihn zu schützen, gewachsen waren. Wenn auch zugegeben werden muß, daß eine kräftige Marine allein nicht den Handel einer Nation erzeugen kann, so kann doch sicher eine schwache Marine Veranlassung geben, daß der bestehende Handel auf eine andere, stärkere Flagge übergeht.

Aus diesem Grunde ist die außerordentliche Thätigkeit auf den Werften Europas be= zeichnend."

Ein Beleg für die Bedeutung der Flotte bei Er= schließung von Handelswegen war, daß Preußen nach Er= scheinen der Kriegsschiffe in Japan 1860/61 die Konzession der gleichberechtigten Zulassung mit anderen Mächten erhielt; Hamburg dagegen suchte vergeblich bei dritten Mächten um Interventionen zu seinen Gunsten nach, ohne doch bis zur Begründung des Norddeutschen Bundes von Japan Rechte erhalten zu können, die zu erstreiten es zu schwach war.

„Wie es etwa 75 Jahre vorher Preußen gelungen war, mit den unlängst zur Unabhängigkeit gelangten Vereinigten Staaten von Amerika einen Vertrag zu schließen, während die Hansestädte, die bei Weitem mehr praktisches Interesse an einem solchen hatten, dazu nicht gelangten, so war es auch hier: Preußen, dessen Flagge in den ostasiatischen Gewässern allerdings nicht unbe= kannt war, aber weit hinter der Frequenz der Ham= burgischen und Bremischen zurückstand, Preußen hatte seinen Vertrag; die Hansestädte aber, die weit mehr als alle anderen deutschen Staaten an einem Vertrage mit Japan interessirt waren, hatten alle Ursache, über das Scheitern ihrer Hoffnungen sehr betrübt zu sein." (Baasch: „Die Anfänge des modernen Verkehrs mit Vorderindien und Ostasien"; Mittheilungen der geogra= phischen Gesellschaft in Hamburg, Band 13, S. 124.)

So sah man denn noch kurz vor der Begründung des einigen Deutschen Reiches bei den Hanseaten die Wiederholung eines oft erlebten Schauspiels, und wenn man annahm, daß an ihrer Nichtzulassung auswärtige Mächte nicht uninteressirt waren, so wurde man erinnert an die früheren Vorgänge, wo im 18. Jahrhundert die Kaiserliche Ostender Kompagnie durch den Neid der See= mächte ruinirt wurde, den Hamburgern von England die Betheiligung an der Schottisch=Ostindischen Kompagnie verboten wurde, und die Spanier sie zwangen, einen mit den Barbaresken geschlossenen Vertrag nicht zu ratifiziren, sodaß sie dadurch nothgedrungen von der Schifffahrt im Mittelmeer ausgeschlossen wurden, während die Eng= länder und Holländer letzteres aus Konkurrenzgründen gern mitansahen, ohne sie zu unterstützen. (Baasch: „Die Hanse=Städte und die Barbaresken". 1897. 2. Kapitel.) Auch von der Losreißung der amerikanischen Kolonien hatten die Hamburger nur zögernd Gebrauch zu machen gewagt, um nicht den Zorn anderer Mächte, vor Allem Spaniens und Portugals, auf sich zu ziehen. (Baasch: „Beiträge zur Geschichte der Handelsbeziehungen zwischen Hamburg und Amerika". 1892. Theil V.)

Mehr und mehr aber wurde die erhöhte Seegeltung für das in der Mitte Europas gelegene Deutschland nothwendig.

Schon damals setzte in erheblichem Umfange jene Bewegung ein, die Mahan neuerdings Amerika zu Ge= müthe führt:

„Nicht nur sind wir gewachsen . . . . . auch das Aussehen der Welt hat sich geändert ökonomisch und politisch. Die See, heute wie stets das große Verkehrsmittel zwischen den Völkern, wird mit einer Geschwindigkeit und Sicherheit durchmessen, die die Entfernungen unendlich verringert hat. Ereignisse, die unter früheren Verhältnissen ent= fernt und von geringer Bedeutung gewesen sein würden, passiren nunmehr vor unseren Thüren und gehen uns nahe an. Man hat erkannt, daß die Nähe gar leicht zur Quelle politischer Rei= bungen wird, aber die Nähe ist das Charakte= ristikum unserer Zeit. Die Welt ist kleiner geworden. Punkte, die einst fern ablagen, sind heut von vitaler Wichtigkeit infolge ihrer Nähe; aber wenn= schon die Entfernungen sich verringert haben, sie bleiben für uns Entfernungen zu Wasser; und wie kurz sie auch sein mögen, zum Zweck des politischen Ein= flusses müssen sie schließlich von einer Flotte durchmessen

werden, dem unentbehrlichen Werkzeuge, durch das eine
Nation, wenn Verwickelungen entstehen, ihre Macht über
ihre eigenen Küsten hinaus vorwärts werfen kann." (Mahan:
„Interest of America in Sea Power, present and future."
1897. S. 148.)

Derselbe Mahan hat als die Grundbedingungen,
welche die Seegeltung der Nationen beeinflussen, sechs
Punkte aufgeführt: 1. die geographische Lage, 2. die natür=
liche Beschaffenheit des Landes einschließlich der damit
zusammenhängenden Produktionsgrundlagen und des
Klimas, 3. die Gebietsausdehnung, 4. die Bevölkerungszahl,
5. den Charakter des Volkes und 6. den Charakter der Regie=
rung einschließlich der nationalen Institutionen („Einfluß
der Seemacht auf die Geschichte", Band I, S. 36). Daß der
sechste und letzte Faktor erst mit der Begründung des
Deutschen Reiches wieder in günstiger Weise zur Wirk=
samkeit gelangte, „als die alten hanseatischen und
die alten preußischen Farben zur nationalen
Flagge vereint wurden", erklärt, daß die Entfaltung
Deutschlands nach der maritimen Seite hin bis dahin weit
hinter dem zurückgeblieben war, was die übrigen fünf Fak=
toren zu erheischen und zu gewährleisten schienen. Weiterhin
aber wird es dadurch auch klar, daß nun jener große
Umschwung sich vollziehen konnte, der in den „Seeinteressen
des Deutschen Reiches" dargethan ist, die zeigen, wie seit
1871 nach Kräften nachgeholt wurde, was man vorher
hatte versäumen müssen. Heute ist Deutschland mit
seinen wirthschaftlichen und politischen Interessen un=
trennbar mit dem Weltmarkte und den überseeischen Ge=
bieten verknüpft; von Jahr zu Jahr verstärken sich die
Bande (vergl. v. Halle: a. a. O.; Dr. Paul Voigt:
„Deutschland und der Weltmarkt"; „Preußische Jahr=
bücher", Januar 1897, sowie Dehn: „Kommende Welt=
wirthschaftspolitik"). Kommerziell sind die großen Fort=
schritte dauernd unverkennbar. Schon 1889 aber schrieb
Ehrenberg („Hamburg und Antwerpen seit dreihundert
Jahren", S. 49):

„Sache des Reiches ist es, dahin zu wirken, daß
die Nachtheile (welche aus der Zugehörigkeit der Han=
delsstädte zu einem großen politischen Gemeinwesen
unter Umständen erwachsen könnten) auf ein mög=

lichst geringes Maß beschränkt bleiben. Deutschland besitzt in Europa die zweitgrößte Handels=marine; aber unter den Seemächten Europas steht es höchstens an fünfter Stelle; das kann nicht als ein normales Verhältniß angesehen werden. **Ist nicht das Schiff eine Fortsetzung des hei=mischen Bodens und daher gleich diesem nach Kräften zu vertheidigen?"**

Er erkannte, daß dem großen und erfreulichen Auf=schwung keine genügend fortschreitenden Vorbereitungen für den maritimen Schutz zur Seite gestellt waren. Es war zu fürchten, daß das von Mahan berichtete Wort Jan de Witts an Deutschland wieder in die Erscheinung träte („Einfluß der Seemacht auf die Geschichte", S. 57):

„Niemals werden die Holländer aus Furcht, daß Krieg ausbrechen könne, in Friedenszeiten Entschlüsse fassen, welche sie von vornherein zu Geldopfern nöthigen könnten. Der Charakter der Holländer ist ein derartiger, daß sie nicht geneigt sind, Geld für ihre eigene Vertheidigung auszugeben, so lange ihnen nicht die Gefahr ins Gesicht starrt."

Zu gleichen Schlüssen, wie Ehrenberg, gelangte alsbald Neubaur („Das größere Deutschland und die Wahrung seiner Interessen"):

„Wenn wir die Seegeltung, die uns gebührt, heute noch nicht haben, so liegt darin eben ein schwerer Mangel, eine Entwickelungsstörung, welche beseitigt werden muß."

Die letzten Jahre haben das Mißverhältniß indeß noch verstärkt. Wie aber aus der Entwickelung der Dinge er=klärlich, war es zunächst eben nur ein kleiner Theil von Deutschland, der die Situation übersah. In den Kriegen von 1866 und 1870 hatte die Seemacht keine Rolle ge=spielt. (Siehe den Artikel: „Schädigung des Seehandels", 1870.) Hinterher aber waren die Fragen der inneren und sozialen Politik so in den Vordergrund getreten, daß man sich über die internationalen Fragen sowie über die Lage des Welthandels und Weltverkehrs nicht allgemein Rechenschaft ablegte.

Schon seit einer Reihe von Jahren hatte man von
Hamburg aus auf die drohenden Gefahren hingewiesen,
und das Verständniß für die Situation wurde bereits
in dem im Dezember 1896 abgeschlossenen „Exporthand=
buch der Börsenhalle für 1897/99" mit folgenden Worten
klargelegt:

„Wir würden uns der Undankbarkeit schuldig
machen, wenn wir nicht an dieser Stelle aner=
kennen wollten, daß durch die gewaltigen Er=
rungenschaften unseres Vaterlandes in dem
letzten Vierteljahrhundert die Stellung der
Deutschen an den überseeischen Plätzen eine
ganz andere und bessere geworden ist. Mit
welcher Geringschätzung wurden früher die
Deutschen oft im Auslande behandelt, als noch
keine starke Macht hinter den deutschen Konsuln
stand. Wer das mit erlebt, selbst mit durch=
gemacht hat, hat es gewiß mit Freuden be=
grüßt, als 1867 die deutschen Schiffe endlich
unter eine einheitliche Flagge gebracht und
die verschiedenen Flaggen der deutschen Küsten=
staaten beseitigt wurden. Mit Staunen wurde
man überall gewahr, daß Deutschland, nach
seiner Handelsflotte zu urtheilen, ein gar
großes Reich sei, und in China z. B. konnte
man es kaum begreifen, wie es möglich war,
daß die hamburgischen Schiffe, von denen eine
zahlreiche und von den eingeborenen Kauf=
leuten sehr bevorzugte Flotte in der chinesischen
Küstenschifffahrt beschäftigt war, plötzlich eine
andere Flagge aufzogen und dennoch nach wie
vor sich hamburgische Schiffe nannten. Als
dann aber die gewaltigen weltgeschichtlichen
Ereignisse von 1870/71 eintraten, als Deutsch=
land unter der Führung des Kaisers Wilhelm I.
zu einem der mächtigsten Reiche erblühte, da
verwandelte sich die Verwunderung im über=
seeischen Auslande in Achtung, und als dann
auch die deutsche Reichsflagge stolz von der
Gaffel deutscher Kriegsschiffe wehte, die junge
Reichsflotte sich mehr und mehr vergrößerte,

da schlug man im Auslande den Deutschen gegenüber einen anderen Ton an; man hatte Respekt vor Deutschland bekommen. Wenn Deutschlands transatlantischer Handel, Deutschlands Seeschifffahrt ferner blühen und gedeihen sollen, dann ist der Schutz einer starken Flotte unabweisbar. Wir können aber sicher sein, daß die Reichsregierung diesen für das Gedeihen so hochwichtigen Punkt immer im Auge behalten und beherzigen wird, um so mehr, als jetzt in Kaiser Wilhelm II. ein Herrscher an Deutschlands Spitze steht, welcher volles Verständniß für Deutschlands Schifffahrtsinteressen hat und sich für die deutsche Kriegsmarine sowohl wie für Deutschlands Handelsflotte ganz besonders interessirt. („Hamburgs Handel und Verkehr". Hamburg 1897. S. 79.)"

Die augenblickliche Situation im Vergleich mit der Vergangenheit hat v. Wenckstern richtig gekennzeichnet, indem er sagt:

„In dem Eingreifen Deutschlands (in Ostasien im Jahre 1895 zusammen mit Rußland und Frankreich) meldete sich schon das, was ich mit einem Ausdrucke von Clausewitz', dem großen Philosophen des Unglücks Preußens am Anfange dieses Jahrhunderts, den » neuen Gedanken« nennen möchte, welcher damals — um 1800 — nicht gefaßt worden ist.

Das Preußen von 1806 lebte und webte in ausgefahrenen Geleisen der einst großen Fridericianischen Politik, fraß sich gewissermaßen in sich selbst auf und mußte — der Staat Preußen — zusammenbrechen vor dem Anprall des Volkes Frankreichs.

Aber dieser neue Gedanke ist 1895 eben nur gedacht worden: zur Ausführung gelangt er jetzt durch das Fußfassen in China, durch die Einbringung des Flottengesetzes.

Das Entscheidende in dem Flottengesetzentwurf erblicke ich darin, daß er sich an den Reichstag, an das Volk wendet, daß er auf Grund der gesetzgeberischen Basis diese Aktion Deutschlands nicht zu einer Aktion der Dynastie, sondern zu einer Aktion des ganzen deutschen Volkes machen will."

(Theoretische Begründung der Nothwendigkeit einer starken deutschen Flotte von Dr. A. v. Wenckstern, Vortrag, gehalten in der Staatswissenschaftl. Vereinigung zu Berlin am 15. Dezember 1897.)

Im August 1897 schrieb Prof. Rathgen:

„Das 18. Jahrhundert entschied den Kampf um Indien und Nordamerika. Das 19. sah die Vernichtung des spanischen Kolonialreichs und die Auftheilung Afrikas. Das 20. Jahrhundert bringt den Kampf um China. Wird das gewaltige Marktgebiet allein unseren wirthschaftlichen Gegnern zufallen?"

Inzwischen hat die Besetzung von Kiautschou gezeigt, daß die deutsche Regierung durch eine sorgfältig vor= bereitete und weitaus schauende Politik auf den Bahnen der „neuen Idee“ vorwärts schreitet. Damit ist die Frage der Beantwortung näher gerückt:

„Alle Macht drängt sich zusammen in den Händen der großen Weltreiche, wie Joseph Chamberlain sagte. Werden wir Deutsche zufrieden sein, zu den »sekundären« Ländern zu gehören, »die nicht fortschreiten«, oder werden wir ebenso stolz wie der Engländer von der Bedeutung unseres Volksthums für die Menschheit, von unserer nationalen Kraft, unseren nationalen Aufgaben, unserer nationalen Ehre denken?“ (Rathgen.)

Und die Aufnahme, die jene Besetzung im ganzen Lande gefunden hat, zeigte, was das deutsche Volk zu thun wünscht. Rathgen schließt:

„Dann müssen wir uns klar darüber werden, daß nur eine Seemacht Weltmacht sein wird. Dann müssen wir auch den Willen haben, die Opfer zu bringen, ohne die wir uns unter den großen Völkern nicht behaupten können.“ (Die Kündigung des englischen Handelsvertrags und ihre Gefahr für Deutschlands Zukunft. 1897. S. 20.)

Besonders beachtenswerth ist auch die folgende Aus= lassung des Professors v. Schulze=Gaevernitz (Frei= burg) in der „Nation“ Nr. 23 vom 5. März 1898 über die Bedeutung unserer Flotte für unsere politischen und wirthschaftlichen Beziehungen zu England:

„England und Deutschland sind sich gegenseitig die besten Abnehmer; der vierte bis fünfte Theil der Ge= sammtausfuhr beider Länder kommt auf den gegen= seitigen Austausch. Unser Interesse verlangt Sicherung und Pflege des hochwichtigen englischen Marktes. Es ist ein Verdienst der »Nation«, stets auf die Wichtig= keit der deutsch=englischen Wirthschaftsbeziehungen hin= gewiesen zu haben, insbesondere gegenüber jenen Ruhm= rednern, die gar nicht ermessen, was gegenwärtig ein Krieg mit England für uns bedeutet. Weisen doch englische Stimmen mit Recht darauf hin, daß England allein von allen Mächten ohne zu große Gefahr für sich Deutschland angreifen könne, daß keine Küste leichter zu blockiren sei als die deutsche, daß ein solcher Krieg durch Unterbrechung der Ausfuhr und der Handels= beziehungen für Deutschland unabsehbare Ver=

luste mit sich bringen würde. Solche Stimmen
werden verständlich, wenn man bedenkt, in welchem Um=
fange der deutsche Handel innerhalb des Gesammt=
handels der Welt sich während der letzten Jahrzehnte
vorgeschoben hat. (Nach E. v. Halle hat seit Anfang
der achtziger Jahre der gesammte Welthandel um 8 pCt.,
der deutsche Handel um 33 pCt. zugenommen.) Gerade
um die vernünftigen und friedlichen Elemente
in England zu stärken und den Handelsneid
in unschädliche Grenzen zu bannen, bedürfen
wir einer Vertheidigungsflotte, welche jeden
Angriffsgedanken dem nüchternen Sinn des
Engländers verleidet.

„Weiter haben wir mit den anderen Festlands=
nationen das gleiche Interesse daran, daß die britische
Territorialausdehnung ihre Grenze erreicht habe. Das
britische „Vom Cap zum Nil" widerspricht zwar in
erster Linie den französischen, aber doch auch den
deutschen Interessen; deutsche Lebensinter=
essen aber würden berührt durch eine britische
Kontrole des noch unvertheilten Restes der
Welt, vor Allem Chinas und der Türkei,
deren Annexion Disraeli vorbereitete. Zwar
haben demgegenüber ruhigdenkende Engländer selbst,
wie z. B. Goschen 1889, sich gegen eine weitere
Vorschiebung der britischen Grenzen erklärt, weil das
offenkundige Mißverhältniß zwischen Ausdehnung und
Machtmittelpunkt hierdurch noch weiter verschärft würde.
Aber gegenüber den riesenhaften Erwerbungen, die
England noch in den 80er und 90er Jahren gemacht
hat (Egypten, Birma, Sansibar, Ostafrika, Matabele=
land), kann sich das festländische Europa auf jene
Einsicht nicht verlassen, vielmehr hat es sie zu ver=
tiefen durch Vertheidigung der gemeinsamen Fest=
landsinteressen, wobei Deutschland, ohne sich
in den Vordergrund zu schieben, nicht fehlen
darf. Hierbei sollte unsere Diplomatie sich mit
kaufmännischem Geiste durchdringen und alle aus=
wärtige Politik im Grunde Handelspolitik
sein. Aber wenn wir dies verlangen, so müssen wir
unseren Diplomaten das Instrument in die Hand geben,

ohne welches sie nichts als schwächliche Bittsteller sind und
besser zu Hause bleiben: eine schlagfertige Flotte, die,
wenn schon zweiten Ranges, doch als Bundesgenossin
geschätzt ist.

„In nächster Zukunft dürfte es sich für uns
weniger um Kolonialerwerb größeren Stils
handeln, als um die Erhaltung des offenen
Marktes für alle und um die Abwehr fremder
Eroberungen. Sollte jedoch einmal in Zukunft der
Tag der Liquidation hereinbrechen, so muß Deutschland
die Macht besitzen, an ihr theilzunehmen.“

Es ist gewiß ein erfreuliches Zeichen, daß,
als nunmehr, wo das deutsche Volk ernsthaft auf
die Sachlage aufmerksam gemacht worden ist, auf
die nationalen, politischen und wirthschaftlichen
Interessen, welche nicht für einzelne Landestheile,
sondern für das ganze Volk auf dem Spiele
stehen, der Umschwung der öffentlichen Meinung
überall sich rascher vollzogen hat, als noch vor
einem halben Jahre selbst Optimisten zu hoffen
gewagt hätten, so daß heute bereits an die Stelle
des „fuimus Troes“ bei den großen Massen des
Volkes der feste Wille getreten ist, die Kinder
zur See nicht wieder Gefahren auszusetzen, denen
sie zu Lande durch den festordnenden und organisatorischen Sinn und das kraftvolle Werk der
Väter entrissen sind.

„Die Verflechtung der deutschen Volkswirthschaft in den
Weltverkehr und die gegenwärtig auf der Tagesordnung
stehende Verstärkung der deutschen Flotte bedingen sich
gegenseitig.“ (v. Schulze=Gaevernitz „Nation“ vom
12. 3. 98.)

Professor Schmoller wies jüngst vor dem V. D. St.
darauf hin, wie Friedrich der Große nur in der geringen
Ausdehnung der Küsten und der Armuth des Landes eine
Beschränkung der Flottengründung sah. Was hätte der
große König wohl angesichts der einig deutschen Küste
von der Ems bis Memel und der Milliarden Seeinteressen
geschaffen?

Warum unsere Schlachtflotte zu schwach ist!

Die Verhinderung einer wirksamen Blockade der deutschen Häfen und die Offenhaltung der benachbarten Meere sind die Hauptaufgaben der deutschen Flotte. Diese Aufgaben bedingen aber das Dasein einer schlagfertigen Angriffsflotte von starken Schlachtschiffen; denn die Blockade läßt sich nur verhindern, indem man die feind= liche Schlachtflotte von den Hafeneinfahrten vertreibt; die benachbarten Meere, also Nord= und Ostsee, lassen sich nur offen halten, indem man mit überlegener Macht den Feind aus diesen Meeren hinausdrängen kann! Hier kann es sich nicht mehr um eine passive Ver= theidigung handeln, wie etwa kleine Panzerschiffe sie führen würden, um feindliche Schiffe an dem Ein= dringen in die Elbe oder Weser zu hindern. Von der Möglichkeit der Erfüllung der hier genannten Haupt= aufgaben der Flotte hängt die Erhaltung unserer Welt= handelsstellung ab. Bei einer scharfen monatelangen Blockade würde Hamburg aufhören, der Stapelplatz für Waaren aus allen Weltgegenden zu sein, das Handels= kapital würde nach England und Amerika wandern und dort auf fremden Schiffen die im Auslande gekauften Waaren weiter verschiffen. Am meisten hätten also die Arbeiter aller deutschen Industriezweige, die für den Export arbeiten, sowie die riesige Zahl der Kaiarbeiter, Schauer= leute, Werftarbeiter, Seeleute in den deutschen Hafen= städten zu leiden, ferner alle die kleinen Geschäftsleute, die von diesen Arbeitern leben. Das deutsche Industrie= kapital, wie auch das in Schifffahrts= und Schiffbau= betrieben angelegte Kapital würde keine Zinsen mehr tragen und zum größeren Theile wohl ganz verloren gehen. Es wird noch jedem Hamburger gegenwärtig sein, wieviel Schaden die bösen Wochen der Cholerazeit und des großen Hafenstreiks gebracht haben, trotzdem damals der Schiffsverkehr nur stark gehemmt, aber durchaus nicht vollständig abgeschnitten war. Nun über= lege man sich einmal, wie schlimm die Noth werden würde, wenn bei einem langwierigen Kriege, etwa des Zweibundes gegen den Dreibund, unsere Nordsee=Küste scharf vom Feinde blockirt sein würde! Entsetzliches

Elend würde über die Hafenstädte und auch über die Fabrikstädte des Binnenlandes kommen. Daß es reiche Leute geben mag, die gleichgültig gegen die Blockadegefahren sind, mag erklärlich sein; unverständlich aber ist es, weil völlig im Widerspruch zum natürlichen Selbsterhaltungstrieb, daß auch Arbeiter diese ungeheuere Gefahr für sich und ihre Familien so auf die leichte Schulter nehmen. Wie denken sich die Verständigen unter ihnen die Folgen einer Absperrung des deutschen und fremden Seeverkehrs in unseren Häfen? Schon diese Betrachtungen müssen jedem Vaterlandsfreunde sagen, daß eine passive Küstenvertheidigung das Vaterland nicht vor schwerem Schaden bewahren kann, selbst wenn wir zu Lande siegreich blieben. Wir dürfen aber nicht außer Acht lassen, daß auch auf beiden Seiten der Kriegführenden nach hartnäckigem Kampfe ohne Entscheidung Erschöpfung der Kräfte eintreten kann; dann könnten wir keine Entschädigung für die Uebel der langen Blockade oder für die Beschießung und Brandschatzung unserer Häfen fordern.

Es kommt nun darauf an, zu betrachten, mit welchem Theile ihrer Streitkräfte unsere möglichen Feinde uns in unseren heimischen Gewässern angreifen können; danach muß offenbar die Stärke der deutschen Schlachtflotte bemessen sein, die die wirksame Blockade der deutschen Nordsee-Küste verhindern soll. Frankreich wird uns ohne einen starken Bundesgenossen schwerlich angreifen; dazu fehlen ihm die Kräfte, von anderen Gründen abgesehen, schon wegen seiner schwächeren Volkszahl. In einem Kriege des Zweibundes gegen den Dreibund wird uns weder Oesterreich noch Italien zur See helfen können, denn die Flotten dieser Staaten würden im Mittelmeere durch die stärkeren französischen Seestreitkräfte im Schach gehalten werden und hätten genug damit zu thun, ihre eigenen Küsten gegen französische Angriffe zu schützen. Man irrt sich sehr, wenn man annimmt, daß unsere Bundesgenossen die französischen Küsten angreifen könnten; man darf auch nicht annehmen, daß die mächtige russische Flotte im Schwarzen Meere geduldig zu Hause bleiben würde. Jedenfalls würde Deutschland es mit der französischen Nordflotte und der russischen Ostsee-Flotte zu

thun haben; diesen Streitkräften muß die deutsche Flotte
gewachsen sein, um ihre Hauptaufgabe erfüllen zu können.
Da die Angreifer natürlich ihre eigenen Küstenmeere
nicht zu schützen brauchen, weil sie keine Angriffe zu be=
fürchten haben, so würden die Franzosen und Russen
kein einziges kampffähiges Schiff in irgend einem Hafen
zurückzulassen brauchen, sie können und werden ihre
ganze Kraft gegen uns wenden.   Deshalb wäre es sehr
thöricht von den Franzosen, wenn sie in ihre Kolonien,
die Niemand angreifen würde, Schiffe schicken wollten,
wie von einem Flottengegner behauptet worden ist; im
Gegentheil, sie werden kein Schiff in den Kolonien lassen,
sondern Alles gegen uns zusammenziehen.   Frankreich
hält mit guter Absicht stets die Hauptmacht seiner Flotte
zu Hause, und es zeugt von einer völligen Verkennung
der maritimen Situation, wenn die „Freisinnige Zeitung“
fortwährend betont: ja Frankreich braucht seine starke
Flotte wegen seines großen Kolonialreichs.   Es denkt
garnicht daran, lediglich die Situation in den
europäischen Gewässern ist entscheidend, dort hat
Frankreich das Gros seiner Macht vereinigt, weil
es wohl weiß, daß sich dort das Schicksal seiner
Kolonien entscheiden wird.

Was England anlangt, so darf unsere Flotte bei
den politischen Erwägungen und Entschlüssen der eng=
lischen Staatsmänner „nicht länger als Null rechnen“,
wenn wir unsere in fleißiger Friedensarbeit erworbene
Welthandelsstellung nicht leichtsinnig aufs Spiel setzen
wollen! Jetzt rechnet keine Macht der Welt mit
unserer Flotte.

Um darüber entscheiden zu können, ob unsere Kriegs=
flotte wirklich zu schwach ist, muß man ihre Stärke
offenbar mit der Stärke der anderen Kriegsflotten ver=
gleichen.   Das hat selbst der Abg. Richter anerkannt.
In der Reichstagssitzung vom 7. Dezember 1897 bei
der ersten Lesung über das Flottengesetz sprach auch
er von den „Veränderungen in Bezug auf die
Streitkräfte anderer Staaten, mit denen wir zu
rechnen hätten“.   Man muß dabei von der Annahme
ausgehen, daß zwei Schiffe gleicher Gattung (also
zwei Schlachtschiffe, zwei Kreuzer u. s. w.) annähernd

gleichen Gefechtswerth haben, wenn sie ungefähr zu der=
selben Zeit gebaut sind; das ist richtig, weil heutzutage
die Schiffbaukunst und die Waffentechnik bei allen See=
staaten ziemlich gleichweit entwickelt sind. Zwar sind
einzelne kleine Unterschiede vorhanden, z. B. ein Schiff
ist verhältnißmäßig stärker bewaffnet, dafür aber schwächer
gepanzert als ein anderes gleicher Größe und gleichen
Alters. Kurz gesagt, man muß bei Schlachtschiffen und
Kreuzern die Größe (Tonnengehalt des Deplacements)
und das Alter kennen, um ihren Gefechtswerth mit ge=
nügender Genauigkeit erkennen zu können. In den „Grenz=
boten" von 1897, Band I hat der Kapitänlieutenant a. D.
Wislicenus für die neun größeren Kriegsflotten die
Gefechtswerthe berechnet (die Art der Berechnung ist an=
gegeben) und dabei gefunden, daß die englische Flotte reich=
lich doppelt so stark wie die französische, reichlich dreimal
so stark wie die russische, etwa fünfmal so stark wie die
nordamerikanische, die japanische, die italienische oder die
deutsche, zehnmal so stark wie die spanische und ungefähr
siebzehnmal so stark wie die österreichisch = ungarische
Flotte ist. Genauer betrachtet, zeigen sich folgende Ver=
hältnißzahlen: setzt man die englische Flotte = 100, so ist
die französische = 47, die russische = 28, die nordamerika=
nische = 20, die japanische = 19, die italienische = 19, die
deutsche = 18, die spanische = 10, die österreichisch=unga=
rische = 6; hierbei sind alle im Frühjahre 1897 im Bau be=
findlichen Schiffe sowie alle alten Panzerschiffe mitgerechnet.
     Noch deutlicher erkennt man, welchen Werth jetzt alle
größeren Seemächte auf den Ausbau ihrer Kriegsflotten
legen, wenn man aus einer Flottenliste zusammenstellt,
wieviel größere Panzerschiffe und Kreuzer seit 1885, also
seit reichlich einem Jahrzehnt, gebaut worden und noch
im Bau begriffen sind. Bei der japanischen Flotte ist
der neue Flottenplan zu Grunde gelegt, die Schiffe sollen
bereits sämmtlich bestellt sein, aber der Baubeginn steht
theilweise noch bevor. Bei der italienischen Flotte sind
ebenfalls 4 Schlachtschiffe zu je 12 000 Tonnen mitgezählt,
deren Bau beabsichtigt, aber noch nicht begonnen ist. Bei
diesen im letzten Jahrzehnt gebauten Schiffen genügt es,
wenn man ihren Tonnengehalt berücksichtigt; denn nach
der Größe dieser „modernen" Schiffe kann man ihren
Gefechtswerth genügend genau abschätzen.

Schiffsbauten der Seemächte von 1885 bis 1897.

Seemacht	Schlachtschiffe 15500 bis 8000 Tonnen groß		Küstenpanzerschiffe 7000 bis 2000 Tonnen groß		Kreuzer mit Panzerschutz 14000 bis 3000 Tonnen groß		Zusammen	
	Zahl	Tonnengehalt	Zahl	Tonnengehalt	Zahl	Tonnengehalt	Zahl	Tonnengehalt
England	27 / 5*	367 400 / 64 500	1 / —	6 200 / —	60 / 14*	329 300 / 107 400	107	874 800
Frankreich . . .	14 / 4*	160 900 / 36 000	6 / —	41 900 / —	22 / 9*	103 000 / 65 300	55	407 100
Rußland	14 / 3*	138 400 / 34 200	4 / 1*	19 000 / 4 100	6 / 5*	44 900 / 38 000	33	278 600
Nordamerika . .	4 / 5*	42 300 / 57 500	4 / —	19 000 / —	15 / —	80 300 / —	28	199 100
Italien	6 / 5*	71 300 / 57 800	— / —	— / —	8 / 3*	38 300 / 17 000	21	184 400
Japan	2 / 4*	25 100 / 62 000	1 / —	2 600 / —	9 / 11*	28 300 / 60 700	27	178 700
Deutschland . .	6 / 1*	62 400 / 11 100	8 / —	28 000 / —	8 / 2*	46 600 / 11 300	25	159 400
Spanien	1 / —	9 900 / —	— / —	— / —	9 / 7*	49 100 / 49 100	17	108 100
Oesterreich-Ungarn . .	— / —	— / —	5 / —	28 600 / —	3 / 1*	13 400 / 6 200	9	48 200

*) Bedeutet im Bau.

In derselben Zeit, in der der Zweibund also seine Flotten um 88 große Schiffe von zusammen 685 700 Tonnen vermehrt hat und noch zu vermehren im Begriffe ist, beträgt die Vermehrung beim Dreibund nur 55 Schiffe mit 383 000 Tonnen, also weniger als die Vermehrung der französischen Flotte allein! Und da sind noch 4 italienische Panzerschiffe von 36 000 Tonnen mitgerechnet, die vorläufig nur auf dem Papiere stehen, weil ihr Bau noch nicht begonnen ist! Unter den sechs Seemächten, die uns im Bau von Kriegsschiffen übertreffen, sind vier, nämlich Italien, Japan, Nordamerika und Rußland, deren Finanzen ganz sicherlich nicht besser als die deutschen sind; die italienische, die japanische und die nordamerikanische Volksvertretung und Regierung sind aber völlig einig und auch die russische Regierung ist sich klar darüber, daß die großen Ausgaben zur Vermehrung der Kriegsflotten ihrer Länder dem Volkswohlstand mit Zinsen wieder zu gute kommen, wenn der Kampf um die Bewegungsfreiheit auf dem Meere beginnt. Alle diese vier Seemächte haben viel geringern Seehandel und viel kleinere Handelsflotten als Deutschland, haben auch entweder gar keine oder doch nur ganz unbedeutende überseeische Besitzungen. Und das arme, aber nationalstolze Spanien baut eine an Zahl wie an Tonnengehalt stärkere Kreuzerflotte als Deutschland? Ginge es im lieben Vaterlande mit vernünftigen Dingen zu, so müßte Deutschland an dritter statt an siebenter Stelle unter den Seemächten stehen! Deshalb ist die Ansicht richtig, je mehr Schiffe, Schlachtschiffe und Kreuzer mit Panzerschutz wir bauen, desto besser sorgen wir für Deutschlands Zukunft! Nun ist aber bekanntlich überall dafür gesorgt, daß die Bäume nicht in den Himmel wachsen; aus finanziellen und technischen Gründen ist eine plötzliche Vermehrung unserer Flotte leider unmöglich. Wir müssen uns also wohl darauf beschränken, die heute dringend nöthigen Schiffe allmählich in einer Reihe von Jahren nach einem feststehenden Plan zu bauen. Weil in dem 80er Jahrzehnt sehr viel im Ausbau der Flotte versäumt worden ist, deshalb werden die Ausgaben für Schiffbauten einige Jahre lang

höher ſein müſſen als früher. Den Fachleuten
war das Zurückbleiben der deutſchen Flotte gegen die
andern Seemächte nie ein Geheimniß. Je mehr die
fremden Flotten anwuchſen, um ſo dringender wurde von
verſchiedenen Seiten verſucht, das deutſche Volk über die
Gefahren zu belehren, die infolge der zu ſchwachen Flotte
uns bedrohen. Aber die Wahrheit wird an recht vielen
Stellen nur ungern gehört, beſonders wenn ſie zu Ausgaben für das allgemeine Wohl zwingt. Man vergißt
gar zu leicht, daß das allgemeine Wohl eben nichts Anderes
als das Wohl jedes Einzelnen bedeutet. Koſtbare Zeit
iſt deshalb ſchon verloren gegangen, weil die Erkenntniß
ſich nicht plötzlich, ſondern nur allmählich im Volke
ausbreitet.

Wem es zu danken iſt, daß Deutſchland endlich auf-
gewacht iſt und die Gefahren erkennen lernt, die ihm von
See her drohen, das hat kürzlich, am 4. März, der Bürger-
meiſter Hamburgs, Dr. Versmann, in voller Klarheit
ausgeſprochen:

„Die deutſche Flotte, einſt zur Zeit der erſten
Geburtswehen der deutſchen Einheit das Lieb-
lingskind der Nation, war zu ihrem Schmerzens-
kinde geworden. Das Intereſſe an der Flotte
ſchien erſtorben zu ſein, nur das Nothwendigſte
wagte man beim Reichstag zu beantragen, und
auch dies wurde der hohen Körperſchaft nur ſchwer
abgerungen. So war unter kleinen Bedenklich-
keiten und Zwiſtigkeiten, wie ſie unſerem Volke
ſo lange den Weg zur Größe verſperrt hatten,
das Bewußtſein nahezu erſtickt, daß die Nothwendigkeit
einer angemeſſenen Flotte zu den gar nicht diskutirbaren
Fragen gehöre.“

„Aus dieſer gedrückten, geradezu beſchämenden
Stimmung iſt die Nation — wir wiſſen es Alle —
durch die friſche, muthige Führung Seiner
Majeſtät des Kaiſers herausgeriſſen worden.
Eine merkwürdige Wandlung hat ſich vor unſeren
Augen vollzogen. Seit den beſten Zeiten des
Fürſten Bismarck iſt es nicht erlebt worden, daß
eine Idee ſo raſch, ja ſo plötzlich zum Gemeingut
der Nation geworden iſt, wie die täglich wachſende

Ueberzeugung, daß die Seeinteressen Deutschlands von ungeheurem Gewicht sind und daß sie zum Heil des gesammten Vaterlandes nicht weniger als die Landinteressen geschützt werden müssen. Gewiß ist es uns Allen bekannt, daß dieser schöne Erfolg der rastlosen Arbeit hervorragender Männer zu danken ist. Aber nur umsomehr bewundern wir jenen, den wahren Fürsten bezeichnenden Scharfblick, der den rechten Mann an die richtige Stelle zu setzen weiß. Denn, daß es die eigenste Initiative des Kaisers ist, die hier zur Geltung kommt, bezweifelt Niemand. Die ganze Nation ist davon überzeugt; sie fühlt, sie weiß, daß es die Hand des Kaisers ist, die diese Männer und diese Dinge in Bewegung setzt."

„Wie klar aber Seine Majestät die überseeischen Aufgaben der Nation überblickt, davon hat die denkwürdige Kieler Rede vom 10. Dezember ein beredtes Zeugniß abgelegt. Wie ein befruchtender Regen haben jene kaiserlichen Worte auf unsere nationalen Hoffnungen gewirkt. Weite Kreise der Nation haben sie mit neuem Vertrauen auf unsere Zukunft erfüllt. Eine neue Epoche für die Stellung Deutschlands im Wettbewerb der Völker haben sie eingeleitet."

„Die mehr als tausendjährige Geschichte Deutschlands weiß von vielen hervorragenden Kaisern zu berichten, aber unter ihnen ist keiner, der seine Augen fest und dauernd auf die See gerichtet gehabt hätte. Das unschätzbare Glück, einen solchen Kaiser zu besitzen, ist uns und unseren Tagen vorbehalten worden."

Die Flottenfrage darf nicht als Parteisache, sondern muß als nationale Frage erster Ordnung behandelt werden. Die Flottenfrage wird heute von allen Kreisen des Volkes nicht nur mit größerer Wichtigkeit, sondern auch mit vergrößerter Sachkunde behandelt, und das muß und wird dazu führen, daß jeder Vaterlandsfreund erkennt, wie sehr der gesunde Menschenverstand den planmäßigen Ausbau unserer Flotte fordert!

Der wichtigste Theil unserer Kriegsflotte sind die Linienschiffe, die die Blockade der deutschen Häfen verhüten und die benachbarten Meere offen halten sollen. Wir geben zu, daß alle Kriegsflotten auch alte Panzer=

schiffe wie wir haben; aber wir haben in der Tabelle
gezeigt, daß die Zahl der modernen Schlachtschiffe
gerade bei den andern Seemächten, die uns einmal
feindlich entgegentreten könnten, bedeutend größer als bei
uns ist. In Nordamerika ist schon von maßgebender
Stelle ausgesprochen worden, daß man nicht eher mit
dem schnellen Ausbau der Flotte (die innerhalb von etwa
zehn Jahren ganz neu geschaffen ist!) ruhen wird, bis
zwanzig mächtige Schlachtschiffe fertig sein werden! Es
würde hier zu weit führen, eine Uebersicht aller etwa
zwischen 1875 und 1884 vom Stapel gelaufenen Panzer=
schiffe zu geben; es genügt, zu bemerken, daß den fünf
deutschen Schiffen dieser Periode („Sachsen", „Bayern",
„Württemberg", „Baden", „Oldenburg") von zusammen
34 800 Tonnen auf französischer Seite 15 Panzerschiffe (aus
den Jahren 1875 bis 1884) von zusammen 119815 Tonnen
gegenüberstehen, wovon das größte Schiff mehr als
doppelt so groß wie „Oldenburg" und das kleinste nur
etwa 300 Tonnen kleiner ist! Ist das ein natürliches,
ein verständiges Verhältniß? Und alle diese 15 fran=
zösischen Schiffe sind mindestens so gut wie unsere hier
genannten fünf, meist sogar besser (weil sie meist größer
sind) in der französischen Schlachtflotte zum Angriff gegen
uns zu gebrauchen, während unsere 13 kleinen Panzer=
kanonenboote mit insgesammt 13 900 Tonnen lediglich
zur inneren Vertheidigung der Flußmündungen, ins=
besondere der engen Fahrwasser, nie aber zu einer Offen=
haltung der deutschen Meerestheile zu gebrauchen sind.
Man überschätzt bedenklich die Kräfte unserer alten Schiffe,
man beachtet nicht, daß die Technik des Kriegsschiffbaues,
die Entwickelung der schweren und Schnellfeuer=Artillerie
den modernen Schiffen gegenüber alten Schiffen gleicher
Größe eine ganz bedeutende Ueberlegenheit sichert.
Dazu kommt noch, daß die neuen Schiffe erheblich
besser gegen die Unterwasserwaffen, nämlich gegen Tor=
pedos und Rammstöße, geschützt sind durch Zellensysteme
u. s. w. als die älteren Schiffe, daß sie also ungleich viel
widerstandsfähiger sind. Panzerschiffe, die vor 1875 von
Stapel gelaufen sind, dienen nirgends mehr bei der Schlacht=
flotte, sondern werden meist als Hafenschiffe, seltener auch
als Panzerkreuzer, d. h. als Stationsschiffe im Auslands=

dienste, aufgebraucht. Jedenfalls kann man nach reiflicher Prüfung der Brauchbarkeit der einzelnen Schiffe zu unserer Panzerflotte nur rechnen: 4 veraltete Schiffe der „Sachsen"-Klasse, die allerdings für einige Jahre durch Umbauten wieder einigermaßen kriegstüchtig gemacht sind oder noch gemacht werden sollen, 1 etwas neueres kleines Schiff „Olden-burg", dessen Verwendung wegen mancherlei Schwächen (zu schwache Schnellfeuerbewaffnung, zu langsame Ma-schine, zu geringer Kohlenvorrath) sehr beschränkt ist; ferner 4 neue, tüchtige Schiffe der „Brandenburg"-Klasse, 3 noch in der Ausrüstung und im Bau begriffene neueste Schlachtschiffe Typ „Kaiser Friedrich III." und 8 Küsten-panzerschiffe der „Siegfried"-Klasse, die hauptsächlich zur Vertheidigung des Kaiser Wilhelm-Kanals bestimmt sind und die also die Hauptaufgabe der großen Panzerschiffe nur in einzelnen Fällen, in der Nähe der Küsten unter-stützen können.

Der Kern unserer ganzen Flotte zählt also nur sieben vollwerthige Schlachtschiffe (von denen drei noch nicht fertig sind). Das ist aber viel zu wenig zur Erfüllung der Hauptaufgabe!

Warum im Flottengründungsplan von 1873 die Stärke der Schlachtflotte auf 14 Panzerschiffe festgesetzt wurde, erklärt das „Berliner Tageblatt" vom 29. Oktober 1897 unter dem Stichwort „Was die Marinevorlage ver-schweigt" — in folgender Weise:

„Es ist nun eigenthümlich, daß, als der General v. Stosch 14 Panzerschiffe (Linienschiffe) forderte, nirgend-wo Erfahrungen bestanden, auf Grund deren er gerade diese Zahl beanspruchte. Als die späteren Versuche der neunziger Jahre im Gange waren, konnten wir uns mit dem General über die Zahl unterhalten. Und als wir an den General die Frage richteten: »Wie sind Sie denn gerade auf die Ziffer von 14 Panzer-(Linien-)schiffen ge-kommen?«, antwortete er: »Durch einen glücklichen Griff als Autodidakt«. — »Ich habe zwar etwas daneben gegriffen, insofern ich das Linienschiff für die Leitung der Flotte übersehen habe. Aber zu meiner Zeit waren über die Zusammensetzung eines Geschwaders und die Mittel und Wege, ein solches zu leiten, auch alle Marineoffiziere in anderen Staaten Autodidakten. Die

neue Schiffstechnik und Taktik hatte noch keine Erfah=
rungen sammeln lassen können. Die Marinen tappten
daher auch alle im Dunkeln. Aber ich rechne es mir als
Infanterist doch als Verdienst an, daß ich die Ziffer
unserer Linienschiffe ungefähr richtig gegriffen habe.«
Wir haben diese Ausführungen Stosch's wörtlich wieder=
gegeben. Ueberträgt man dies in die Wirklichkeit, so
ergiebt sich für eine Flotte von 16 Linienschiffen ein
Admiralschiff, das wiederum ein Linienschiff sein muß.
Dadurch steigt die Gesammtzahl der Linienschiffe einer
Flotte, die noch lenkbar ist, auf 17. Der Unterschied mit
Stosch's »Griff des Autodidakten« beträgt also 3 Linien=
schiffe. Derselbe Autodidakt beziffert die Linienschiffe eines
Geschwaders auf 7. Die Erfahrungen haben aber be=
wiesen, daß es 8 sein müssen. So erklärt sich Stosch's
Differenz von 2 Linienschiffen in dieser Beziehung.
Uebrigens hat General v. Stosch noch kurz vor seinem
Tode seinen Irrthum zugestanden.“

Welthandel, Deutsche Konkurrenz im
(Zusatz zum Artikel Welthandel im 1. Bande des „Nauticus“).

Den Wettbewerb Deutschlands auf dem Weltmarkt
haben in den letzten Jahren zahllose englische und
französische Publikationen, darunter 2 dicke Bücher, hier
„Le Danger Allemand“ von Maurice Schwob und dort
„Made in Germany“ von Williams zum Gegenstand ein=
gehender Erörterungen gemacht.

In der französischen Kammer rief schon 1893 der Ab=
geordnete Pogelier „verzweiflungsvoll“ aus: „Ich
wiederhole, ich spreche vom nationalen Stand=
punkt. Ich bin der Vertreter eines Departements,
welchem unglücklicherweise durch den Krieg ein
Theil seines Gebietes entrissen ist, und ich spreche
es offen aus, wenn die gegenwärtige Lage an=
dauert, werden wir auch wirthschaftlich annektirt
werden durch Deutschland und Belgien.“

Aehnlichen Besorgnissen haben in England die Leiter
der konservativen wie der liberalen Partei verschiedentlich
Ausdruck gegeben. Lord Rosebery z. B. sagt: „Wir
sind bedroht durch einen furchtbaren Gegner,

welcher uns benagt, wie das Meer die schwachen
Partien der Küste benagt — ich meine Deutschland.
Der Handel des Vereinigten Königreichs hört
nicht auf, sich zu verringern, und was es verliert,
das gewinnt in der Hauptsache Deutschland."
Seitdem vergeht keine Woche, wo nicht im Ausland eine
Rede oder ein Aufsatz auf dieses Thema verweist.

Weltschifffahrtverkehr und seine Entwickeluug in einigen Hauptstaaten.

Die steigende Wichtigkeit des Seeschifffahrtverkehrs
für Deutschland erkennt man aus einem Vergleich der
Schifffahrtbewegung in den größten deutschen Häfen mit
der Schifffahrtbewegung in den Haupthäfen der wichtigsten
fremden Länder, wobei die Zahlen der beladenen Schiffe
im eigentlichen Seeverkehr (also unter Ausschluß der
Küstenschifffahrt) für 1873 und 1896 zu Grunde gelegt
werden sollen.

1873 verkehrten in deutschen Häfen im Ganzen
38 515 Schiffe mit 8,47 Millionen Tonnengehalt, und
zwar war an der Tonnage die deutsche Flagge mit
43,9 pCt. betheiligt; 1896 betrug die Zahl der aus
deutschen Häfen auslaufenden und in deutsche Häfen
einlaufenden Schiffe 45 745 mit einer Tonnage von
20,86 Millionen,*) wobei sich der Antheil der deutschen
Flagge auf 51,2 pCt. stellte.

Die Gesammttonnage der verkehrenden Schiffe war
1896 um 142 pCt. höher als 1873.

In Großbritannien und Irland verkehrten 1873
107 243 Schiffe mit 37,93 Millionen Tonnen Raumgehalt,
denen im Jahre 1896 103 976 Schiffe mit 71,18 Millionen
Tonnen Raumgehalt gegenüberstanden. Die britische Flagge
war 1873 mit 69 pCt. und 1896 mit 73,6 pCt. der Ton=
nage am Schifffahrtverkehr betheiligt.   Die Steigerung
der Tonnage des Schifffahrtverkehrs belief sich von
1873 bis 1896 auf 87,9 pCt., war also beträchtlich
geringer als in Deutschland.

---

*) Die Zahlen der Tonnage der deutschen Schiffe sind für 1896
um 12 pCt. erhöht worden, um die durch die Vermessungsänderung von
1895 vorgenommene Reduktion auszugleichen und die Zahlen von 1896
den Zahlen von 1873 vergleichbar zu machen.

In französischen Häfen stellte sich der Schifffahrt=
verkehr 1873 auf 53 714 Schiffe mit 12,4 Millionen
Registertonnen und 1896 auf 45 916 Schiffe mit 24,34
Millionen Registertonnen. Der Antheil der französischen
Schifffahrt an der Tonnage betrug 1873 35,9 pCt. und
1896 34,6 pCt.

Italien hatte 1873 einen Schifffahrtverkehr von
32 277 Schiffen mit 7,52 Millionen Tonnen und 1896
von 23 911 mit 13,56 Millionen Tonnen Raumgehalt.
Die Steigerung der Tonnage der verkehrenden beladenen
Schiffe war demnach auch in Frankreich (96 pCt.) und
in Italien (81 pCt.) wesentlich geringer als in
Deutschland. Dabei bleibt zu bedenken, daß Groß=
britannien, Frankreich und Italien in sehr erheblichem
Umfange von Schiffen mit entfernten Reisezielen an=
gelaufen werden, die natürlich in der Schifffahrtsstatistik
der genannten Länder erscheinen, während in Deutschland
ein derartiger Durchgangsverkehr kaum vorhanden ist.

Vor Allem aber ist hervorzuheben, daß der Verkehr
des westlichen Deutschlands zum größten Theile
über Antwerpen und Rotterdam geht. Die große
Steigerung des Verkehrs in den belgischen und holländ=
dischen Häfen, die zwischen 1873 und 1896 eingetreten ist,
und die in Antwerpen 181 pCt., in Amsterdam 247 und
in Rotterdam 269 pCt. der Tonnage der angekommenen
Schiffe betrug, kommt zum weitaus größten Theile auf
Deutschlands Rechnung.

Die Vermehrung des auf Deutschlands Handel ent=
fallenden Antheils am Verkehr der belgischen und
holländischen Häfen erhellt — freilich nur zum Theil —
aus der Steigerung des unter deutscher Flagge gehenden
Schifffahrtverkehrs von Antwerpen, Rotterdam und
Amsterdam. Es entfielen in Tausend Registertonnen der an=
gekommenen Seeschiffe auf die deutsche Flagge im Jahres=
durchschnitt:

	1871/75	1891/95	1896
in Amsterdam . . .	16,4	85,0	71,3
= Rotterdam . . .	61,1	369,1	503,0
= Antwerpen . . .	132,9	939,6	1190,5

Der Verkehr der deutschen Flagge hat sich also erhöht:
in Amsterdam von 1871/75 bis 1891/95 um 417 pCt.

und bis 1896 um 334 pCt., in Rotterdam um 504 bezw. 723 pCt., in Antwerpen sogar um 607 bezw. 796 pCt.

Die prozentuale Steigerung des deutschen Schifffahrtverkehrs ist unbestreitbar unter Einrechnung des Verkehrs seiner westlichen Zufuhrhäfen Antwerpen und Rotterdam ganz erheblich größer als bei allen übrigen europäischen Großstaaten.

In den Vereinigten Staaten verkehrten 1873 nach den Angaben der „Annales du Commerce extérieur" 63 699 Schiffe mit 23,52 Millionen Tonnen Raumgehalt, während die entsprechenden Zahlen für 1896 41 856 Schiffe mit 33,75 Millionen Registertonnen lauten. Erheblich abweichende Zahlen, namentlich für 1873, hat Kiaer in seiner „Internationalen Skibfartsstatistik", nach denen sich die Tonnage der verkehrenden Schiffe 1873 auf 14,28 Millionen Registertonnen, 1893 auf 30,67 Millionen Registertonnen stellte; die Differenz dürfte sich daraus erklären, daß Kiaer die Küstenschifffahrt gänzlich aussondert, während sie in den Angaben der Annalen für 1873 enthalten sein dürfte. Die Steigerung betrug nach den ersteren Zahlen 43,4 pCt., nach Kiaers Angaben dagegen 114,8 pCt.

Noch weit deutlicher erhellt die Vergrößerung der deutschen Handelsflotte und ihrer Leistungsfähigkeit sowie die Erweiterung der deutschen Handelsbeziehungen mit dem Auslande, wenn man die thatsächlichen Verkehrsleistungen in der Schifffahrt der drei hauptsächlichsten europäischen Schifffahrtländer in Betracht zieht.*) Die Prüfung ist für den Verkehr der heimischen und der fremden Schiffe getrennt vorgenommen. Als Vergleichsjahre sind auch hier 1873

---

*) Die Berechnungen sind derart aufgestellt, daß die Entfernungen unter Zugrundelegung der Seekarten im Einzelnen kalkulirt sind, und zwar für jedes Land von dem aus der Hafenstatistik sich ergebenden Verkehrsmittelpunkt an den heimischen Küsten nach den entsprechenden Verkehrsmittelpunkten der fremden Länder. Die so gewonnenen mittleren Entfernungen — für östliche Länder wurde bei Dampfschiffen die Suez-Kanal-Strecke, bei Segelschiffen der Weg um das Kap zu Grunde gelegt — wurden mit der Tonnenzahl der beladenen Schiffe, die in den betreffenden Richtungen verkehrten, multiplizirt.

und 1896 gewählt. Die Leistungen der beladenen Schiffe stellten sich in Millionen Seemeilentonnen folgendermaßen: Im Verkehr zwischen Deutschland und dem Auslande:

	1873	1896
Deutsche Schiffe . . .	9202	31 096
Fremde Schiffe . . .	6478	19 452

Im Verkehr zwischen Großbritannien und dem Auslande:

	1873	1896
Britische Schiffe . . .	87 199	166 553
Fremde Schiffe . . .	28 786	36 034

Im Verkehr zwischen Frankreich und dem Auslande:

	1873	1896
Französische Schiffe . .	11 760	19 852
Fremde Schiffe . . .	15 481	35 427

Die prozentuale Steigerung der Schiffs=leistungen war im Verkehr zwischen Deutschland und dem Auslande weitaus am größten.

Sie belief sich bei den deutschen
Schiffen auf . . . . **238 pCt.**,
und den fremden Schiffen auf . . <u>200 pCt.</u>
überhaupt   222 pCt.

Da nach den obigen Angaben von 1873 bis 1896 die Tonnage der in deutschen Häfen verkehrenden Schiffe nur um 142 pCt. und zwar bei den einheimischen um etwa 175 pCt., bei den fremden um 114 pCt. zugenommen hat, so zeigt die noch erheblich größere Steigerung der Leistungen, welche beträchtliche Zunahme der Ver=kehr zwischen Deutschland und den entfernteren überseeischen Ländern erfahren hat, welche Ver=größerung des mittleren Verkehrsradius der deutschen Handelsflotte stattgefunden hat.

Demgegenüber haben sich im Verkehr zwischen Groß=britannien und dem Auslande die Leistungen der britischen Schiffe nur um 91 pCt., die der fremden Schiffe nur um 25 pCt. und die beider zusammen nur um 75 pCt. erhöht.

Die prozentuale Steigerung der Verkehrsleistungen der britischen Schiffe (91 pCt.) ist geringer als die pro=zentuale Zunahme der Tonnage der in britischen Häfen verkehrenden einheimischen Schiffe (100,3 pCt.), woraus hervorgeht, daß die Entwickelung der überseeischen bri=tischen Schifffahrt mit der Entwickelung der gesammten britischen Schifffahrt nicht ganz Schritt gehalten hat.

Ebenso zeigt die Differenz zwischen der prozentualen Zunahme der Tonnage der verkehrenden fremden Schiffe (59,5 pCt.) und der Steigerung ihrer Leistungen (25,2 pCt.), daß der Verkehr mit den näher gelegenen europäischen Ländern sich schneller entwickelt hat als der Verkehr in der großen Fahrt.

Auch Frankreich hat eine weit geringere Zunahme des überseeischen Verkehrs als Deutschland aufzuweisen. Die Leistungen der französischen Handelsflotte in Seemeilentonnen steigerten sich von 1873 bis 1896 um 69 pCt. und die der fremden Schiffe im Verkehr zwischen Frankreich und dem Auslande um 129 pCt., während die Leistungen der zwischen französischen und fremden Häfen überhaupt verkehrenden Schiffe um 103 pCt. zunahmen.

Bei dem Verkehr zwischen Frankreich und den über=seeischen Ländern haben in steigendem Maße die fremden Schiffe größere Bedeutung erlangt. Vergleicht man die Leistungen der zwischen Deutschland, Frankreich und Großbritannien einerseits und dem Auslande andererseits verkehrenden Schiffe in den Jahren 1873 und 1896, so findet man, falls man die Leistungen der Schiffe im Ver=kehr zwischen Deutschland und dem Auslande jedesmal gleich 100 setzt, folgendes Resultat:

	1873	1896
Deutschland	100	100
Frankreich	174	109
Großbritannien . . .	740	400

Das rapide Anwachsen der relativen Bedeutung des deutschen Seeverkehrs tritt hier unverkennbar hervor; 1873 waren die Leistungen der Schiffe im Seeverkehr nur $\frac{1}{10}$, 1896 schon $\frac{1}{6}$ der Schiffsleistungen im See=verkehr der genannten drei Großstaaten.

Setzt man in derselben Weise die Leistungen der deutschen Schiffe allein im deutschen Seeverkehr in Ver=gleich mit den Leistungen der einheimischen Schiffe im Seeverkehr von Frankreich und Großbritannien, so erhält man folgende Skalen:

	1873	1896
deutsche Handelsflotte	100	100
französische =	128	64
britische =	948	536

Die Leistungen der französischen Flotte waren also 1896 erheblich niedriger (um 36 pCt.) als die der deutschen, während sie 1873 bedeutend größer (um 28 pCt.) waren. Die Leistungen der deutschen Flotte sind andererseits auch ganz erheblich schneller als die der englischen gestiegen.

Vergleicht man im Besonderen die Steigerung der Leistungen der deutschen und der britischen Schiffe im Verkehr zwischen ihrem Heimathlande und den wichtigsten überseeischen Ländern, so findet man, daß sich im Verkehr mit den Vereinigten Staaten von Nordamerika die Leistungen der britischen Flotte prozentual etwas mehr (um 108 pCt.) als die der deutschen (um 103 pCt.) erhöht haben; dagegen hat sich der Verkehr der deutschen Schiffe zwischen Deutschland und den Ländern Südamerikas am Atlantischen Meere um 360 pCt., der Verkehr der britischen Schiffe zwischen Großbritannien und diesen Ländern nur um 241 pCt. gehoben.

Noch günstiger für Deutschland ist die Entwickelung des Verkehrs mit den am Stillen Ozean gelegenen südamerikanischen Staaten; hier finden wir eine Steigerung der Leistungen der deutschen Flagge um 847 pCt., nämlich von 449 auf 4253 Millionen Seemeilentonnen, der eine Abnahme der englischen Leistungen um 14,9 pCt., nämlich von 6250 auf 5321 Seemeilentonnen, gegenübersteht. Auch im Verkehr zwischen Deutschland und Westindien, Mexiko und Mittelamerika ist eine bedeutende Steigerung der Leistungen der deutschen Schiffe von 413 auf 1195 Millionen Seemeilentonnen zu verzeichnen, denen auch hier eine sehr bedeutende Abnahme der Leistungen der englischen Schiffe im Verkehr mit ihrem Heimathlande gegenübersteht; ihre Leistungen stellen sich nämlich 1873 auf 2845 und 1896 auf 1962 Millionen Seemeilentonnen, haben sich also um 32 pCt. vermindert.

Ganz beträchtlich hinter dem Aufschwunge der Leistungen der deutschen Schiffe im Verkehr zwischen Deutschland und Ostasien (China, Japan, Korea, Rußland am Stillen Ozean) ist die Steigerung des Verkehrs der britischen Schiffe zwischen Großbritannien und diesen Ländern zurückgeblieben. Die Leistungen der deutschen Handelsflotte haben sich hier von 247,6 auf

2767,5 Millionen Seemeilentonnen, also um 1018 pCt.,
die entsprechenden britischen Leistungen von 2744
auf 4845, also nur um 76,5 pCt., erhöht.

Auch im Verkehr mit den übrigen Staaten hat sich
der Verkehr der deutschen Handelsflotte fast überall pro=
zentual schneller als der der britischen entwickelt. Die in
England unangenehm empfundene Steigerung der deutschen
Konkurrenz tritt auch in dieser Statistik der Schiffahrt=
bewegung deutlich hervor.

Weltwirthschaftspolitik und Flotte.

Der Gang der wirthschaftlichen Entwickelung, der in
der engen Umfriedung der Hauswirthschaft seinen Anfang
genommen und Jahrhunderte lang in der mittelalterlichen
Stadtwirthschaft einen Stillstand gefunden hat, beschleu=
nigt in der Neuzeit seine Schritte. Der moderne Staat
hat uns die Volkswirthschaft gebracht, und mit Macht
treibt uns die Nothwendigkeit weiter, in die Weltwirth=
schaft hinein. Was ist Weltwirthschaft? „Ein Zustand,
der auf einer gewissen Solidarität der Staaten und
Völker beruht", sagt Paul Dehn in einer soeben er=
schienenen trefflichen Broschüre,*) die den folgenden Zeilen
als Unterlage dient. „Diese Solidarität erweitert und
vertieft sich noch fortwährend. Kulturell: An allen Kultur=
fortschritten der Gegenwart sind alle Völker betheiligt.
Sozial: Alle Kämpfe, Sorgen und Gefahren sind ihnen
gemeinsam. Politisch: Fällt irgendwo ein Schuß, so
erregt er allerwärts Alarm. Wirthschaftlich: Wenn es
an der Börse von Kalkutta kracht, kracht es auch an den
Börsen von London und Berlin. Eine Hungersnoth in
Indien oder China wird selbst in den entlegensten In=
dustriebezirken Europas, auch in Deutschland, wenngleich
nur mittelbar als eine Verminderung der allgemeinen
Kaufkraft, empfunden."

Entstanden ist diese internationale Solidarität aus
dem Weltverkehr. Der Dampf und die Elektrizität haben

---

*) Paul Dehn, Kommende Weltwirthschaftspolitik, Berlin,
Trowitzsch u. Sohn.

die Welt kleiner und größer gemacht, kleiner, indem sie
die Hindernisse von Raum und Zeit minderten oder fast
ganz aufhoben, größer, indem sie die Beziehungen Aller
zu Allen herstellten. Deutschland ist in diesen Weltver=
kehr unlösbar verflochten durch seine Schifffahrt, seinen
Handel, die Ansiedelungen Deutscher in fernen Ländern,
die Kolonien und die Ausleihe deutschen Kapitals. Seine
Interessen in der Weltwirthschaft sind zahllos und immens.
Unsere Volksernährung bedarf eines Zuschusses von einem
Fünftel bis zu einem Viertel der einheimischen Getreidepro=
duktion durch den Import, unsere mächtig entwickelte
Industrie muß Rohstoffe einführen, um Millionen von
Arbeitern Beschäftigung zu geben, wir bezahlen diese uns
aus allen Enden der Erde gebrachten Güter mit den
Werthen der gewerblichen Erzeugnisse, die wir exportiren.
Unsere Handelsflotte ist die zweitgrößte. Tausende und
Zehntausende deutscher Reichsangehörigen sitzen überall
verstreut, nach vielen Millionen zählen die deutschem
Blute entsprossenen Elemente fremder Völker, nach
Milliarden die im Auslande angelegten Kapitalien. Wir
haben Kolonien in West= und Ostafrika, in Australien
und starke Interessensphären in Ostasien und Südamerika.
Der deutsche Einschlag in das reiche Gewebe des Welt=
verkehrs und der Weltwirthschaft mehrt sich von Tag zu
Tag. Und darum müssen wir Weltwirthschaftspolitik
treiben, um unser Nationalvermögen, unsere Volkskraft
und unser Ansehen zu erhalten und zu steigern.

Aber da andere Staaten denselben Zielen nach=
streben, wird der Wettbewerb auf dem Weltmarkt immer
schärfer. Jede Macht will sich Absatzmärkte sichern, und
deutlich erkennbar sind namentlich die Bemühungen dreier
gewaltiger Land= und Staatenkomplexe, sich zu ge=
schlossenen Wirthschaftsreichen zusammenzuballen, die die
Fremden möglichst von der Konkurrenz in ihren Gebieten
fernhalten wollen: Großbritannien, Rußland, All=Amerika.
Es ist ein Verdienst Dehns, daß er in großen Zügen
hier ein lichtvolles Bild der Zukunftsmöglichkeiten ent=
wirft, wie sie aus den Ansätzen und Tendenzen der
Gegenwart herauswachsen.

Zwei Sorgen sind es, welche die Engländer fort=
gesetzt beschäftigen, die Sicherung der Volksernährung

und die Vermehrung der Ausfuhr. Sehr ernsthaft wird die Frage erörtert, ob man nicht gewaltige Getreide= vorräthe für den Nothfall von Staats wegen aufstapeln solle. Und noch dringlicher ist die Aufgabe, für die Aus= fuhr immer größere Absatzgebiete zu sichern. Ihr dienen die größerbritischen Zollverbandsbestrebungen. Nach Allem, was man hört, erwartet England in Zukunft von den Kolonien, daß sie ihm Vorzugszölle für englische Erzeug= nisse einräumen; als Gegenleistungen werden Vorzugs= zölle für die kolonialen Waaren verlangt. Man mag sagen, daß ein solcher Differentialzollverband, der unaus= bleiblich zu Reibungen ernster Art führen müßte, noch in weitem Felde steht. Aber die Anfänge sind zweifels= ohne schon jetzt vorhanden. Die englische Kündigung des Meistbegünstigungsvertrages mit Deutschland ist ein Fingerzeig, wohin die Reise gehen soll: England will den deutschen Wettbewerb von seinen Kolonien fern= halten, um in diesen Gebieten einen ausschließlichen Absatzmarkt für seine eigenen Industrieprodukte sich zu sichern. Ob die Perspektive Dehns, England werde dereinst in Niedergang gerathen durch eine Schwächung von innen heraus und der Schwerpunkt der angel= sächsischen Rasse werde nach Nordamerika sich verschieben, in Erfüllung gehen wird, brauchen wir nicht zu erörtern; geschieht es, so doch erst in fernen Zeiten, mit denen die deutsche Politik im Augenblick nicht rechnen darf. Sagt doch Dehn selbst: „Noch steht das mächtige Reich auf seinem Höhepunkt, ja es hat ihn vielleicht noch nicht einmal ganz erreicht."

„Amerika den Amerikanern!" Dieses einfache und verständliche Volkswort, mit seiner packenden Wirkung auf die Massen beherrscht seit dem erstaunlichen wirth= schaftlichen Aufschwung Nordamerikas die führenden Geister der neuen Welt. In der Zollpolitik wird ganz offen das Ziel angestrebt, nicht die europäische Einfuhr nach Nordamerika zu erschweren, sondern auch durch Einräumung von Sonderbegünstigungen in Gegenseitig= keitsverträgen die europäischen Waaren aus Mittel= und Südamerika zu vertreiben. „Dieser Handel ist von Rechts wegen unser", hat Präsident Harrison im April 1891 gesagt. Südamerika erscheint zwar in jeder

Hinsicht als ein Erdtheil für sich, allein das Uebergewicht der Vereinigten Staaten von Nordamerika über den Süden ist zu stark. Politische Hülfeleistungen und andere Dinge besorgen dort die panamerikanische Propaganda. Wo man in Europa etwa freihändlerische Rückströmungen in der Union erhofft, wird man sich auf Enttäuschungen gefaßt machen müssen. Die amerikanische Schutzzollpolitik wird noch weiter vorwärts dringen, und die europäischen Staaten, vor Allem England, in zweiter Linie aber auch Deutschland, werden an Abhülfe- und Vergeltungsmaßregeln denken müssen.

Rußland endlich konsolidirt sich fortwährend politisch und wirthschaftlich. Es fördert seine Industrie, namentlich die Eisen- und Textilindustrie, es sucht seine Rohstoffe selbst zu erzeugen (Baumwolle), es schließt die Riesenglieder seines Leibes durch die eisernen Fesseln gewaltiger Eisenbahnen aneinander. Gegenwärtig haben die Engländer in Ostasien vielleicht noch einen gewissen Vorsprung, wenigstens in der Handelspolitik. „Nach der Eröffnung der großen sibirischen Eisenbahn", sagt General Krahmer in seinem Buche, „wird Rußland immer schneller bereit sein, das Schwert in die Waagschale zu werfen, als England dazu im Stande ist". Man hat aber auch berechnet, daß durch die sibirische Eisenbahn von Tscheljabinsk bis Wladiwostok etwa ein Gebiet bebauungsfähig wird, das so groß ist wie Deutschland, Oesterreich-Ungarn, Holland, Belgien und Dänemark zusammen. Welcher Ausblick eröffnet sich damit für die Weltverkehrspolitik! Wird sich diesen in sich geschlossenen Wirthschaftsverbänden gegenüber ein mitteleuropäischer Zollverband durchsetzen, um die gemeinsame Gefahr einer Prohibitivpolitik zu bekämpfen?

Wir lassen diese Frage hier unerörtert und ebenso die weiteren Ausführungen Dehns über die deutsche Handelspolitik der Zukunft. Wie die Wege auch schließlich gehen werden, richtig bleibt unter allen Umständen das Wort: „Die Zukunft der europäischen Staaten wird nach ihrer Kraftentfaltung in den außereuropäischen Staaten entschieden werden, und zwar werden jene Mächte obsiegen, die sich stark zur See erweisen." Ehedem kämpfte man um die Länder an sich,

heute um die Märkte, um die Wege, die zu diesen Märkten
führen, um die Stationen, die diese Wege sichern: „Auf
diese Kämpfe um verkehrspolitische Interessen
kann das Landheer nur mittelbar und entscheidend
nur bei Ausbruch eines großen europäischen
Krieges einwirken. In der Regel wird man zur
Wahrnehmung verkehrspolitischer Interessen in
der Ferne die Flotte verwenden müssen, diese
Art der nationalen Wehrkraft, die nicht wie das
Landheer an die Scholle gefesselt ist, sondern auf
Grund ihrer Beweglichkeit überall erscheinen
kann, wohin das Meer, die Weltverkehrsstraße,
führt, um von Fall zu Fall die nationalen Inter=
essen zu schützen. Deutschland vermag sich der Macht der
modernen Verkehrsverhältnisse und der daraus hervor-
gegangenen Weltverkehrspolitik nicht zu entziehen, es kann sich
unmöglich auf die Vertheidigung seiner Binneninteressen,
seiner Landgrenzen beschränken, es ist genöthigt, in die
moderne Weltverkehrspolitik einzugreifen und sich zu diesem
Zweck eine starke Flotte zu schaffen, um sich bei der Wahrung
seiner Interessen in den fernen Ländern auf die eigene Kraft
stützen zu können und zugleich befreundeten Staaten ein
werthvoller Bundesgenosse, feindlichen aber ein achtung-
gebietender Gegner zu werden. In diesem Sinne wird das
Wort des Kaisers, daß eine tüchtige Flotte für das Deutsche
Reich eine Lebensbedingung ist, in einsichtigen Kreisen keinen
Widerspruch hervorrufen können.“
Schon im August 1897 hat Professor Brentano
auf England verwiesen, die Meisterin in der Verbindung
der weltwirthschaftlichen und weltpolitischen Ziele: „Wer
die Entwickelung des englischen Handels kennt, weiß,
von welchem Vortheil es für denselben gewesen und noch
heute ist, daß er in den entferntesten Welttheilen durch
die imponirende Macht der englischen Flotte gestützt
wurde und wird. Daher denn auch die englischen Staats=
männer und das englische Volk von den zwei Punkten
des Cobdenschen Programms, dem Freihandel und der
allgemeinen Abrüstung, nur den ersteren verwirklicht
haben, im Gegensatz zu dem zweiten dagegen unter
der Regierung der Königin Victoria von 1837
bis 1896 die Marineausgaben von 3 s. 3 d. auf

10 s. per Kopf der Bevölkerung gesteigert haben. („Münchener Neueste Nachrichten", 25. August 1897.) Daher schließen seine glänzend geschriebenen und inhalts= reichen Ausführungen mit den folgenden, der Zustim= mung jedes deutschen Patrioten sicheren Worten: „An= gesichts der enormen deutschen Interessen im Auslande über die Ausgaben für eine Flotte zu feilschen, wie sie die berufenen und verantwortlichen Fachmänner für nothwendig erachten, ist eine kurzsichtige, übel an= gebrachte Sparsamkeit. Soll jenen Interessen Schutz und Förderung werden, so ist eine starke Flotte dazu das geeignetste Machtmittel. Eine Großmachtstellung ohne eine seetüchtige Flotte erscheint heutzutage undenkbarer als je. Schon zu Anfang dieses Jahrhunderts erkannte John Adams, einer der Nachfolger Washingtons, die neue Weltlage und sagte: Was Themistokles den Athenern, Pompejus den Römern, Cromwell den Engländern, de Witt den Holländern und Colbert den Franzosen rieth, habe auch er seinen Landsleuten anempfohlen und werde stets darin fortfahren, daß nämlich die großen Fragen des Handels und der Macht zwischen den Staaten durch eine Kriegsflotte entschieden werden, daß dabei die Kriegsflotte in jeder nur zu recht= fertigenden Art unterstützt werden müsse. Der Dreizack Neptuns sei das Scepter der Welt.

„Kurzsichtig ist es oder aber antideutsch, dem Deutschen Reich verwehren zu wollen, daß es seine Reichsgewalt als Seegewalt kräftig bethätigt und wirksam in die Weltpolitik eingreift. Wer gegen diesen Strom schwimmen will, ist überdies zu spät aufgestanden, denn Deutschland steht schon längst in der Weltpolitik mitten drin, nicht um nach **Weltherrschaft** zu jagen, sondern um sich die ihm gebührende Stellung in der **Weltwirthschaft** zu sichern. Außer der Wahrung seiner nationalen In= teressen hat aber Deutschland auch noch weltpolitische Auf= gaben, und wenn es Weltpolitik treibt, so erfüllt es nicht nur seine nationale Pflicht, sondern auch seine weltgeschichtliche Mission."

Einer der hervorragendsten Kenner des Gebietes, das für die nächsten Jahrzehnte die Hauptrolle in der

Weltwirthschaftspolitik spielen wird, Herr v. Brandt, der langjährige Gesandte in Ostasien, hat neuerdings aus der reichen Erfahrung heraus, die ihm eine jahrzehnte= lange Beobachtung der deutschen und der internationalen Entwickelung an der Peripherie verschaffte, sich mit Nachdruck zu den großen Fragen geäußert. In zahl= reichen Reden und Aufsätzen (vergl. z. B. v. Brandt, Kolonien und. Flottenfrage, 1897; Die Enquete der „Münchner Allg. Ztg." Nr. 11) weist er auf die Bedeutung der Lage hin; so z. B. in der „Deutschen Revue" S. 94. Hier erinnert er an Guizots Ausführungen von 1840 („Mémoires pour servir à l'histoire de mon temps") hin; dieser war damals jeder größeren kolonialen Unterneh= mung abgeneigt, weil eine Nation, damit sie fern von ihrem Mittelpunkt mit Erfolg große koloniale und territoriale Niederlassungen gründen könne, in der Welt einen sehr ausgedehnten, sehr thätigen, sehr mächtigen und sehr unternehmenden Handel besitzen, und ihre Bevölkerung geneigt sein müsse, ihre Kraft und ihr Geschick fern von ihrem heimischen Boden zu tragen, zu schwärmen, wie die Bienen."

„Alle diese Vorbedingungen treffen für Deutschland zu", sagt v. Brandt; „wann wird das= selbe bereit sein, die Folgerungen aus denselben zu ziehen?"

Wirkungen der Blockade 1870/71.

Die Blockade der deutschen Küsten 1870/71 war nur von sehr kurzer Dauer und von sehr beschränkter Wirk= samkeit. Bekanntlich wurde die französische Flotte schnell wieder abberufen, ohne überhaupt zum aktiven Angriff auf unsere Küsten gekommen zu sein. Schon im August ließ sich nach dem Bericht der Bremer Handelskammer (Bremen 1874, S. 6) erkennen, daß die deutschen Heere die Schlachten von deutscher Erde fern halten würden und daß die feindliche Marine daher keine Landungsversuche machen könne. Am 15. August begann die Blockade, aber bereits am 12. September liefen mehrere Schiffe in Hamburg und Stettin ungehindert aus und ein, am 16.

nahm die transatlantische Dampferlinie ihre Fahrten
wieder auf, und am 23. September, also nach etwa
fünf Wochen, wurde schon wieder mit der Auslegung
sämmtlicher Tonnen und Seezeichen begonnen. Später
ist die französische Flotte nochmals für ganz kurze Zeit
vor Helgoland erschienen, ohne aber die Blockade wieder
durchzuführen. (Vergl. Hirth und v. Gosen. Tage=
buch des deutsch=französischen Krieges 1870/71).

Die Franzosen waren nicht dem deutschen Beispiel
gefolgt, auf die Kaperei zu verzichten. Indeß, sobald
man sich über den Ausgang des Kampfes einigermaßen
klar war, lag es nicht mehr im Interesse der Franzosen,
eine erhebliche Belästigung des deutschen Seehandels vor=
zunehmen, da man schließlich alle Verluste in der Kriegs=
entschädigung wieder vergüten mußte, wie Prof. Kolisch
im „Stettiner Tageblatt" vom 17. Februar 1898 richtig
ausgeführt hat. Nichtsdestoweniger ergaben sich eine Reihe
erheblicher Verluste für den deutschen Handel.

An direkten Entschädigungen für weggenommene
Schiffe und Ladungen wurden in Bremen nach dem
Gesetz vom 14. Juni 1871, betreffend die Kriegsent=
schädigung der Rheder und Ladungseigenthümer aus
der französischen Kriegsentschädigung, durch die Reichs=
Liquidationskommission 2 347 020 Mk. ausgezahlt. In
Hamburg wurden für aufgebrachte Schiffe 8 316 660 Mk.,
für Stilllieger 9 003 675 Mk. ausgezahlt. Dabei ist zu
bemerken, daß nur solche Stilllieger Entschädigung er=
hielten, die sich in außerdeutschen Plätzen gezwungen
aufhalten mußten, und daß sich die Entschädigung auf die
erwachsenen Auslagen für Heuer und den Unterhalt der
Besatzungen, nicht etwa dagegen auf die Stilllieger
in Deutschland und nicht auf die durch das Still=
liegen den Rhedern entgangenen Einnahmen er=
streckte. Im Ganzen wurden also in Hamburg und
Bremen fast 20 000 000 Reichsmark ausgezahlt. Hiervon
erhielten in Hamburg für aufgebrachte Schiffe die Rheder
rund 6 000 000, die Ladungseigenthümer rund 1 050 000,
Schiffsbesatzungen 420 000 Mk., der Betrag der Ent=
schädigungen für bezahlte Heuer machte 4 080 000 Mk. aus.
Entschädigung für den Unterhalt der Schiffsbesatzungen
4 920 000 Mk. Bei der Beurtheilung der genannten

Summen muß berücksichtigt werden, daß die Blockade nur wenig mehr wie fünf Wochen gedauert hat, daß ein eigentlicher Angriff auf unsere Seestädte überhaupt nicht erfolgt ist, daß schon von Ende September an die französische Flotte ihre Mann= schaften an den Landkrieg abgeben mußte, daß unsere Handelsschiffe also von da an nur noch wenig gefährdet waren. **In einem Krieg mit einer Seemacht, die ihre Flotte, wie zu erwarten ist, rücksichtslos gegen uns einsetzt, werden völlig andere Verluste eintreten, wenn wir keine starke Flotte haben.** Infolge der Siege wurden wenigstens theilweise die Hoffnungen erfüllt, die im Bericht der Hamburger Handelskammer 1870 aus= gesprochen wurden:

„Am empfindlichsten hat wohl unsere Rhederei ge= litten, die zur vollständigen Unthätigkeit genöthigt war, wenn sie nicht leichtsinnig ihre Schiffe auf das Spiel setzen wollte. Hoffen wir, daß es unseren Staats= männern beim Friedensschlusse gelingen wird, dieser wichtigen Branche des deutschen Handels nicht allein vollen Ersatz für die aufgebrachten Schiffe und Ladungen, sondern auch Ersatz für diejenigen Verluste zu schaffen, die aus dem Stillliegen der Schiffe erwachsen sind."

Die nur kurze Bedrohung des Verkehrs hatte trotz= dem zur Folge, daß die Schifffahrtsbewegungen in Ham= burg von 10 393 Schiffen und 3 200 000 Registertonnen im Jahre 1869 auf 8245 Schiffe und 2 766 000 Register= tonnen, also um **2148 Schiffe** und **434 000 Registertonnen** zurückgingen. Der Bremische Schifffahrtsverkehr ging von 6208 Schiffen und 1 326 000 Registertonnen im Jahre 1869 auf 4718 Schiffe und 1 059 000 Registertonnen, d. i. um **1490 Schiffe** und **267 000 Registertonnen**, der Stettiner Schifffahrtsverkehr um **1765 Schiffe** und **171 000 Register= tonnen** zurück. Der Verkehrsverlust der drei Häfen zu= sammen betrug trotz der außerordentlich kurzen Blockade: „**5403 Schiffe** und **872 000 Registertonnen**".

Ein Theil des Verkehrs wandte sich in andere Häfen, die dadurch theilweise eine dauernde Förderung erfuhren, da der einmal abgelenkte Verkehr nicht ohne Weiteres den Weg in die alten Bahnen zurück= findet.

In dem Bericht einer Hamburger Kommission über den Besuch einiger Nordsee-Häfen im Dezember 1880 heißt es:

„Der rasche Aufschwung Antwerpens ist noch im letzten verflossenen Dezennium durch besondere Momente begünstigt worden, vor Allem durch den deutsch-französischen Krieg..... Während des deutsch-französischen Krieges war es, so lange die Elbe und Weser gesperrt waren, vor Allem Antwerpen, welchem gemeinsam mit Rotterdam ein erheblicher Theil des Seeverkehrs Deutschlands zufloß. Die Ansammlung von Seeschiffen soll 1870/71 zeitweilig so groß gewesen sein, daß die Schiffe in dichter Reihe auf der Schelde stundenweit abwärts von Antwerpen vor Anker gelegen haben."

———

Anhang 1.

Deutsche Stimmen aus dem Auslande.

In der Flottenumfrage der Münchener „All=
gemeinen Zeitung" finden sich in Nr. 22 und 23 eine
ganze Reihe hervorragender Antworten Deutscher aus
dem Ausland, von denen wir im Nachstehenden die
wichtigsten wiedergeben.

Auf die Fragen:

„Halten Sie eine starke Flotte für noth=
wendig

zur Erhaltung und Förderung des aus=
wärtigen Handels und der Handels=
schifffahrt?

zur Wahrnehmung und Förderung unserer
gesammten wirthschaftlichen Macht=
stellung im Auslande? sowie

zum Schutz der im Auslande ansässigen
Reichsangehörigen und der deutschen
Unternehmungen?"

sind die folgenden Antworten bemerkenswerth:

Alex. Fischer,
Athen.

Englands Export hat sich nur durch die ent=
sprechende Machtentfaltung seiner Flotte heben können.
Wir stehen im Zeichen des Verkehrs und der Verkehr
bedingt Schutz, der Handel hat ein Anrecht darauf, im
Zeichen des Schutzes zu stehen, nach welcher Richtung
sich derselbe immerhin wendet und ausdehnt.

Unsere heutige wirthschaftliche Machtstellung haben
wir nur durch langjähriges Ringen erworben, und was

wir so schwer und langsam errungen haben, sind wir
verpflichtet, ferneren Generationen zu erhalten, und dies
auf einer Basis, die unsere heutige Stellung immer mehr
fördert und festigt. Sicherlich ist die Aufgabe unserer
Seemacht auch auf die Wahrung und Förderung unserer
wirthschaftlichen Machtstellung mit angewiesen, wir
können dem Auslande gerade dadurch den Beweis eines geschlossenen Ganzen auf dem wirthschaftlichen wie auf dem nationalen Gebiete
bringen.

Alexander Grosse,
Theilhaber der Firma Haupt, Biehn u. Co., Rio de Janeiro.

Brasilien ist ein in wirthschaftlichen Dingen stark
von England abhängiges Land, und die Nordamerikaner
trachten, es politisch unter ihre Hegemonie zu
bringen. Der Brasilianer aber liebt seine Selbständigkeit
und pflegt gern Handelsbeziehungen mit Deutschland, die
bereits sehr bedeutend und noch stetig im Zunehmen sind.
Es thut aber angesichts der stillen Absichten von Amerikanern und Engländern noth, bei den Brasilianern die
Zuversicht zu stärken, daß alle Bestrebungen, die darauf
abzielen, uns etwa hier im Handel und Wandel zum
Schaden Brasiliens und zu einseitigem Vortheil Anderer
zu schmälern, den deutschen Widerspruch herausfordern würden, und daß diesem durch eine starke
deutsche Flotte Nachdruck gegeben werden könnte.
Unsere wirthschaftliche Machtstellung im Ausland hängt ganz wesentlich von dem moralischen
Eindruck ab, den wir auf fremde Völker hervor-
bringen, und zwar nicht nur als Einzelne, sondern
auch im geschlossenen Auftreten, wie es militärische
Formationen mit sich bringen. Die Vorführung
eines preußischen Infanterie-Regiments in der Fremde
würde — so paradox es klingt — beträchtlicheren Nutzen
für unseren Handel und unsere Industrie erzielen, als
eine gewerbliche Ausstellung. Unsere Kriegsschiffe mit
ihrer Ordnung, Nettigkeit, dem flinken und strammen
Dienst an Bord, ferner das ganze Gebahren der Besatzung, ihr artiges und gesittetes Auftreten, haben hier

noch nie verfehlt, die Fremden zu unseren Gunsten einzunehmen.

Zum Schutz der im Ausland lebenden Deutschen ist es erforderlich, die Flagge und ihre Macht zu zeigen. In außereuropäischen Ländern ist die große Mehrzahl der Bewohner ungebildet oder ganz roh. Durch kein Lehrmittel wird ihnen bekannt gegeben, was wir in der Welt sind und bedeuten. Da muß die Demonstration ad oculos das Ihrige thun, um der stets Hand in Hand mit Unbildung auftretenden Arroganz die Spitze abzubrechen.

Max Hesse,
Kaufmann und Plantagenbesitzer in Coban (Guatemala).

Unsere wirthschaftliche Machtstellung im Ausland hat sich seit dem Einfluß der Aera Bismarck mächtig vergrößert. Das erwachte und erhöhte Nationalgefühl hat auch Deutsche, die schon halb dem Deutschthum verloren waren, dem Vaterlande wieder zugeführt. Gerade aber die jüngere Generation der Deutschen im Ausland (welche die großen Zeiten miterlebt) hat sich Mühe gegeben, den deutschen Handel und alle Beziehungen zum Mutterlande zu fördern. Ich weiß aus eigener Praxis, wie ich dafür gearbeitet habe, dem deutschen Export Artikel zuzuführen, die früher nur aus England oder Frankreich kamen.

Manches Hinderniß und viel Vorurtheil mußte beseitigt werden. Es war durchaus keine leichte Sache, und außerdem konvenirten die Korrekturen und Bemängelungen zunächst dem deutschen Exporteur durchaus nicht, da man daheim ja der Ansicht war, im Auslande könnte man zufrieden sein mit dem, was man schicke.

Man hat sich aber Allem anbequemt und viel gelernt und ist im Allgemeinen leistungsfähiger geworden in den meisten Branchen des Welthandels als alle anderen Völker der Welt.

Sollte man nun diese Erfolge stiller und beständiger Arbeit preisgeben, sollten diese Errungenschaften geopfert werden dadurch, daß wir uns der Gefahr eines Krieges aussetzen, und der

Gewißheit, in einem solchen zur See unterliegen
zu müssen?

Will man die Deutschen im Auslande, die in
so vielen Ländern doch tüchtig geschafft haben
im Interesse des Deutschthums in Zukunft ohne
Schutz lassen?

Man sollte sich einmal klar werden, wie viel für
uns Deutsche im Ausland das Vaterland bedeutet und
wie wenig wir eigentlich geschätzt werden.

Es ist zu bedauern, daß man **namentlich im Innern
des Landes** in der Regel mit Achselzucken von den
Leuten spricht, die nach Amerika gegangen sind,
weil sie daheim nichts haben vor sich bringen
können. Man wirft zu gern Alles in einen Topf, und
dabei sollte etwas dafür gethan werden, daß in solchen
Kreisen Klarheit geschafft wird, daß von Mexico bis nach
Kap Horn auch Tausende von deutschen Brüdern wohnen,
ebenso wie in Afrika, Asien und Australien, die nicht
als Völkermist dienen wollen, sondern ihr Vaterland
hochhalten und die Beziehungen zu demselben möglichst
zu fördern suchen.

Und dann ist zu beachten, daß der größte
Theil der Deutschen, die in diesen Ländern
wohnen, nicht ausgewandert sind, also vom
Reiche politisch immer noch abhängig sind und
sein wollen, **ja als Pioniere deutscher Interessen schaffen
und geschafft haben.**

**Auf das Letztere möchte ich besonders Gewicht legen,
damit es anerkannt werde, daß Deutschland gar nicht so
leicht zu einem solchen Ueberseehandel gekommen sein würde
ohne seine thatkräftigen Söhne im Auslande.**

Man hat auch vielfach keine rechte Idee davon,
wie treu und aufrichtig die überseeischen Deutschen
am Vaterlande hängen. Viele werden erst im
Auslande gewahr, was eine anständige Regie=
rung, wie die deutsche, werth ist, und so kommt
es auch, daß die politischen Gegensätze unter den
eigenen Landsleuten geringer werden, und daß
man vielfach nicht begreifen kann, daß große
Schichten der Bevölkerung, blind gegen ihr eigenes

Wohl und gegen ihren Vortheil, ſich bemühen, in
kleinlicher und gehäſſiger Weiſe gute Abſichten
der Regierung zu vereiteln.

Paul Minck,
Chef des deutſchen Handelshauſes Wm. Philippi & Co., Mozambique.

Nur Wenige im deutſchen Lande, welchen
ihre Lebensſtellung nicht eine Einſicht gewährt,
machen ſich einen Begriff von dem nach Milliarden
zählenden deutſchen Kapital, welches in deutſchen
Schiffen auf fremden Meeren ſchwimmt. Unſere
Handelsflotte nimmt heute nach England den
erſten Platz unter allen Nationen ein, unſere
Kriegsmarine aber ſteht an letzter Stelle unter
den Großmächten mit Ausnahme Oeſterreichs,
deſſen maritime Beziehungen gering ſind. Im
Kriegsfall wäre unſer ganzes ſchwimmendes
Kapital im Ausland der Gnade des Gegners
überliefert, auch wenn die Bedingungen vorhanden wären, einer Blockade der heimiſchen Ge-
wäſſer zu begegnen.

Trotz der allgemeinen Beachtung, die deutſcher Ge-
werbefleiß und deutſche Handelswirthſchaft unter anderen
Nationen finden, macht man oft genug, beſonders im
weiteren Auslande, die traurige Erfahrung, daß dieſe Bewunderung nicht mit der genügenden Achtung ge-
paart iſt. Daß deutſche Waaren ſich mit jedem Jahre neue
Märkte erobern, verdanken wir lediglich der Leiſtung und
Anpaſſungsfähigkeit unſerer induſtriellen Kreiſe, bezw. der
Betriebſamkeit des deutſchen Kaufmanns im Ausland.
Politiſch wird letzterer meiſtens für ein Null gehalten,
man giebt ihm den Charakter eines ausbeutenden Gewerbetreibenden, der allen nationalen Ehrgeizes baar iſt, und
behandelt ihn dementſprechend. Man weiß zwar, daß
Deutſchland eine Großmacht in Europa iſt, nimmt
aber an, daß ſich dieſe Macht nicht über die
Grenzen des Reiches hinaus erſtreckt, da das Er-
ſcheinen eines deutſchen Kriegsſchiffes zu den
ſeltenſten Ereigniſſen gehört. Sieht ſich der
deutſche Kaufmann der Willkür einer fremden

Behörde gegenübergestellt, so macht sich dieser Mangel des nationalen Schutzes bitter fühlbar, während die Bezeichnung „british subject" als der beste Schutzbrief in allen fremden Kolonien gelten kann. Und wodurch hat Großbritannien seinen Unterthanen diesen Schutz geschaffen? Nicht durch thatsächliche große Erfolge, sondern lediglich durch die Existenz seiner achtunggebietenden Flotte, die an allen Punkten der Welt zur rechten Zeit ihre Flagge zu zeigen vermag.

E. Münder,

in Firma Münder u. Auerswald, Durban (Südafrika).

Soweit Reichsangehörige und deren Unternehmungen in Frage kommen, welche in durch die Flotte erreichbaren Ländern mit ungenügend ausgebildeten Rechtsverhält= nissen ihren Sitz haben, dürfte in Zukunft noch mehr als in der Vergangenheit ein wirksamer Schutz durch die Flotte nicht zu entbehren sein, und mit der zunehmenden Ausdehnung des Handels und Verkehrs werden der Flotte stetig gesteigerte Aufgaben erwachsen.

Bei dieser Gelegenheit scheint auch folgender Punkt noch eine besondere Erörterung zu verdienen: In Deutschland, namentlich im Binnenlande, herrscht noch vielfach die Ansicht, daß die ins Ausland gehenden Deutschen ja doch dem Vaterlande ver= loren sind, und daß, da sie in der Heimath keine Steuern zahlen, es eine Ungerechtigkeit ist, daß die von den heimischen Steuerzahlern unter= haltene Flotte zu ihrem Nutzen verwendet wird. Dieser Auffassung der Dinge kann nicht oft und ernst genug widersprochen werden.

Was wäre wohl der deutsche Handel ohne die Deutschen im Auslande? Was wäre wohl Deutschlands wirthschaft= liche Stellung ohne seinen Handel mit dem Auslande? Welche Beträge werden nicht von Deutschen im Auslande zur Aufrechterhaltung und Wahrung deutscher Interessen im Auslande freiwillig aufgebracht und verausgabt; vielfach jedenfalls wesentlich mehr, als die Betreffenden an Steuern in der Heimath zu zahlen haben würden!

In dieser Beziehung wäre es sehr erwünscht, wenn zur besseren Kenntniß der einschlägigen Verhältnisse und zur Aufrechterhaltung der Wechselbeziehungen zwischen der Heimath und dem Auslande, es mehr als bisher Sitte würde — wie z. B. längst in England —, daß unsre maßgebenden Kreise, mögen sie der Regierung oder dem Parlament angehören, sich selbst durch den Augenschein von der Lage der Dinge im Auslande unterrichten.

Anton Paffarge,
Groot Blei bei Middelburg (Kapkolonie).

Unsere Handelsflotte ist die zweite der Erde, und unser überseeischer Handel dehnt sich von Jahr zu Jahr mit Riesenschritten aus, während derjenige anderer Welt- und Großmächte, z. B. Englands, Frankreichs, Rußlands, abnimmt. Demnach bilden unsere Schifffahrt und unser Handel nicht nur einen der wichtigsten Faktoren unseres Wirthschaftlebens, sondern sie sind geradezu eine Lebensader für Deutschland, deren Unterbindung den Ruin des Landes vielleicht für immer bedeuten würde. Darum darf zum Schutze und zur Förderung von Schifffahrt und Handel, was aber nur eine starke Flotte vermag, Deutschland schon wegen der Pflicht der Selbsterhaltung kein Opfer scheuen.

Für jede seefahrende Nation bedeuten Kriegsschiffe in überseeischen Häfen genau dasselbe, was für den Geschäftsmann die Reklame ist. Zumal wenig oder halb zivilisirte Völker — und diese bilden die erdrückende Mehrheit der Menschenrasse — beurtheilen die Machtstellung der europäischen Staaten in erster Reihe oder ausschließlich nach der Größe und Anzahl der Kriegsschiffe, die sie zu ihnen senden. Je größeren Eindruck eine europäische Macht auf überseeische Staaten ausübt, desto mehr wächst bei letzteren das Verlangen, mit ihr in engere Handelsverbindung zu treten. Würde Deutschland in überseeischen Gebieten durch seine Flotte in würdigerer Weise vertreten sein, als es jetzt der Fall ist, so würde auch der deutsche Handel

in noch erheblicherem Maße, als es bereits ge=
schieht, an Ausdehnung gewinnen. Wenn ein großer
Theil der deutschen Volksvertretung glaubt, Deutschland
bedürfe keiner Reklame in der bezeichneten Weise, so be=
weist er nichts als grobe Unkenntniß; gerade in dieser
Frage sind wir Deutsche in Ueberseeländern die maß=
gebende Instanz.

Die massenhaften schmachvollen Rechtsver=
letzungen und Mißhandlungen Deutscher im Aus=
lande sind nichts als eine Folge der geringen
Stärke Deutschlands zur See. So lange Deutsch=
land nicht im Stande sein wird, für derartige
Uebel schnelle und gründliche Sühne durchzu=
setzen, werden diese Klagen nicht aufhören. Wohl
aber werden sie ganz von selbst verschwinden, so=
bald Deutschland fähig sein wird, in allen Ge=
wässern Kriegsschiffe in genügender Anzahl zu
stationiren.

Dr. Prowe,
San Salvador (Zentralamerika).

Ja, denn es wird endlich anerkannt werden müssen,
daß die englischen Grundsätze die richtigen sind.

Geist wird Geld, moralische Werthe bringen
materielle hervor, das I am an Englishman läßt
Rechnung.

Der Handel ist ganz unabhängig von Sym=
pathien und Antipathien der Völker und geht
dahin, wo Sicherheit besteht.

Wo die Einrichtungen des Landes diese nicht gewähren,
muß Tribut gezahlt werden an alle Mächtigen, vom Poli=
zisten bis zum Präsidenten. Das kommt sehr viel theurer,
als Konsulatsgerichtsbarkeit, Protektorat (wie in Aegypten),
oder diplomatischer Schutz der Handeltreibenden. Der
Gesandte, der ein Ultimatum, eine Drohung, eine energische
Bitte um Auskunft an eine Regierung richtet und gleich=
zeitig ein Kriegsschiff herbeitelegraphiren kann, hat leichtes
Spiel.

Daß die deutsche Handelsschifffahrt in Kriegs=
zeiten heute fast vogelfrei wäre, weiß Jeder.

Unsere wirthschaftliche Macht beruht auf den Deutschen im Auslande, welche 1. deutsche Erzeugnisse ver= brauchen und Freunden und Nachbarn ein Beispiel geben; 2. deutsche Waaren vertreiben a) als an= fässige Kaufleute, die überdies die Waaren be= liebt machen, weil sie den richtigen Gebrauch lehren; b) als Geschäftsreisende; 3. der Heimath Bestellungen zuwenden a) als Lehrer, Beamte, Rathgeber hiesiger Regierungen: b) als Leiter industrieller Unternehmungen öffentlicher Bauten 2c.; 4. den deutschen Fabrikanten wichtige Aus= kunft, guten Rath und praktische Lehren ertheilen über Eigenschaften, die ihre Erzeugnisse haben müssen, um dauerhaft zu sein, zu gefallen und die Fabrikate anderer Länder aus dem Markte zu vertreiben. Zudem fließt ein großer Theil der Werthe, welche Deutsche im Auslande erwerben, dem Nationalvermögen zu, als Rohprodukt, dessen Erlös daheim bleibt, als Geld, das drüben angelegt wird, zum Unterhalt von dort ge= bliebenen Verwandten dient, im Alter zu Hause verzehrt wird oder als Erbschaft nach Deutsch= land fällt.

In ruhigen oder gar in unruhigen Zeiten ist die Regierung stets geneigt, dem Fremdenhaß Zugeständnisse zu machen, und Beamte, die sich gegen Fremde vergangen haben, mit Aufwand aller Rabulistik zu vertheidigen. Es genügt also nicht zur Sicherheit der Deutschen, daß ein gebildeter Minister des Auswärtigen in monatelangem höflichem Notenwechsel schließlich überzeugt wird, daß der Deutsche recht hat und seine Ueberzeugung im tiefsten Busen verschließt; es muß von Zeit zu Zeit ein Exempel statuirt werden, so schroff und so hart, daß selbst der letzte Beamte davon erfährt und für den vorkommenden Fall hübsch daran denkt, was ihm passiren kann. Möge die sozialdemo= kratische oder freisinnige Presse und die des Aus= landes zetern, daß der Anlaß an den Haaren herbeigezogen wurde. Das sei dem Auswärtigen Amt ein Beweis, daß es richtig gehandelt hat.

Dr. Rothschuh,
Managua (Nicaragua).

Deutschland hat bis in die neueste Zeit hinein, weil
sich die Politik um die Angelegenheiten der Zentralmächte
drehte und Bismarck die gesammte Politik nicht nur
Deutschlands, sondern auch der anderen Mächte am Faden
hielt, den Mangel einer Flotte, bezw. das Zurückbleiben
hinter den anderen Mächten, nicht verspürt; dadurch hat
sich das Gleichgewicht der Mächte zu Deutschlands Ungunsten verschoben. Jeder Bundesgenosse, der nicht
mit einer starken Flotte versehen, wird in den
Fragen der nächsten Zukunft nur ein halber
Bundesgenosse sein; was sich jetzt anbahnt —
die europäische Politik oder vielmehr die Entscheidung am Anfange des 20. Jahrhunderts —
dürfte im Wesentlichen zur See ausgefochten
werden.

Hier sind wohl Alle einig, selbst die Gegner der
Vorlage.

Die Zahlen des deutschen Ausfuhrhandels seit 1870
sind so rapid gewachsen und der Abbruch, den wir
anderen Nationen gethan haben, ist so bedeutend, daß
wir eine immer größere Gegnerschaft zu gewärtigen haben; in den Berichten englischer,
französischer und amerikanischer Blätter zeigt sich
nicht nur die Verwunderung über die deutsche
Konkurrenz, sondern nach und nach auch die Ge-
hässigkeit in immer stärkerem Grade. Daß sich
der deutsche Handel ohne Flotte entwickelt hat,
ist richtig, aber ebenso richtig ist, daß, wenn wir
in einem Konflikt mit den anderen großen
Handelsmächten einer großen Flotte entbehren,
unser ganzer Exporthandel und **die darin steckenden
Milliarden verloren gehen.**

Wir sind durch Bismarck eine große Nation geworden; es giebt kein Beispiel in der Weltgeschichte für
eine so rapide und gleichzeitig so solide Entwickelung.
Die schaffenden Kräfte finden nicht mehr Raum im Vaterland, Alles drängt nach Ausdehnung; was die Kolonien
ableiten, ist verschwindend gering; wir sind im Begriff

und haben die Kräfte dazu, eine Weltmacht zu
werden. Deutschland ist zu klein für uns; die Erde aber
bietet ein weites Feld, das wir aber bisher nur im be=
schränkten Maß haben bebauen können. Hier setzt die
künftige große Flotte ein, um die Fäden zu bilden, die
Deutschen zu Hause und die Deutschen draußen in einem
großen Netz zu umspannen, stark genug, daß es kein
mißgünstiger Feind zerreißen kann. Die Realpolitik
ist gut, aber erhaben ist nur ein großer begeisternder
Gedanke.

Hier brauche ich nur zu betonen, welch ver=
blüffenden und imponirenden Eindruck Deutsch=
lands Vorgehen in Haïti auf diejenigen Nationen
gemacht hat, mit denen wir hier z. B. zu thun
haben. Nichts ist falscher, als den Deutschen im
Ausland einen halben Verräther, einen ver=
lorenen Sprößling, einen kalt berechnenden
Opportunitätsmenschen zu nennen nach dem
Grundsatz „ubi bene, ibi patria". O nein! Wir
haben nur ein Vaterland, unsere innigstgeliebte
deutsche Heimath, der wir hier draußen unter
stetem Kampfe Ruhm und Anerkennung ver=
schaffen. Wer kann es eben in alten Zeiten aus=
gewanderten Bayern, Preußen, Sachsen verargen, wenn
sie keine großen Patrioten geblieben sind? Sie hatten
kein großes, mächtiges Vaterland, sie fühlten ihre Arm=
seligkeit gegenüber den Angehörigen der großen Welt=
mächte, denen die Heimath in Gestalt ihrer stolzen
Schiffe immer neue Grüße und zugleich neue Liebe und
Begeisterung brachte und vollen Schutz, wenn fremder
Uebermuth sich an ihnen vergriff.

Das ist auch bei uns nun anders geworden,
und wenn das Deutschthum überall auf der
Welt nach Schiffen ruft, so ist die Erfüllung
dieses Wunsches eine greifbar praktische und zu=
gleich eine eminent ideale Nothwendigkeit.

Konrad Rust,
Farmer, Tygafontein (Kapkolonie).

Erhaltung und Förderung des auswärtigen Handels
ohne starke Kriegsflotte ist undenkbar; zu dieser Einsicht

13*

sind alle handeltreibenden Nationen, die ihre Haltung im
Weltkonzert behaupten wollen, schon längst gekommen,
und dies ist wohl der Hauptgrund, daß die Vertreter
des Handels jener Nationen sich zu größerer Kapitals=
anlage im Handelsunternehmen in den fernsten Ländern
verstehen.

Eine Handelsflotte, wie Deutschland sie be=
sitzt, ohne entsprechende Kriegsflotte, gleicht
einem Prachtbau auf Pfählen, und jeder Deutsche,
der es unternimmt, ein Argument gegen die Ver=
stärkung der Kriegsflotte ins Feld zu führen,
sündigt gegen heilige Naturgesetze. **Der Handel nach
Uebersee reflektirt bis in das Heim des Webers und des
Fabrikarbeiters; wird dieser vernichtet, dann werden die Folgen
in den Schichten des Volkes gefühlt werden.** Deshalb
ist eine zur Abwehr drohender Gefahren be=
stimmte Kriegsflotte eine der besten Garantien
für dauernde Arbeit bei gutem Lohn; sie bildet
eine sichere Unterlage für die wirthschaftliche
Blüthe des Landes.

Dieser Punkt sollte schon allein genügen, die
deutsche Nation innerhalb der Reichsgrenzen in
der Flottenfrage einig zu machen, denn nur ein
kleiner Theil scheint einen richtigen Begriff von
den auswärtigen Handelsinteressen im Verband
mit der wirthschaftlichen Größe Deutschlands zu
haben.

Als Antwort möge der folgende Fall dienen: Auf
dem am 12. November v. J. zu Mossel Bay (Kapkolonie)
abgehaltenen Wollmarkt zeigte es sich alsbald, daß die
deutschen Käufer (Spilhaus von Kapstadt, Matare von
Mossel Bay und Ebel von Port Elisabeth) Herren der
Situation waren, denn die anwesenden Engländer
„machten“ wenig. Den dabei stark interessirten Buren
ging alsbald ein Licht auf: „Fixe Kerle, diese Deutschen“,
klang es von allen Seiten, „sie kaufen unsere Wolle und
sorgen, daß wir gute Preise erhalten, nun müssen wir
ihrer auch bei unseren Einkäufen gedenken.“ Diese
Meinung bricht sich so ziemlich durch ganz Süd=
afrika Bahn. Selbst die Engländer machen kein
Hehl daraus; in fünf Jahren hat Deutschland

den südafrikanischen Markt erobert, nur einzelne Optimisten denken anders.

Diese Vorgänge sichern Deutschland eine hervorragende wirthschaftliche Machtstellung in diesem Erdtheil — trotz etwaiger neu abzuschließender, ungünstig lautender Handelsverträge mit England. Wie aber diese Stellung behaupten? Mit Ducken, Schweifwedeln oder mit ähnlichen unwürdigen Mitteln? Ewige Schande für die deutsche Nation, wenn sie sich solchen Verfahrens zu bedienen gedenkt, um groß zu werden!

Jeder im Ausland lebende Deutsche, der sich in kapitalistische Unternehmungen einläßt, sucht Person und Eigenthum unter solche Machtfaktoren zu stellen, die thatsächlich im Stande sind, ihm Schutz angedeihen zu lassen. Da dies in Bezug auf Deutschland zur Zeit nur halbzivilisirten Völkern gegenüber der Fall ist, so sieht der in fremden Kolonien lebende Deutsche meist keinen anderen Ausweg, als sich naturalisiren zu lassen, wodurch nicht allein die Person, sondern auch sein ganzer Besitz der deutschen Nation verloren geht. Der thatkräftige Schutz des Deutschen im Ausland, dem einzig und allein durch eine achtunggebietende Flotte Ausdruck verliehen werden kann, sichert also der deutschen Nation einen großen Theil ihres Nationalbesitzes. Daß sich dieser Nationalbesitz mehr und mehr im engeren Vaterlande konzentriren wird, sobald es den Interessenten deutlich geworden ist, daß seine überseeischen Interessen wirklich durch das Reich in gedachter Form geschützt und gesichert sind, bedarf keiner Frage. Schwäche erweckt Zweifel und dieser führt unwandelbar zu Verlust. Darum: im nationalen Interesse — eine starke Kriegsflotte her!

A. W. Sellin,
Joinville (Brasilien).

Ich will hier nur auf eine Thatsache aufmerksam machen. Die 100 000 Deutschen und Abkömmlinge von Deutschen im Staate von Rio Grande do Sul, welche dort seit 70 bis 80 Jahren deutsche Sprache und Sitte

treulich aufrecht erhalten haben und **als Abnehmer und
Verbreiter deutscher Waaren ein höchst wichtiger wirth=
schaftlicher Faktor für Deutschland geworden sind,** sie haben
die Kriegsflagge ihres Stammlandes noch niemals ge=
schaut, während doch englische, französische und italienische
Kreuzer fast alljährlich in Porto Alegre erscheinen, um
mit den brasilianischen Behörden Freundschaftsbezeigungen
auszutauschen. Ein derartiger Akt internationaler Höflich=
keit ist schon insofern von Bedeutung, als die Brasilianer
auf ihn großen Werth legen und zugleich durch ihn einen
augenfälligen Beweis von der Machtstellung der Fremden
erhalten. Will also Deutschland das Deutschthum in
Südbrasilien und in ganz Südamerika sowie den deutschen
Handel daselbst schützen und fördern, so sollte es an den
südamerikanischen Küsten eine starke Kreuzerflotte statio=
niren, welcher sowohl die Pflicht der Repräsentation in
den verschiedenen Häfen, als die Geltendmachung der
Macht im Falle ungesühnt gebliebener Rechtsverletzung
gegen Deutsche zufallen würde. **Deutschlands Inter=
essen in Südbrasilien sind größer als die aller
anderen europäischen Nationen, aber keine Nation
Europas ist dort maritim mangelhafter ver=
treten, als gerade die deutsche. Das sollte anders
werden!**

Wm. Spilhaus,
in Firma Wm. Spilhaus u. Co., Kapstadt.

Der auswärtige Handel kann durch eine starke Flotte
nur gefördert werden, und wer im Ausland gesehen hat,
mit welchen Schwierigkeiten und Schikanen Handels=
schiffer zu kämpfen haben, wird keinen Augenblick zögern,
das Seinige beizutragen, um für Schutz zu sorgen.

Außer in den Kolonien der nordischen Nationen
(englisch, holländisch, dänisch) sind Fremde fast überall
vielfachen Angriffen und Willkürlichkeiten ausgesetzt,
durch welche der deutsche Handel entschieden leidet. Die
Anwesenheit auch nur eines Schiffes im Hafen macht
darin einen großen Unterschied. Es wurde mir von
zuverlässiger Seite mitgetheilt, daß bei einem
Hottentottenaufstande in Südwestafrika fern im

Lande, an der Ostgrenze des Schußgebietes, die
Eingeborenen klein beigaben, als sie hörten, ein
deutsches Kriegsschiff sei vor Swakopmund ge=
ankert. Dies ist zugleich eine Antwort auf die
Meinung, welche Herr Eugen Richter bei einer
Flottendebatte äußerte, daß der Einfluß der
Kriegsschiffe nicht weiter reiche als ihre Kanonen.

Auf die Frage:

Welche Folgen würden nach Ihrer Ansicht
eintreten, wenn die deutschen Küsten in einem
Kriege von einer feindlichen Flotte vollständig
(effektiv) blockirt wären und Deutschland nach
einem unglücklichen Kriege von der Seegeltung
ausgeschlossen würde?

sind folgende Antworten bemerkenswerth:

Dr. **Büttner**, Melbourne:

Es ist eine Thorheit, einen ausgedehnten
Welthandel zu treiben, ohne die Macht zu be=
sitzen, ihn eventuell zu schützen!

H. Brüggemann, Montevideo:

Die Folgen wären unabsehbar schwere;
wirthschaftlicher Ruin Deutschlands durch das
Zurückgehen seiner blühenden Industrien, Ver=
lust von Hunderten von Millionen deutschen
Kapitals in Ueberseeländern ꝛc.

Maximilian Delius, Tepic (Mexiko):

1. Fallen oder vollständiger Verlust des
deutschen Prestiges; demgemäß entsprechend er=
schwerte Stellung der Deutschen im Auslande.
2. Herabgehen der deutschen Märkte als Reali=
sations = Zentren für auswärtige Produkte.
3. Empfindlicher Rückgang des deutschen Export=
handels. 4. Unhaltbarkeit der Kolonien. Die
direkten Folgen, namentlich für die deutschen
Seestädte, wie Hamburg und Bremen, liegen
auf der Hand.

Max Hesse, Kaufmann und Plantagenbesitzer, Coban (Guatemala):

Sollte aber den berechtigten Forderungen der Vermehrung unserer Flotte nicht entsprochen werden, so ist an einer Verarmung der deutschen Lande nicht zu zweifeln, ebenso wie Deutschland in politischer Hinsicht mehr und mehr einem Niedergange entgegensehen müßte.

Kaufmann C. Krückmann, Curityba (Brasilien):

Die Folge hiervon könnte nur eine gänzliche Zerstückelung und Vernichtung Deutschlands sein.

Adolf Koester, San Juan (Puerto Rico):

Eine ungefähr gänzliche Lahmlegung des deutschen Ausfuhrhandels, beträchtliche Vertheuerung aller Lebensmittel und vieler Gebrauchsgegenstände, enorme Schädigung der Industrie, die bereits heute auf das überseeische Absatzgebiet angewiesen ist.

Im Uebrigen ist meine Meinung: „Si vis pacem, para bellum!" Beherzigen wir das, so werden wir jedenfalls nicht den Kürzeren ziehen.

Paul Minck, Mozambique:

Niedergang der deutschen Industrie, des Handels und der Handelsschifffahrt. Verlust unserer nationalen Größe, unseres nationalen Empfindens, Zerfall des Reiches. Zustände wie vor 1870. Partikularismus und finanzielle Zerrüttung würden unser Ansehen nach außen vernichten und unseren wirthschaftlichen Wohlstand zerstören. Deutschland würde also von der Liste der gebildeten und als Nation anerkannten Völker wieder gestrichen.

Eine Blockirung unserer Küste würde eine Paralysirung unseres ganzen wirthschaftlichen Verkehrs bedeuten, dessen halber Lebensnerv heute schon im Ausland und Ueberseee liegt. Je länger eine solche Blockade vom Feinde durchgeführt wird, desto kritischer würde sich die Lage gestalten, sowohl für das Mutterland wie den Deutschen im Auslande. Letzterer würde sich gegen seinen Willen gezwungen

sehen, Geschäftsverbindungen in anderen
Ländern anzuknüpfen. Das enge Band, welches
heute den deutschen Kaufmann mit seinem Vater=
lande verbindet zum beiderseitigen Gedeihen,
würde zerrissen und der jetzt überall kräftig
aufblühende deutsche Handel zu Gunsten anderer
Nationen verdrängt. Jahrzehnte können darüber
hingehen, bevor die Ausfälle für die deutsche
Industrie wieder ausgeglichen und die Bande
zwischen den Deutschen im Ausland und dem
Vaterlande wieder gekräftigt wären. Im Wieder=
holungsfalle möchten die ersteren auch entmuthigt
werden und mit ihren inzwischen angeknüpften Be=
ziehungen unter anderen Nationen, deren Unter=
brechung sie nicht zu befürchten haben, fortfahren.
Der Patriotismus des Deutschen, der fern von der
Heimath unter anderen Nationen weilt, bedarf der
steten Belebung, würde aber eine starke Erschütterung
erfahren, wenn er sich zeitweise vom Vaterland ab=
geschlossen sähe und dadurch neue Verbindungen in
anderen Ländern anzuknüpfen genöthigt würde.

E. Münder, Durban (Südafrika):

Die Folgen, welche sich für Deutschland ergeben
würden, wenn die deutschen Küsten von einer feind=
lichen Flotte blockirt würden und nach einem unglück=
lichen Krieg Deutschland von der Seegeltung aus=
geschlossen würde, sind so unermeßliche, daß es ein zu
betrübender Gedanke ist, dieselben auszumalen.

Ein jeder Deutsche müßte sich dann etwa
fühlen wie ein Mann, der aus kleinen An=
fängen sich zum Besitzer eines großen Fabrik=
unternehmens emporgearbeitet hat, eines
Tages aber sein ganzes Eigenthum eingeäschert
und unrettbar verloren findet, weil er in einem
unbedachten Augenblick übersehen hatte, die
Versicherung rechtzeitig zu erneuern.

Anton Passarge, Groot Blei bei Middelburg (Kapkolonie):

Die schon oft geäußerte Meinung, daß die un=
mittelbaren Folgen einer solchen Katastrophe Zustände

schaffen würden, die an die Zeit nach dem 30jährigen
Kriege erinnern, dürfte wohl kaum übertrieben sein.
Jedenfalls aber würden die Feinde Deutschlands da=
für sorgen, daß dasselbe womöglich für immer aus
seiner Welt= und Großmachtstellung gedrängt und mit
Spanien, Rumänien u. s. w. auf eine Stufe herabgedrückt
würde.

U. Rauschenplat, San Juan (Puerto Rico):
Gar nicht abzusehende Folgen; vermuthlich würde
Deutschland wieder in die traurige Lage wie vor
1864/66 zurücksinken.

Dr. E. Rothschuh, Managua (Nicaragua):
Zurückschrauben Deutschlands um 50 Jahre.

Konrad Rust, Farmer, Thgerfontein (Kapkolonie):
Hand in Hand mit dem wirthschaftlichen Bankerott
Deutschlands würde der moralische gehen, und mit dem
Niedergang der Achtung vor Allem, was deutsch ist,
wird auch der Deutsche im Ausland seiner Nation
mehr und mehr entfremdet werden. Diese Entfremdung
würde natürlich den Abbruch der Handelsbeziehungen
zur Folge haben, und wenn die Deutschen im Aus=
land aufhören, den Import deutscher Industrieartikel
zu forciren, dann wird es den Deutschfeinden ein
Leichtes sein, unabhängig vom deutschen Markt ihr
Geschäft zu machen. Der Ausschluß von der Seegeltung
wird für das wirthschaftliche Deutschland verhängniß=
voller sein als ein unglücklich verlaufender Krieg zu
Lande mit einer Nation, die zur See weniger gefähr=
lich ist.

Chr. Schulz, San Franzisko (Kalifornien):
Die Folgen wären, daß unsere bedeutende Industrie
lahm gelegt, wenn nicht auf Jahrzehnte hinaus ver=
nichtet würde, daß Deutschland ärmer und ärmer
würde und dadurch innerem Zwiespalt Thür und Thor
geöffnet wäre.
Eine Zersplitterung unseres Vaterlandes wäre die
natürliche Folge.

A. W. Sellin, Joinville (Brasilien):
Finis Germaniae würde es heißen.

Das aber darf nicht sein; darum stärke man Deutschlands Flotte, ehe es zu spät ist!

O. Stuhlmann, in Firma Wm. Philippi & Co., Beira (Ostafrika):
Es würde dem Handel unabsehbaren Schaden bringen.

————

Anhang 2.

Entwurf

des Gesetzes betreffend die deutsche Flotte in der Fassung, wie dieselbe in der zweiten Lesung der Budgetkommission am 17. März 1898 angenommen worden ist.

I. Schiffsbestand.

§ 1.

1. Der Schiffsbestand der deutschen Flotte wird, abgesehen von Torpedofahrzeugen, Schulschiffen, Spezialschiffen und Kanonenbooten, festgesetzt auf:

a) Verwendungsbereit:

    1 Flottenflaggschiff,

    2 Geschwader zu je 8 Linienschiffen,

    2 Divisionen zu je 4 Küstenpanzerschiffen,

    6 große Kreuzer,⎱ als Aufklärungsschiffe der
    16 kleine Kreuzer,⎰ heimischen Schlachtflotte,

    3 große Kreuzer,⎱ für den Auslandsdienst.
    10 kleine Kreuzer,⎰

b) Als Materialreserve:

    2 Linienschiffe,

    3 große Kreuzer,

    4 kleine Kreuzer.

2. Von den am 1. April 1898 vorhandenen und im Bau befindlichen Schiffen kommen auf diesen Sollbestand in Anrechnung:

    als Linienschiffe 12

     „ Küstenpanzerschiffe . . . 8

     „ große Kreuzer 10

     „ kleine Kreuzer 23

3. Die Bereitstellung der Mittel für die zur Erreichung des Sollbestandes (Ziffer 1) erforderlichen Neu-

bauten unterliegt der jährlichen Festsetzung durch den Reichshaushaltsetat, mit der Maßgabe, daß die Fertig= stellung des gesetzlichen Schiffbestandes, so weit die im § 7 dafür angegebenen Mittel ausreichen, bis zum Ab= laufe des Rechnungsjahres 1903 durchgeführt werden kann.

§ 2.

Die Bereitstellung der Mittel für die erforderlichen Ersatzbauten unterliegt der jährlichen Festsetzung durch den Reichshaushaltsetat mit der Maßgabe, daß in der Regel Linienschiffe und Küstenpanzerschiffe nach 25 Jahren, große Kreuzer nach 20 Jahren, kleine Kreuzer nach 15 Jahren ersetzt werden können. — Die Fristen laufen vom Jahre der Bewilligung der ersten Rate des zu er= setzenden Schiffes bis zur Bewilligung der ersten Rate des Ersatzschiffes.

Zu einer Verlängerung der Ersatzfrist bedarf es im Einzelfalle der Zustimmung des Bundesrathes, zu einer Verkürzung derjenigen des Reichstages. Etwaige Be= willigungen von Ersatzbauten vor Ablauf der gesetzlichen Lebensdauer — höhere Gewalt, wie Untergang eines Schiffes, ausgeschlossen — sind innerhalb einer mit dem Reichstage zu vereinbarenden Frist durch Zurückstellung anderer Ersatzbauten auszugleichen.

II. Indiensthaltungen.

§ 3.

Die Bereitstellung der Mittel für die Indienst= haltungen der heimischen Schlachtflotte unterliegt der jährlichen Festsetzung durch den Reichshaushaltsetat mit der Maßgabe, daß im Dienste gehalten werden können:

a) zur Bildung von aktiven Formationen:
　　9 Linienschiffe,
　　2 große Kreuzer,
　　6 kleine Kreuzer;

b) als Stammschiffe von Reserveformationen:
　　4 Linienschiffe,
　　4 Küstenpanzerschiffe,
　　2 große Kreuzer,
　　5 kleine Kreuzer;

c) zur Aktivirung einer Reserveformation auf die
Dauer von zwei Monaten:
2 Linienschiffe oder Küstenpanzerschiffe.

III. Personalbestand.

§ 4.

An Deckoffizieren, Unteroffizieren und Gemeinen der
Matrosendivisionen, Werftdivisionen und Torpedoabthei=
lungen sollen vorhanden sein:

1. eineinhalbfache Besatzungen für die im Auslande
   befindlichen Schiffe;
2. volle Besatzungen für
   die zu aktiven Formationen der heimischen
      Schlachtflotte gehörigen Schiffe,
   die Hälfte der Torpedofahrzeuge,
   die Schulschiffe,
   die Spezialschiffe;
3. Besatzungsstämme (Maschinenpersonal zwei Drittel,
   übriges Personal die Hälfte der vollen Besatzungen)
   für die zu Reserveformationen der heimischen
      Schlachtflotte gehörigen Schiffe,
   die zweite Hälfte der Torpedofahrzeuge;
4. der erforderliche Landbedarf;
5. ein Zuschlag von fünf Prozent vom Gesammt=
   bedarfe.

§ 5.

Die nach Maßgabe dieser Grundsätze erforderlichen
Etatsstärken der Matrosendivisionen, Werftdivisionen,
und Torpedoabtheilungen unterliegen der jährlichen Fest=
setzung durch den Reichshaushaltsetat.

IV. Sonstige Ausgaben.

§ 6.

Alle fortdauernden und einmaligen Ausgaben des
Marineetats, hinsichtlich deren in diesem Gesetze keine
Bestimmungen getroffen sind, unterliegen der jährlichen
Festsetzung durch den Reichshaushaltsetat nach Maßgabe
des Bedarfs.

V. Kosten.

§ 7.

Während der nächsten sechs Rechnungsjahre (1898 bis 1903) ist der Reichstag nicht verpflichtet, für sämmtliche einmalige Ausgaben des Marineetats mehr als 408 900 000 Mark, und zwar für Schiffsbauten und Armirungen mehr als 356 700 000 Mark und für die sonstigen einmaligen Ausgaben mehr als 52 200 000 Mark, sowie für die fortdauernden Ausgaben des Marineetats mehr als die durchschnittliche Steigerung von 4 900 000 Mark jährlich bereitzustellen.

Soweit sich in Gemäßheit dieser Bestimmung das Gesetz bis zum Ablaufe des Rechnungsjahres 1903 nicht durchführen läßt, wird die Ausführung bis über das Jahr 1903 hinaus verschoben.

§ 8.

Soweit die Summe der fortdauernden und einmaligen Ausgaben der Marineverwaltung in einem Etatsjahr den Betrag von 117 525 494 Mark übersteigt, und die dem Reiche zufließenden eigenen Einnahmen zur Deckung des Mehrbedarfs nicht ausreichen, darf der Mehrbetrag nicht durch Erhöhung oder Vermehrung der indirekten, den Massenverbrauch belastenden Reichssteuern gedeckt werden.

Erklärungen

des Stellvertreters des Reichskanzlers, Staatssekretärs des Innern, Staatsministers Graf v. Posadowsky-Wehner in der Budgetkommission des Reichstages zum Flottengesetz.

Der Herr Staatssekretär des Innern Dr. Graf v. Posadowsky-Wehner erklärte Folgendes:

Die Reichsverfassung enthalte keine Vorschrift, auf Grund deren die Einzelstaaten hinsichtlich des Weges,

auf welchem sie die Matrikularumlagen aufzubringen
haben, gebunden werden könnten. Aus diesem Grunde
würden die verbündeten Regierungen dem Hauptantrage
Lieber ihre Zustimmung nicht ertheilen können. Dagegen seien die verbündeten Regierungen damit einver-
standen, daß der Antrag v. Bennigsen mit dem Unter-
antrag Lieber, betreffend die den Massenverbrauch belastenden indirekten Reichssteuern, in das Flottengesetz
aufgenommen werde.

Daß die dem Reiche überwiesenen indirekten Reichssteuern (Bier, Branntwein, Salz, Tabak, Zucker) als den
Massenverbrauch belastend anzusehen seien, könne er auf
die Anfrage des Herrn Dr. Lieber bestätigen. Theo-
retisch würde nach dem Unteramendement Lieber der
Verbrauch jener Artikel noch immer insoweit belastet
werden können, als er einen Verbrauch des Luxus dar-
stelle, doch erscheine diese Unterscheidung hier ohne praktischen Werth.

Schließlich sei er in der Lage, auf Grund überein-
stimmender Erklärungen der einzelnen Bundesregierungen
hier Folgendes zu erklären:

„Sollte die Ausführung des Gesetzes über die
Flotte die Erhöhung bestehender oder die Einführung neuer Landessteuern in den Einzelstaaten
nothwendig machen, um den erhöhten Anforderungen des Reiches zu genügen, so werden
die Einzelregierungen ihrerseits darauf Bedacht
nehmen, bei einer derartigen finanziellen Maßregel die stärkeren Steuerkräfte heranzuziehen."
Er acceptire die Erklärung des Herrn Abgeordneten
Dr. Lieber, daß in den Mehrverbrauch der Flotte
nicht einzubeziehen sind die steigenden Schuldenzinsen
für die Marineanleihen, die Pensionen und die Ausgaben
in Folge von Schiffsverlusten. Auch bestätige er die
Annahme des Herrn Abgeordneten Dr. Lieber, daß
auch in Zukunft mindestens 5 pCt. des Werthes der Flotte
und ²/₃ der Kosten für Schiffsbauten und ihre Armirung
aus den ordentlichen Mitteln des Etats zu entnehmen
seien.

Auf eine weitere Anfrage des Herrn Abgeordneten v. Kardorff erklärte der Staatsfekretär des Innern, Dr. Graf v. Posadowsky=Wehner, daß unter den Begriff der „indirekten Reichssteuern" nicht die Zölle fielen, bezüglich deren schon aus handelspolitischen Gründen keinerlei irgendwie bindende Erklärungen abgegeben werden könnten. Auf eine weitere Anfrage des Herrn Abgeordneten Dr. Lieber bemerkte der Herr Staats= fekretär, daß unter einer den Massenverbrauch belastenden indirekten Reichssteuer auch eine Reichsweinsteuer zu ver= stehen sein würde.

————————

Anhang 3.

Zur Orientirung der Leser wird hier aus der Schrift „Altes und Neues zur Flottenfrage" das Verzeichniß der Aufsätze und Stichworte, sowie das Namen=Verzeichniß wiedergegeben.

Verzeichniß der Aufsätze und Stichworte.

Namen-Verzeichniß.

———

Julien, Felix, französischer Seeoffizier, Adjutant auf der französischen
Ostseeflotte 1870: über die beabsichtigte Beschießung Kolbergs 1870
S. 101.

Juraschek, Statistiker: über Welthandel S. 228.

Kalle, Reichstagsabgeordneter: über die Nothwendigkeit einer Schlachtflotte S. 165.

Kießelbach, Die Kontinentalsperre: über Blockade S. 24.

Kirbach, Generaldirektor, Rheinelbe: Ausgaben für die Flotte im Interesse der Staatsfinanzen S. 42.

Kirchmann, von, liberaler Landtagsabgeordneter: verlangt energisch
eine Flotte S. 72.

Laband, P., Professor des Staatsrechts: zu Aeternat S. 1 — über
Budgetrecht S. 39.

Lasker, Dr., Reichstagsabgeordneter: über die Indiensthaltung von
Schiffen S. 89 — über Handelsschutz S. 186.

Lieber, Dr., Reichstagsabgeordneter: lobt den Gesetzentwurf S. 2
— über Flottenpläne S. 5 — über Auslandsschiffe S. 19 — über
die Bindung der Regierung durch die Marinevorlage S. 39 — über
den guten Aufbau des Flottenplans S. 67 — über Küstenvertheidigung
durch Fechten auf hoher See S. 128 — wünscht eine streitbare
Flotte und einen einigen Reichstag S. 135 — über die
Erhaltung der Hochseepanzer S. 166.

List, Friedrich, Nationalökonom: über Flottengründung S. 7 — über
die Wechselwirkung zwischen materiellem Reichthum und politischer
Macht S. 42/43.

Lockroy, französischer Marineminister: über die Vortheile des offenen
Meeres für Frankreich im Jahre 1870 S. 81 — über die Flotte
als politischen Machtfaktor S. 140/41.

Mahan, amerikanischer Marineschriftsteller: verurtheilt den Kreuzerkrieg
S. 56/57 — über die Beziehungen zwischen Schifffahrt und Kriegsflotte S. 148.

Mayr, Dr. Georg v., Unterstaatssekretär z. D.: über die finanzielle
Seite der Marine-Vorlage S. 216/17 — über die Beziehungen
der Volksvermehrung zur wirthschaftlichen Stellung Deutschlands
S. 221/23.

Meier, H. H., Landtagsabgeordneter, Gründer des Norddeutschen Lloyd:
will 1867 die Flotte statt in 10 in 5 Jahren fertig gestellt sehen S. 72.

Miquel, Dr. v., Finanzminister, 1873 Reichstagsabgeordneter: auch die
Ehre fordert eine Marine S. 133.

Moltke, Graf v., Oberstlieutenant (Uetersen): über die Folgen einer
Blockade S. 35 — „unsere Küsten und Häfen sind die Lungen, durch
die wir athmen" S. 107 — über die Wechselwirkung zwischen
Flotte und Heer S. 120 u. f. — über die Flotte als politischen
Machtfaktor S. 134/135.

Moser, Joh. Jac., Karls VII. Wahlkapitulationen (Frankfurt a. Main
1742): Antrag der Hansestädte um Schutz S. 153.

Müller (Fulda), Reichstagsabgeordneter, in seiner Broschüre: über
Ausgaben für die Marine S. 15 — über Blockadegefahr S. 29 —
über die Forderung von Panzerschiffen, den Werth Helgolands und
des Nord-Ostsee-Kanals, sowie Verlassen des Bodens der Denk-